应用技术型高等教育财经类专业“十三五”规划教材

资产评估学教程

刘伯凯　主　编
李　勇　副主编

上海财经大学出版社

图书在版编目(CIP)数据

资产评估学教程/刘伯凯主编．一上海：上海财经大学出版社，2015.12
(应用技术型高等教育财经类专业“十三五”规划教材)
ISBN 978-7-5642-2320-5/F・2320

Ⅰ.①资…　Ⅱ.①刘…②李…　Ⅲ.①资产评估-高等学校-教材
Ⅳ.①F20

中国版本图书馆 CIP 数据核字(2015)第 315151 号

□ 责任编辑　刘晓燕
□ 封面设计　张克瑶

ZICHAN PINGGUXUE JIAOCHENG
资 产 评 估 学 教 程
刘伯凯　主　编
李　勇　副主编

上海财经大学出版社出版发行
(上海市武东路 321 号乙　邮编 200434)
网　　址：http://www.sufep.com
电子邮箱：webmaster @ sufep.com
全国新华书店经销
同济大学印刷厂印刷装订
2015 年 12 月第 1 版　2015 年 12 月第 1 次印刷

787mm×1092mm　1/16　14.75 印张　377 千字
印数：0 001－4 000　定价：35.00 元

前 言

资产评估，乍听之下，很多人会觉得比较陌生。但如果举出诸如二手房交易、房屋（车辆）的抵押贷款、房屋拆迁补偿等可能牵涉到资产评估的事例，大家立马会有一种恍然大悟的感觉。

的确，伴随着我国经济的持续增长以及我国国际经济地位的不断上升，各类经济交易活动正在全世界范围内，以前所未有的频率和姿态展现在我们面前，资产评估作为一种广泛服务于各类资产交易活动的中介性行业和学科，在其中扮演着不可或缺的角色，发挥着越来越重要的作用。

正如本人在开篇部分所言，要理解资产评估，首先得理解"评估"两字，"……评估是指对所评估对象的存在状态按照一系列评判指标所进行的多角度、全方位的了解和描述后，所做出的具有总结性或结论性的评价的过程或活动……"。资产评估具有很多其他评估工作的共性，同时又将评估的范围做出了限定，最后还涉及对资产价值的认定问题，但不论如何，我们的评估一定是建立在对其所评估对象的全面、充分了解的基础之上，因为唯有如此，我们的评估工作才能做到客观公正，且言之有据。

本书的编者有着丰富的资产评估教学经验，也曾亲身参与过资产评估的实际工作，对资产评估的教学重、难点和学生能力的培养有着独到的见解，因此在本书编写中我们始终坚持了如下原则：

1. 知识结构系统完整。本教材系统阐述了资产评估的各个方面，内容涉及资产评估的基本理论、基本方法、机器设备评估、房地产评估、无形资产评估、金融资产评估、流动资产评估、资源资产评估、企业价值评估、资产评估报告十个章节。

2. 内容编排匠心独具。在理论性较重的章节注重概念的理解，以及概念之间的相互关系，且配有思考题引导学生自发探究；对计算较多的章节，配备大量例题，另结合以往教学反馈情况，对计算过程单独进行提炼，使其公式化、步骤化，便于学生记忆和掌握。这一点在第二章市场法中表现得尤为突出，在资产评估的各级各类教材中都属首次，具备相当的原创性。

3. 课后习题丰富。鉴于资产评估最终必须得出评估值、对计算的要求较高的特点，同时也是为了使学生更快地熟悉教学内容，构建资产评估的思维模式，我们特别精选了数量相当的课后习题，且有单项选择题、多项选择题、计算题三种题型，以供巩固、提高之用。使用本教材的老师可登录上海财经大学出版社网站 www.sufep.com 下载习题答案。

4. 大部分章节还附有阅读材料。资产评估在现实生活中有大量鲜活有趣的案例，我们将其节选后作为部分章节配套的阅读材料，以开阔学生视野，增强教材的生活性和趣味性，激发学生的积极性和主动性。

本书由武汉大学珞珈学院刘伯凯担任主编，李勇担任副主编。具体编写分工如下：刘伯凯编写第一章、第二章、第六章和第八章，李勇编写第四章、第七章和第九章，李超编写第三章、第五章和第十章。刘伯凯负责教材总体设计、组织作者撰写以及承担全书的汇总定稿。

在本教材的编写过程中，得到了欧阳电平教授、程方峰副教授、董立仁副教授的大力支持，他们对于教材的编写提出了很多宝贵的意见，在此表示衷心的感谢！本教材的编写也得到了大信博文和上海财经大学出版社的大力支持，使教材能够顺利完成编写并出版。此外，本教材的编写参考了国内外已出版的相关教材、著作和论文，国内外同行的研究成果为我们完成本教材的编写提供了大量有价值的参考素材。值此教材出版之际，一并表示诚挚的感谢。

限于我们的学识及掌握的资料有限，书中不足之处甚多，敬请同行和读者批评指正。

编　者
2015 年 12 月

目　录

第一章 绪 论

第一节 资产评估的概念和特点

一、何谓评估

为便于理解，资产评估这个专业名词可以非常直接地划分为“资产”和“评估”两个词语，从字面理解即为对资产的一种评估行为或者活动。对于资产，我们会很容易地想到汽车、房产、货物等具有经济价值或交换价值的财物，也非常容易理解。而评估二字虽然我们在生活中时有耳闻，但总感觉比较抽象，一时难以准确地定义和归纳。为此，我们不妨先看以下的几个新闻事件——

美国防部官员称美国或重新评估从阿富汗撤军计划

【中新网 2015 年 3 月 18 日电】 据外媒 18 日报道，美国国防部官员表示，美国总统奥巴马听取军方高层的意见后，可能不会在今年 12 月以前将驻阿富汗美军人数缩减至 5 500 人；他可能维持现有的一万驻军规模，以协助阿富汗政府维持治安。

美国国防部一位不具名官员表示：“虽然目前仍未就驻留美军人数做出最后决定，但种种迹象显示，白宫将会重新评估缩减驻军计划。”

据悉，阿富汗总统加尼下周将到华盛顿与奥巴马举行会谈，届时，奥巴马可能宣布新的撤军时间表。不过美国官员表示，无迹象显示奥巴马准备放弃他经常提到的承诺，就是 2017 年在其任期结束前从阿富汗全部撤军。

梅西伤情有待四周后再度医疗评估

【腾讯体育 2015 年 9 月 29 日讯】 巴萨头牌梅西在上周末的西甲联赛第 6 轮主场迎战拉斯帕尔马斯中受伤离场，赛后经过检查得知，梅西左膝内侧副韧带受伤，根据媒体的报道，梅西将会因伤休战 7～8 个星期。

梅西左膝内侧副韧带受伤，这种伤势在受伤后的第 5 到 6 天将会是炎症感染最严重的阶段，而梅西在受伤后的第一个星期应该保证绝对卧床休息。在受伤后的第二周，梅西也不能下床,他需要在理疗师的帮助下进行恢复。

如果不出意外的话,在受伤后的第三周与第四周,梅西就可以下地活动,他能在草地上跑动。四周过后,梅西的伤情到底如何,需要根据当时的情况再做评估。

强震重创尼泊尔 具体损失有待灾后评估

【半月谈网 2015 年 6 月 9 日讯】 今年 4 月 25 日,8.1 级强破坏性浅源地震袭击尼泊尔中部地区,震中距首都加德满都只有约 75 公里,加上之后的 7.5 级强余震和其他超过 200 次的余震,重创了南亚内陆山国尼泊尔。人员、经济、文化等方面的损失巨大,必将深远地影响尼泊尔的发展轨迹。

这次地震是尼泊尔自 1934 年以来遭遇的最大灾难。地震波及尼泊尔 30 多个县,其中 14 个县为重灾区,受灾人数达到 1 000 万人,接近全国人口的 1/3。根据尼泊尔内政部 5 月下旬的统计数字,死亡人数已经接近 8 700 人,受伤人数超过 2.2 万人,全国有 77 万多栋房屋部分或完全损坏。

美国地质调查局和其他一些机构估计,此次地震给尼泊尔造成的经济损失高达 100 亿美元,相当于尼泊尔 GDP 的一半。目前,尼泊尔政府正在和各方一起做灾后评估,评估报告预计 6 月 15 日完成,届时将公布比较权威和更可靠的统计数据。

经权威机构评估 丹江口水源地入选首批“中国好水”

【湖北日报 2015 年 7 月 19 日讯】 昨日,首批“中国好水”颁奖仪式在京举行,我省丹江口水源地入围。监测数据显示,丹江口水库的水质常年保持国家地表水Ⅱ及以上标准。

据了解,此次共有五个水源地入选首批“中国好水”水源地,另外四个分别为吉林省靖宇县水源地、江苏省沛县水源地、浙江省千岛湖水源地、广东省万绿湖水源地。

本次活动由环保部华南环境科学研究所、中国科学院生态环境研究中心等单位共同开展,其主要评估指标体系含水源地保护、水资源、生态环境、环境管理、区域发展五个控制层,包括森林覆盖率、化肥使用强度、环保投入占 GDP 比重、全年环境质量优良天数、水源地水质监测情况、城镇生活污水处理率等 20 项指标。

上述热门新闻事件几乎涵盖了政治、经济、军事以及地质灾害、环保等所有领域,但都出现了“评估”二字,我们也不难从中总结出具有共性的东西——也就是评估的本质——评估是指对所评估对象的存在状态按照一系列评判指标所进行的多角度、全方位的了解和描述后,所做出的具有总结性或结论性的评价的过程或活动。

二、资产评估的概念

财政部颁布的《资产评估准则——基本准则》(2004)中对资产评估所下的定义是:本准则所称的资产评估,是指注册资产评估师依据相关法律、法规和资产评估准则,对评估对象在评估基准日特定目的下的价值进行分析、估算并发表专业意见的行为和过程。

具体来讲,资产评估是指符合国家有关规定的专门机构和人员,依据相关法律、法规和资产评估准则,遵循适用的评估原则,在特定的目的下,选择适当的价值类型,按照法定的评估程序,运用科学的评估方法,对评估对象在评估基准日的价值进行分析、估算并发表专业意见的行为和过程。

通过上述概念的解释,资产评估主要由以下八个要素构成。

(一)评估主体

资产评估的主体是指专门从事资产评估工作的机构和人员。资产评估的机构和人员必须符合国家有关规定，取得相应行业或职业资格并登记注册。

(二)评估客体

资产评估的客体是指资产评估的对象，即具体的某项或某些资产，而这些资产拟发生产权的交易或变动。

(三)评估目的

资产评估的目的是资产评估结果所服务的经济活动，它直接决定和制约着资产评估价值类型和方法的选择。

(四)价值类型

评估的价值类型是对评估价值的质的规定，对资产评估方法的选择具有约束性。

(五)评估依据

资产评估首先应该依据国家相关的法律、法规，做到依法规范工作。其次应该对被评估资产的资料进行全面深入的了解和收集，作为评估的一手资料，做到科学有据。

(六)评估原则

资产评估的原则是资产评估的行为规范，是调节评估当事人各方关系、处理评估业务的行为规范，以确保资产评估这种中介行业的独立、客观、公正的公信力。

(七)评估方法

评估方法是估算资产价值所必需的特定技术方法，主要有市场法、成本法、收益法这三大主要方法。

(八)评估程序

评估程序是资产评估的工作步骤，包括签订合约、现场调查、收集资料、评定估算、出具评估报告等多个环节。评估程序既是评估工作规范化的体现，也是保证和提高评估质量的有效保障。

三、资产评估的特点

(一)时点性

所谓时点性，是指资产评估是对评估对象(即被评估资产)在某一时(间)点的价值的估算，这一具体的时(间)点称为评估基准日。之所以要求明确评估基准日，是因为资产的价值将可能随着时间的推移而增加或者减少。例如房产，尤其是大城市的房产，在目前中国城市化进程中的长期趋势必然是升值的。再比如小轿车，则会随着使用和使用强度以及保养情况，其价值不断降低。因此我们谈资产评估的时点性，就是希望大家明白，资产的价值是具体的、历史的，而不是一成不变的，不应该脱离时间谈价值，所以我们在提到某资产的评估值时，前面一定要加上定语——“某年某月某日”。

(二)市场性

资产评估是来源于市场、又服务于市场的经济活动。资产评估是市场经济发展到一定阶段的产物，没有资产产权变动和资产交易的普遍进行，就不会产生对拟交易资产的价值进行评估的强烈需求。资产评估是专业的评估人员凭借自己的专业知识和对评估对象的性质、功能等的充分认识，通过模拟评估基准日的市场条件对资产做出评定估算和报告，评估结果是否公正、客观，需要接受市场检验。资产评估结论能否经得起市场检验是判断资产评估活动是否合理、规范，以及评估人员是否合格的重要标准。

【思考题】 如何理解“通过模拟评估基准日的市场条件对资产做出评定估算和报告”这句

话中的“模拟”一词，为什么要“模拟”？“模拟”的重要性如何体现？

（三）公正性

资产评估属于中介性行业，资产评估结果关系着资产业务有关各方的经济利益，如果背离客观公正的基本要求，就会使资产业务的一方或几方蒙受不必要的损失。因此，资产评估的公正性要求评估人员必须不偏不倚，秉持中立、独立的理念，不因为种种利害关系偏袒任何一方，做出客观公正的价值判断。

（四）专业性

资产评估的专业性主要表现有两点：一是资产评估专业或者学科有其特有的方法、计算公式和工作流程；二是资产评估面对的评估对象可谓种类繁多，而且即使同一类别的资产，其存在状态也各不相同，需要评估人员具备诸如建筑、土地、机电、金融、财务等方面的专业知识和技能。

（五）咨询性

资产评估为资产业务提供评估价值，是一种专业化、市场化的咨询服务，评估结果本身并没有强制执行效力，评估主体只是对评估结论的客观性负责，而不对资产交易价格的确定负责。评估价值是为资产业务的交易双方提供的一个参考，最终的成交价还取决于当事人的讨价还价能力。

【思考题】 如何理解“评估价值是为资产业务的交易双方提供的一个参考”这句话中的“参考”，难道仅仅只是一个参考吗？

四、资产评估和会计计价的区别

（一）两者发生的前提条件不同

会计学中的资产计价严格遵循历史成本原则，同时是以会计主体不变和持续经营为假设前提的。而资产评估则是以发生产权变动、会计主体变动等情形作为前提的。

（二）两者的目的不同

会计学中的资产计价着眼于历史或已经发生的经济业务，体现为数据的承接和传递，目的是为了给投资者、债权人和经营管理者提供有效的会计信息；资产评估则更看重资产的效用，即资产发挥效能或创造收益的能力，而且是评估基准日后发挥效能或创造收益的能力，目的是为资产的交易和投资提供公平的价值尺度。

（三）执行操作者不同

资产计价是由本企业的财会人员来完成的，所涉及的专业门类比较单一；而资产评估则是由独立于企业以外的具有资产评估资格的社会中介机构来完成的，而且资产评估工作通常由集合了资产评估、财务会计、建筑、机电、法律等多方面的人才的工作组来共同完成。

第二节　资产评估的主体和客体

一、资产评估的主体

资产评估的主体是指具体从事资产评估工作的机构和人员。我国目前承担资产评估业务的机构大体分为三种：

1. 专营资产评估机构,即专门从事资产评估,而不从事其他中介业务的资产评估事务所或资产评估公司。

2. 专项资产评估机构,即专门从事某一类或某一种资产的评估机构。例如房地产评估事务所等。

3. 兼营性资产评估机构,即那些开展多种中介服务活动的会计师事务所、审计师事务所、财务咨询公司等,他们只是把资产评估作为其中的一项业务内容。

目前,我国的资产评估机构按承担责任的有限与否,可以分成有限责任制的资产评估机构和合伙制的资产评估机构。

二、资产评估的客体——资产

1. 资产的定义

按照我国2006年颁布的《企业会计准则——基本准则》中的定义,资产是指企业过去的交易或事项形成的、由企业拥有或者控制的、预期会给企业带来经济利益的资源。

这是财会专业学生最为熟悉的关于资产的定义,但不能直接运用到资产评估中。其一,会计学科是以"企业"作为目标和服务对象的,而资产评估则没有此局限,凡是资产交易双方,无论企业、个人、社会团体等均可;其二,定义中强调"过去的交易和事项",主要是因为强调历史成本原则,方便确认和计量。而资产评估则如前文所述,更强调"资产的效用,即资产发挥效能或创造收益的能力,而且是评估基准日后发挥效能或创造收益的能力"。

因此,资产评估中资产的定义是指特定权利主体拥有或控制的,并能在评估基准日后给特定权利主体带来经济利益的经济资源。

2. 资产的分类

(1)按资产存在形态可将资产分为有形资产和无形资产。

有形资产是指那些具有实体形态的资产,包括机器设备、房屋建筑物、流动资产等。

无形资产是指那些没有物质实体却能给权利主体带来经济利益的资产,包括专利权、商标权、非专利技术、商誉等。

(2)按资产是否具有综合获利能力可将资产分为单项资产和整体资产。

单项资产是指单台、单件资产,如一台车床、一部家用小汽车等。

整体资产是由一组单项资产组合而成的具有综合获利能力的资产的综合体。如一家企业可能拥有机器、厂房、商标权等几乎所有单项资产。但企业价值绝非其所拥有的所有单项资产的简单相加,其价值更多地取决于企业将各单项资产进行综合运用的能力,及其运用的效果。因此企业这个整体资产的评估值有可能大于或者小于或者等于其所拥有的各单项资产之和,因为这里必须考虑不可确指的资产,即商誉的价值。

(3)按资产能否独立存在可以将资产划分为可确指资产和不可确指资产。

可确指的资产是指能独立存在的资产,如前面所列出的有形资产和无形资产。

不可确指的资产是指不能独立于有形资产而单独存在的资产,仅指商誉。商誉的形成应该是企业历史悠久、地理位置优越、技术先进、配方独特等多种有形因素共同作用的结果,是消费者和市场对企业的好感和肯定,帮助企业源源不断地获取高于行业或社会平均水平的收益即超额收益,但即便如此,商誉却无法像货物、机器、商标权、专利权等有形的或者无形的资产一样单独交易,它必须依附于有形资产。

第三节 资产评估的目的、假设与价值类型

一、资产评估的目的

刘玉平教授认为"资产评估的目的是被评估资产即将发生的经济行为",乔志敏教授认为"资产评估的目的是指资产评估行为所服务的经济活动,即估计结果的期望用途"。笔者认为两者都具有可取之处,刘玉平教授的定义侧重于强调评估活动和资产交易的先后顺序,乔志敏教授则侧重于两者的因果联系。我们应该看到,资产评估一般是为资产的买卖、租赁、抵押、保险理赔、课税、征用补偿、损害赔偿等行为提供可资参考的价值基础,而这些行为之前,即交易双方正式交易之前必然会有一个价值的认定过程即资产评估过程,以便于后面的交易可以顺畅地进行,即正因为有了资产某种交易存在的可能,才有了资产评估存在的必要,这也正是刘玉平教授所谈到的"即将发生"之意。简言之,资产评估行为发生在前,而资产交易活动在后,但又必须辩证地看到在后的交易活动是资产评估活动产生的诱因,而其评估的结果则必然要服务于这个诱因,否则评估就失去了其存在的基础。

我国的资产评估实践表明,资产评估的特定目的主要有:资产转让,企业兼并,企业出售,企业联营,股份经营,中外合资、合作,企业清算,抵押(质押),担保,企业租赁,债务重组,等等。

(一)资产转让

资产转让是指资产拥有单位有偿转让其拥有的资产,通常是指转让非整体性资产的经济行为。

(二)企业兼并

企业兼并是指一个企业以承担债务、购买、股份化和控股等形式有偿接收其他企业的产权,使被兼并方丧失法人资格或改变法人实体的经济行为。

(三)企业出售

企业出售是指独立核算的企业或者企业内部的分厂、车间及其他整体资产的产权出售行为。

(四)企业联营

企业联营是指企业、单位之间以固定资产、流动资产、无形资产及其他资产投入组成各种形式的联合经营实体的行为。

(五)股份经营

股份经营是指资产占有单位实施股份制经营方式的行为,包括法人持股、内部职工持股、向社会发行不上市股票和上市股票。

(六)中外合资、合作

中外合资、合作是指我国的企业和其他经济组织与外国企业和其他经济组织或个人在我国境内举办合资或合作经营企业的行为。

(七)企业清算

企业清算包括破产清算、终止清算和结业清算。

(八)抵押(质押)

抵押(质押)是指资产占有单位,以本单位的资产作为物质保证进行抵押(质押)而获得贷

款的经济行为。

（九）担保

担保是指资产占有单位，以本企业的资产为其他单位的经济行为担保，并承担连带责任的行为。

（十）企业租赁

企业租赁是指资产占有单位在一定期限内，以收取租金的形式，将企业全部或部分资产的经营使用权转让给其他经营使用者的行为。

（十一）债务重组

债务重组是指债权人按照其与债务人达成的协议或法院的裁决同意债务人修改债务条件的事项。

二、资产评估的假设

如同其他所有学科一样，学科的建立以及这门学科在实践中的开展需要借助于某些假设，以便于我们论述的确立和开展。也如同在资产评估的目的中所述，“资产评估行为发生在前，而资产交易活动在后，但又必须辩证地看到在后的交易活动是资产评估活动产生的诱因，而其评估的结果则必然要服务于这个诱因”，也就意味着发生在前的资产评估行为必须充分考虑到被评估资产即将面临的交易活动（交易环境和交易条件），或者假定某个尚未面对但即将面临某种交易活动（交易环境和交易条件）的被评估资产已经处于特定的交易活动（交易环境和交易条件）中，因为只有如此才能得出与即将发生的交易活动（交易环境和交易条件）相吻合的评估结果。《资产评估准则——基本准则》第十七条也出现了相关规定——注册资产评估师执行资产评估业务，应当科学合理地使用评估假设，并在评估报告中披露评估假设及其对评估结论的影响。

【思考题】 如何理解上文中所提到的“假定某个尚未面对但即将面临某种交易活动（交易环境和交易条件）的被评估资产已经处于特定的交易活动（交易环境和交易条件）中”，以及如何理解《资产评估准则——基本准则》第十七条中“在评估报告中披露评估假设及其对评估结论的影响”中的“影响”一词？

（一）交易假设

交易假设是资产评估得以开展的一个最基本的前提假设。交易假设解决了资产评估工作的两大难题：其一，有资产交易的存在，以及在交易中交易双方对于价值认定的关切，才有了资产评估这个行业以及学科存在的必要。其二，交易假设将所有还未交易的资产置于“交易”之中，使评估工作更贴近或者更符合即将发生的实际交易中资产所面临的交易环境和交易条件。

（二）公开市场假设

所谓公开市场，是指一个具有众多买者和卖者的竞争性市场，在这个市场上，买者和卖者的地位是平等的，他们都有能获取足够市场信息的机会和时间，买卖双方的交易行为都是自愿的、理智的，而非在强制或受限制的条件下进行。公开市场假设是资产评估中适用频率较高的一种假设，凡是能在公开市场上交易、用途较为广泛或通用性较强的资产如住宅、汽车，都可以按公开市场假设进行评估。

（三）持续使用假设

在现实中持续使用主要有三种情况：一是资产将按照现行用途原地继续使用，如王某购买一处住宅后继续作为住宅使用；二是资产将转换用途后在原地继续使用，如将一工业厂房改造成商场；三是资产的地理位置发生迁移后继续使用，如将一条手机生产线从甲地迁往乙地，安装后继续生产手机。处于持续使用中资产的评估，应主要考虑资产在持续使用后为权利主体带来的经济利益或好处。

（四）清算假设

清算假设是资产评估假设中比较特殊的一种，清算假设是指资产所有者在某种压力下，如破产、抵押权实施等，将被迫以协商或拍卖方式，强制其资产出售。由于卖方一般是被迫地在较短时间内处置资产，无法充分地获取与所处置资产相关的市场信息，也很难在短时间内找到出价合适的买家，因此资产的交易价格会明显低于持续使用或公开市场条件下的价格，因而评估值往往会低于持续使用或公开市场假设下的评估价值。

三、资产评估的价值类型

资产评估的价值类型是对资产评估结果的质的规定。这其中关于“质”的理解尤为关键，哲学中“质”和“量”是一对范畴，互为表里，资产评估中的“量”是指通过某种评估方法所得到的某资产的评估值，如30万元或者50万元，是一个具体的数量单位；而30万元或者50万元的评估值又体现了何种“质”呢？这里的“质”应该理解为评估对象所处的一种具体的境况或者状态，而这种境况或者状态将会对评估值，即使是同一评估对象，产生至关重要的影响。一台机器设备处于生产经营正常企业中和处于破产清算企业中的评估值将会迥异，因为前者是市场价值或者是在用价值，后者是清算价格，而且两者所使用的评估方法也不同。

通过以上分析，我们可以分析得出决定和影响价值类型的主要因素，包括：(1)评估的特定目的；(2)市场条件；(3)资产的功能及其状态。上述三项因素是一个有机的整体，其中的核心因素是资产评估的目的，因为特定目的确定以后，直接影响市场条件，进而也影响资产的功能和状态。

（一）资产评估价值类型的分类

1. 市场价值

《国际评估准则》对市场价值的定义如下：自愿买方与自愿卖方在评估基准日进行正常的市场营销之后，所达成的公平交易中某项资产应当进行交易的估计数额，当事人双方应当各自精明、谨慎行事，不受任何强迫、压制。

2. 市场价值以外的价值

市场价值以外的价值不是一种具体的资产评估价值存在形式，它是一系列不符合资产市场价值定义条件的价值形式的总称或组合，包括在用价值、投资价值、持续经营价值、清算价值等。

(1)在用价值

在用价值是指特定资产在特定用途下对特定使用者的价值，该价值类型重点反映了作为企业组成部分的特定资产对其所属企业能够带来的价值，而并不考虑该资产的最佳用途或资产变现所能实现的价值量。

(2)投资价值

投资价值是指资产对于具有明确投资目标的特定投资者或某一类投资者所具有的价值。

(3)持续经营价值

《国际评估准则》认为，对于评估师而言，持续经营价值是企业价值的概念，而不是单项资产评估的概念。但评估师有时会被要求评估特定有形资产的价值，将之作为持续经营企业价值评估的一部分。进行这种评估业务时，单项资产评估构成被评估企业各组成部分的在用价值。

(4)清算价值

清算价值是指评估对象处于被迫出售、快速变现等非正常市场条件下的价值估计数额。

(5)残余价值

残余价值是指机器设备、房屋建筑物或者其他有形资产等的拆零变现价值估计数额。

(6)保险价值

保险价值是指根据保险合同或协议中规定的价值定义所确定的价值。

(二)价值类型的作用

1. 价值类型是影响和决定资产评估价值的重要因素

资产评估价值是某项资产在特定条件下的价值表现，价值评估必须也必然体现特定条件的影响，价值类型则以类别的形式将特定条件进行分类明示，便于在评估中始终充分考虑特定条件的影响，准确合理地确定资产评估价值。

2. 价值类型制约资产评估方法的选择

评估目的决定价值类型，价值类型是影响和决定资产评估价值的重要因素，而资产评估方法则是确定评估价值的特定技术规程，必须与评估价值相适应。如市场价值必然要求采用市场法，而在用价值或持续经营价值肯定会采用收益法等，评估方法与价值类型相匹配，是评估价值科学性和有效性的重要保证。

3. 明确评估价值类型，可以避免资产评估报告被误用

任何资产评估结果都是有条件的，不同的评估目的、市场条件，评估值就不相同。评估师在评估结果中明确评估类型，便于评估结果正确使用。

【思考题】 请分析目的、假设、价值类型三者的内在联系。

第四节　资产评估的原则

资产评估原则是规范评估人员意识和行为的准则，以确保评估人员科学规范地执业。资产评估的原则包括工作原则和经济原则。

一、资产评估的工作原则

1. 独立性原则

独立性原则是所有中介性行业的灵魂和生命，是最基本也是最重要的准则。独立性原则要求评估机构及其人员在评估过程中始终处于中立地位，应当不受任何权势、金钱、人情等外界因素的影响，以确保评估结果的公正性。

2. 客观性原则

客观性原则是指在资产评估过程中应坚持实事求是的原则，对所评估对象要进行实地调查和研究，对其权属关系、存在状态、同类或类似资产的市场价格等资料进行全面深入的了解，对专业性很强的资产还应求助于相关行业的专家，绝不能妄断和臆测。

3. 专业性原则

资产评估的专业性体现为两点：其一，资产评估工作有其专业的理论和评估方法、公式、

工作程序;其二,资产评估工作会借助于财务会计、机电设备、建筑工程等多学科的专业知识。

4. 科学性原则

首先为顺应市场经济发展中资产交易的需要,在相关理论研究的不断推动下,资产评估已经建立起有目的、假设、价值类型、方法等内容的完整的、独立的学科体系;其次,在资产评估工作中,必须遵循科学的评估程序,制定科学的实施方案,采用科学的评估方法,使评估结果科学合理。

二、资产评估的经济原则

1. 贡献原则

贡献原则是指某一资产或资产的某一构成部分的价值,取决于它对其他相关的资产或资产整体价值的贡献,或者根据当缺少它时对整体价值下降的影响程度来衡量与确定。

2. 替代原则

替代原则是指同一市场上的相同(或类似)资产具有相同(或相近)的价值。比如在区位、建筑质量等特征非常相似的两处或者多处房产,它们的价格应该是相近的。对具有同等效用而价格不同的物品进行选择时,理性的人必定会选择价格便宜的。替代原则要求尽可能多地收集与评估对象相类似的资产的市场交易资料进行对比与分析,从而使得出的评估值尽可能地接近在公开市场上交易的成交价格。

3. 预期收益原则

预期收益原则是指在资产评估中,资产的价值并不取决于其过去的生产成本和销售价格,也不取决于该资产在过去或者现在取得收益的能力,而在于该资产在评估基准日后为其权利主体带来收益的能力,即预期获利能力,预期获利能力越强,评估值越大。

4. 供求原则

供求原则是经济学中的基本原理,是假定在其他条件不变的前提下,某种商品供过于求时价格下跌,而当供不应求时价格上涨。在资产评估时也应充分考虑市场供求关系对评估值的影响。

第五节 资产评估的依据和程序

一、资产评估的依据

资产评估的依据是指资产评估机构和人员在具体实施评估工作、形成评估结论时所凭借的各种文件、图纸、数据等资料。主要包括以下几类:

1. 行为依据

行为依据是评估工作得以开始的前提,如公司董事会关于进行资产评估的决议、委托人和评估机构签订的资产评估业务约定书、有关部门(如法院)对评估机构的资产评估委托书等。

2. 法规依据

法规依据是从事资产评估工作应遵循的法律、法规,如《公司法》《国有资产评估管理办法》《资产评估准则》等。

3. 产权依据

在资产评估中，被评估的资产必须是委托方实际拥有或控制的资产，产权依据主要包括权属证书、购买合同、发票、完税凭证等，权属关系不明或者有争议的，待产权关系明确后方能评估。

4. 估价依据

估价依据是评估机构和人员估算、测定资产价值的依据。主要包括两类：(1)委托方提供的相关资料(如会计核算资料、工程竣工结算资料等)；(2)评估人员收集的市场价格资料，成新率、性能等资产状态资料以及其他资料。

二、资产评估的程序

(一)明确资产评估业务的基本事项

资产评估机构首先应与资产评估的委托方就评估业务的范围及其内容、评估期限、评估收费等进行了解和接触，需要对委托方的有关情况、此次评估的目的、被评估资产的权属状况、评估业务的复杂程度以及本机构的业务胜任能力加以分析，并决定是否承接该项评估业务。

(二)签订资产评估业务约定书

资产评估业务约定书，是资产评估机构与委托方签订的，明确评估业务基本事项，约定评估机构和委托方权利、义务、违约责任和争议解决等内容的书面合同。

资产评估业务约定书的基本内容有：(1)评估机构和委托方的名称、住所；(2)评估目的；(3)评估对象和评估范围；(4)评估基准日；(5)评估报告使用者；(6)评估报告提交期限和方式；(7)评估服务费总额、支付时间和方式；(8)评估机构和委托方的其他权利和义务；(9)违约责任和争议解决；(10)签约时间。

(三)编制资产评估工作计划

在签订资产评估业务约定书后，评估机构应着手组建以项目经理为首的资产评估项目小组，项目组应开始商讨并制订工作计划，工作计划是评估工作的总体思路和详细实施方案，主要包括评估的技术路线和方法、需要收集的资料及其收集渠道、预计所需要的时间和费用、工作步骤和人力资源及进度安排等。

(四)核实评估对象，进行现场勘查

核实的主要内容是各类资产是否存在，以及它们的产权状况、成新状况和技术状况。对建筑物、机器设备、库存等有形资产一定要进行现场勘查，结合相关技术指标，以确定其新旧程度、运行状况、质量等评价和评估参数。

(五)收集评估资料

注册资产评估师收集的评估资料包括直接从市场等渠道独立获取的资料，从委托方、产权持有者等相关当事方获取的资料，以及从政府部门、各类专业机构和其他相关部门获取的资料。这些资料具体包括资产的产权证明文件、技术资料、与被评估资产相同或类似的参照物的市场交易信息、有关参照物的成交时间及当时的功能结构和新旧程度等特性、影响被评估资产市场供求状况的因素信息等，如果涉及无形资产和企业价值的评估，还应收集相关行业的资料。

产权证明文件包括：有关房地产的土地使用权证、房屋所有权证；有关在建工程的土地使用权证、建设规划许可证、用地规划许可证、开工许可证；有关设备的购买合同、原始发票；有关无形资产的专利证书及专利许可证、专有技术许可证、商标注册证、版权许可证、特许权许可证；有关长短期投资合同、借款合同等。

技术资料包括：有关房地产的建成时间、设计图纸、预决算资料；在建工程的种类、开工时间、预计完成时间、承建单位、筹资单位、筹资方式、成本构成、工程基本说明或计划；有关设备的技术标准、生产能力、生产厂家、规模型号、使用时间、运行状况、修理记录、设备与工艺的配套情况；有关存货的数量、计价方式、存放地点、近期市场价格；有关长期投资的明细表；原始会计资料和会计报表等。

注册资产评估师应当根据评估业务具体情况对收集的评估资料进行必要的分析、归纳和整理，形成评定估算的依据。

（六）评定估算

注册资产评估师应当根据评估对象、评估目的和价值类型、评估资料的收集情况等相关条件，分析市场法、收益法、成本法等资产评估方法的适用性，选择恰当的评估方法，并根据所采用的评估方法，选取相应的公式和参数进行分析、计算和判断，形成初步的评估结论，再对形成的初步评估结论进行综合分析，形成最终评估结论。

（七）编制和提交评估报告

资产评估机构在完成资产评估业务后，要向委托方出具包括评估过程、方法、结论、说明及各类备查文件内容的资产评估报告。资产评估报告的内容和格式应当遵循《资产评估准则——评估报告》的要求。资产评估机构在提交正式的评估报告前，可以在不影响对最终评估结论进行独立判断的前提下，与委托方或者委托方许可的相关当事方就评估报告有关内容进行必要的沟通。

（八）整理工作档案，立卷归档

资产评估机构应当在资产评估报告日后 90 天内，及时将工作底稿与评估报告等一起归入评估业务档案，并妥善保管。工作底稿是指注册资产评估师在执行评估业务时形成的，反映评估程序实施情况、支持评估结论的工作记录和相关资料。评估业务档案自评估报告日起至少保存 10 年。

练习题

一、单项选择题

1. 一般来说，资产评估是指通过对资产某一（　　）价值的估算，从而确定其价值的经济活动。

A. 时期　　B. 时点　　C. 时段　　D. 时间

2. 资产评估的主体是指（　　）。

A. 被评估单位　　B. 评估机构和评估人员

C. 评估主管部门　　D. 被评估资产

3. 资产评估价值取决于资产的（　　）。

A. 原先的购买价格　　B. 生产成本

C. 预期效用　　D. 评估基准日的利用现状

4. 以下资产中不属于可确指资产的是（　　）。

A. 厂房　　B. 商标　　C. 股票　　D. 商誉

5.（　　）是资产评估业务的基础，决定了资产价值类型的选择，并在一定程度上制约着评

估途径的选择 。

A. 资产评估主体　　B. 资产评估客体

C. 资产评估的特定目的　　D. 资产评估方法

6. 资产评估价值类型和资产评估方法的关系是(　　)。

A. 前者决定后者　　B. 后者决定前者

C. 前者制约后者　　D. 后者制约前者

7. 下列不属于资产评估工作原则的是(　　)。

A. 独立性　　B. 客观性　　C. 替代性　　D. 科学性

8. 以下原则中属于资产评估经济原则的是(　　)。

A. 贡献原则　　B. 科学性原则　　C. 专业性原则　　D. 客观性原则

9. 下列不属于资产评估假设的是(　　)。

A. 继续使用假设　　B. 清算假设

C. 公开市场假设　　D. 企业主体假设

10. 下列反映了资产评估咨询性特点的是(　　)。

A. 资产评估的结果必须接受市场的检验

B. 资产评估必须按照法定的准则和规程进行

C. 资产评估结论为资产业务提供专业化估价意见

D. 资产评估直接以现实存在的资产为估价的依据

11. 正常情况下,一栋别墅在某一时点的市场价值,不会高于此时点重新开发一同等效用别墅的成本(包括利润)。这体现了资产评估的(　　)。

A. 贡献原则　　B. 客观原则　　C. 预期原则　　D. 替代原则

12. 银行在因债务不能清偿而需要对其受押的抵押房地产进行处置时,该抵押房地产价值的评估适用于(　　)。

A. 清算假设　　B. 公开市场假设　　C. 继续使用假设　　D. 持续经营假设

13. 资产评估价值与资产交易中的实际成交价格之间的关系是(　　)。

A. 前者必须高于后者　　B. 前者必须低于后者

C. 前者必须等于后者　　D. 前者可以高于、低于或者等于后者

二、多项选择题

1. 下列各项中,属于资产评估特点的有(　　)。

A. 专业性　　B. 时点性　　C. 市场性　　D. 公正性

E. 咨询性

2. 下列各项中,属于资产评估经济原则的有(　　)。

A. 贡献原则　　B. 替代原则　　C. 客观性原则　　D. 预期收益原则

E. 科学性原则

3. 以下属于资产评估工作原则的有(　　)。

A. 独立性原则　　B. 预期原则　　C. 科学性原则　　D. 专业性原则

E. 客观性原则

4. 决定和影响价值类型的因素主要有(　　)。

A. 市场条件　　B. 评估的特定目的　　C. 资产的功能　　D. 评估方法的选择

E. 资产的状态

5. 根据被评估资产能否独立存在，资产可分为(　　)。

A. 整体资产　　B. 可确指资产　　C. 固定资产　　D. 单项资产

E. 不可确指资产

6. 根据被评估资产是否具有综合获利能力，资产可分为(　　)。

A. 整体资产　　B. 可确指资产　　C. 固定资产　　D. 单项资产

E. 不可确指资产

7. 资产评估行为涉及的经济行为包括(　　)。

A. 产权转让　　B. 企业重组　　C. 资产抵押　　D. 资产纳税

E. 停业整顿

8. 适用于资产评估的假设有(　　)。

A. 继续使用假设　　B. 公开市场假设　　C. 持续经营假设　　D. 清算假设

E. 交易假设

第二章　资产评估的基本方法

第一节　市场法

一、市场法的概念及含义

市场法又称为市场价格比较法，是指通过比较被评估资产与最近售出类似资产的异同，并将类似资产的市场价格进行调整，从而确定被评估资产价值的一种资产评估方法。

该方法的定义中出现了两个关键词，分别是比较和调整，其中比较是基础，调整是目的。

关于比较，我们必须把握两点：(1)谁和谁比，此处专指被评估资产和最近售出类似资产(简称参照物)的比较；(2)比较的内容，比较被评估资产和参照物的异同，是两者功能、性能的全方位比较，比如房产的地理位置、建筑质量、室内装修等，通过比较便知评估对象和参照物孰优孰劣，以便于调整。

关于调整，实际上是从参照物的价格(已知)出发，将参照物和被评估资产的差异进行量化，以确定被评估资产的价值(未知)。

二、市场法应用的前提

1. 需要有一个充分发育、交易活跃的资产市场

市场法的应用自始至终都有赖于参照物的收集和获取，只有具备一个充分发育、交易活跃的资产市场，才可以比较容易地收集到足够多的参照物，才能使数据真实可靠，才能使评估值接近或者贴合当前市场情况。

2. 参照物及其与被评估资产可比较的指标、技术参数等资料是可以收集到的

评估值的确定最终需要将参照物和被评估资产之间的差异进行量化，而量化的基础必须有据可循，因此两者可比较的指标、技术参数等资料的获取非常关键。

三、市场法的操作流程

1. 明确评估的对象和范围。

2. 进行市场调查，选择 3 个或 3 个以上的参照物。

3. 将被评估资产与参照物进行对比分析。

将被评估资产与参照物进行对比分析，主要从以下几方面展开：

(1)时间因素

时间因素是指参照物交易时间与被评估资产评估基准日相差时间所影响的被评估资产价格的差异。因为随着时间的推移，资产的价格将会有所不同。

(2)区域因素

区域因素是指资产所处地区或地段条件对资产价格的影响差异。区域因素对房地产价格影响尤为突出。

(3)功能因素

功能高低不同的两个同类资产，其价格也会有差异。在一般情况下，功能的高低与资产价值的高低成正相关关系。

(4)交易因素

具体交易中，参照物可能会因为处于非正常交易情况而使交易价格高于或低于公平的市场价值，必须调整为正常交易情况下的价格。资产的非正常交易一般包括如下情形：

①交易双方存在利益关系，如亲友之间、母子公司之间，或者关联企业之间等；

②交易双方中一方急于买入或者卖出；

③交易时市场处于供不应求或者供过于求等情况。

4. 对被评估资产与参照物的差异进行量化。

对被评估资产与参照物的差异进行量化时，首先假定被评估资产在各可比较的指标、技术参数上的评分均为 100(即基准)，如果参照物在某项指标、技术参数上优于被评估资产，则参照物在该项指标、技术参数上的评分大于 100，反之则小于 100，具体数额需要通过计算取得。

(1)对已经量化的差异进行调整，得到评估值

当评估对象优于参照物时，调高，乘以一个大于 1 的系数；当评估对象劣于参照物时，调低，乘以一个小于 1 的系数。

市场法的基本计算公式为：

①评估值＝参照物交易价格＋∑评估对象优于参照物的因素所引起的价格差额－∑评估对象劣于参照物的因素所引起的价格差额

②评估值＝参照物的交易价格×修正系数

$$修正系数=\frac{被评估资产在某项指标、技术参数上的得分}{参照物在某项指标、技术参数上的得分}$$

以上两个公式的作用是相同的，但运用场合不同。第一个公式适用于相对比较简单、可以直接进行加减处理的场合；第二个公式则适用于比较复杂、对评估对象和参照物的差异要进行量化处理的场合。

(2)综合分析通过上述公式得到的评估值，确定最终评估值

对调整后得到的评估值，注册资产评估师应剔除异常值，将其他较为接近的调整后的参照物的价格采用加权平均法、简单平均法等计算出平均值，作为最终的评估结果。

四、市场法的操作举例

【例 2—1】 现有一待估宗地，共收集到 4 个比较案例，具体条件如表 2—1 所示。

表 2—1　　地产评估资料

宗地	成交价格(元/m²)	区域因素	交易因素
待估宗地		0	0
参照物 A	8 000	1%	0
参照物 B	8 300	2%	1%
参照物 C	7 600	−1%	−2%
参照物 D	7 800	0	0

表中区域因素、交易因素都是交易实例与待估宗地相比较，以待估宗地为基准确定的数值。

根据上述操作流程，在区域因素上，待估宗地的值为 100(基准)，参照物 D 与待估宗地相当，则亦为 100，参照物 A 和 B 条件优于待估宗地，评分分别为 100×(1+1%)=101 和 100×(1+2%)=102，比较案例 C 的条件劣于待估宗地，则评分为 100×(1−1%)=99。

参照物 A、B、C、D 调整后价格分别为：

$$A=8\ 000\times\frac{100}{101}\times\frac{100}{100}=7\ 920.79$$

$$B=8\ 300\times\frac{100}{102}\times\frac{100}{101}=8\ 056.69$$

$$C=7\ 600\times\frac{100}{99}\times\frac{100}{98}=7\ 833.44$$

$$D=7\ 800\times\frac{100}{100}\times\frac{100}{100}=7\ 800$$

评估值=(7 920.79+8 056.69+7 833.44+7 800)/4=7 902.73(元/m²)。

五、市场法的评价

市场法是资产评估中最简单、最有效的方法。

其优点：(1)能够客观反映资产目前的市场情况，其评估的参数、指标直接从市场获得，评估值更能反映市场价格。(2)评估结果易于被各方理解和接受。

其缺点：(1)需要有发育成熟、交易活跃的资产市场作为基础，有时缺少参照物或者缺少可对比的指标、数据等资料而难以应用。(2)不适用于专用机器、设备、大部分的无形资产，以及受地区、环境等严格限制的一些资产的评估。

第二节　收益法

一、收益法的概念及含义

收益法是指通过估算被评估资产未来预期收益并折算成现值，借以确定被评估资产价值的一种资产评估方法。即资产的价值取决于其为权利主体带来收益的能力，收益越高，价值越大。

收益法的定义非常简短，也很明了，有两个关键词——未来预期收益和折现，也可以理解为一个关键词即折现，因为在资产评估的收益法中折现值就是评估值；而且折现之前必然要考虑资产的未来预期收益，否则无从折现。只是我们必须强调，所有未来预期收益必须折现到评估基准日。很显然，该方法需要财务管理中相关知识的密切配合。

二、收益法应用的前提

收益法的前提很简单，主要是为了满足“折现”的需要，即预期收益额、收益期限、折现率三个要素。

1. 预期收益额

资产评估中的预期收益额，必须把握三点：(1)预期收益额必须是由被评估资产所带来的，不得与其他资产混淆；(2)预期收益额是资产未来的收益额，而不是资产的历史收益额或现实收益额；(3)用于资产评估的收益额是资产的客观收益或正常收益，而并不一定是资产的实际收益，因为一些偶发性事件或因素可能导致实际收益水平出现(剧烈)波动，但这些收益不具有可持续性，无法反映资产持续的和真实的盈利能力，依此评估的资产价值必然出现偏差。

关于预期收益额的选取标准，以企业为例，目前有几种观点：(1)利润总额；(2)税后利润，即净利润；(3)净现金流量。考虑到税收对于企业来说是一项经济利益的净流出，个人觉得后两种观点较为可取，第三种观点则比第二种观点更稳健、更可靠。

2. 折现率

折现率实质上是投资的期望回报率，我们可以将它看作是投资于估价对象的机会成本，即投资者能够从一项风险程度相当的投资中获得的回报率。

折现率就其构成而言，由无风险报酬率、风险报酬率组成。无风险报酬率一般是采用同期国库券利率或银行利率，风险报酬率是指超过无风险报酬率以上部分的投资报酬率，这个以其所处的行业或领域所(愿意)承担的风险的程度而定。投资者承担的风险越大，折现率越高，评估值则越小。

折现率和资本化率在本质上是相同的，只是适用场合不同。折现率是将未来有限期的预期收益折算成现值的比率，而资本化率是将未来永续性收益折算成现值的比率。

3. 收益期限

收益期限是指被评估资产获取收益的持续时间，通常以年为单位。收益期限可由评估人员根据被评估资产的性能、竞争对手情况等加以估计，也可以根据法律、契约和合同规定确定。

收益法应用的前提虽然只有三个，但具体实施起来却绝非易事。以企业为例，企业未来的收益额和一定水平的收益额能持续的时间虽然和企业自身的生产能力、工艺水平、品牌影响力等因素密切相关，却更取决于诸如新工艺和新技术的产生、竞争对手、市场需求等企业完全无法掌控的因素的影响。同样，折现率中关于风险报酬率的估算也颇多争议，因为风险报酬率和企业承担的风险程度密切相关，而风险程度的量化更多地是依赖评估人员对市场的观察、对行业的理解以及个人经验等灵活性、主观性很强的因素。相应地，收益法三要素的确定给评估人员的执业能力提出了很高的要求，这种执业能力的培养需要在实践中反复摸索和不断积累，绝非书本所能够涵盖和描述，因此包括本书在内的几乎所有资产评估的基础教程在例题和习题中都会给定收益法的三要素，以此来降低难度，以满足教学需要，但请大家万万不可因为书本给定了收益法的三要素而产生资产评估的收益法非常简单的错觉。

三、收益法的公式及运用

根据未来预期收益的期限是有限期还是无限期，以及未来预期收益额是否相等，收益法的公式大体可以分为四种情形。为便于学习和记忆，现对具体方法中所使用的字符作如下统一规定。

V——评估值（现值）；

A——年金（未来预期收益额相等）；

R_t——未来第 t 年的预期收益；

r——折现率或资本化率；

n——收益期限。

1. 未来预期收益有限期，收益额相等——普通年金现值

$$V=A(P/A,r,n)$$

【例 2－2】 某企业尚能继续经营 6 年，预期每年收益额均为 300 万元，折现率 8%，求该企业评估值。

$V=A(P/A,r,n)=300\times(P/A,8\%,6)=1\ 386.87$（万元）

2. 未来预期收益有限期，收益额不相等——分别折现再相加

$$V=\sum_{t=1}^{n}\frac{R_t}{(1+r)^n}$$

【例 2－3】 某资产预期收益期为 5 年，预期收益额分别为 60 万元、50 万元、40 万元、35 万元和 45 万元，折现率为 5%，试确定该企业的评估值。

$$V=\sum_{t=1}^{n}\frac{R_t}{(1+r)^n}$$
$$=\frac{60}{(1+5\%)}+\frac{50}{(1+5\%)^2}+\frac{40}{(1+5\%)^3}+\frac{35}{(1+5\%)^4}+\frac{45}{(1+5\%)^5}=201.10\text{（万元）}$$

3. 未来预期收益无限期，收益额相等——永续年金

$$V=\frac{A}{r}$$

【例 2－4】 某企业预期每年收益额均为 300 万元，且能够持续经营下去，折现率 6%，求该企业评估值。

$V=\frac{A}{r}=\frac{300}{6\%}=5\ 000$（万元）

4. 未来预期收益无限期，收益额不等——分段法

在未来预期收益无限期且收益额不等的情况下，测算评估对象的价值将无法实现。通常都会采用一种变通的方法——分段法，即先对未来若干（n）有限年内的各年收益额分别折现，然后假设从 $n+1$ 年起，以后各年的预期收益额均相等，则可以用永续年金现值折现，最后将两部分现值相加得到评估值。

【例 2－5】 某企业未来 5 年的预计收益额分别为 15 万元、13 万元、12 万元、15 万元、16 万元，假定从第 6 年起，以后各年收益均为 16 万元，折现率和资本化率分别为 8%和 10%。请确定该企业在永续经营条件下的评估值。

（1）未来 5 年收益额的现值

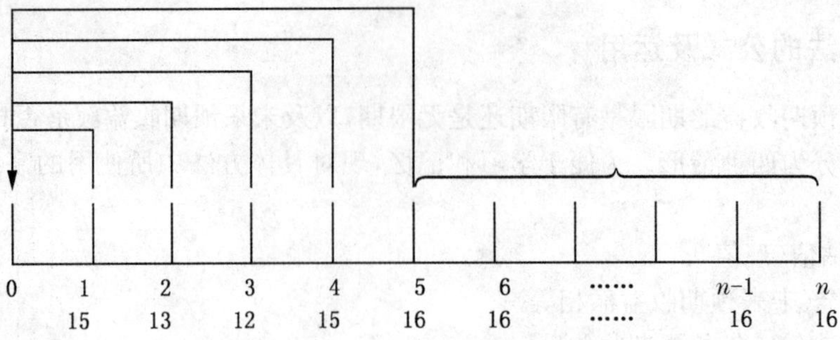

图 2—1 现金流量

$$V_1=\sum_{t=1}^{n}\frac{R_t}{(1+r)^n}$$

$$=\frac{15}{(1+8\%)}+\frac{13}{(1+8\%)^2}+\frac{12}{(1+8\%)^3}+\frac{15}{(1+8\%)^4}+\frac{16}{(1+8\%)^5}=55.67(\text{万元})$$

(2)将第 6 年以后的收益进行资本化处理

$$V_2=\frac{A}{r}\times\frac{1}{(1+8\%)^5}=\frac{16}{10\%}\times\frac{1}{(1+8\%)^5}=108.90(\text{万元})$$

此计算式有两点必须提示:其一,如图 2—1 所示,第 6 年以后的收益在用永续年金折现后并没有结束,还需要从第 6 年初也就是第 5 年末再一次折现到评估基准日。因为资产评估值是在评估基准日这个时点上,不可将评估基准日和某一段收益额的起点相混淆。其二,如果第 6 年后的收益额不是永续而是持续若干年,那么在测算现值时就不能再使用永续年金现值,而是普通年金现值。

(3)该企业评估值 $V=55.67+108.90=164.57$(万元)

【思考题】 例 2—5 能否用以下算式加以评估?

$$V=\frac{15}{(1+8\%)}+\frac{13}{(1+8\%)^2}+\frac{12}{(1+8\%)^3}+\frac{15}{(1+8\%)^4}+\frac{16}{10\%}\times\frac{1}{(1+8\%)^4}$$

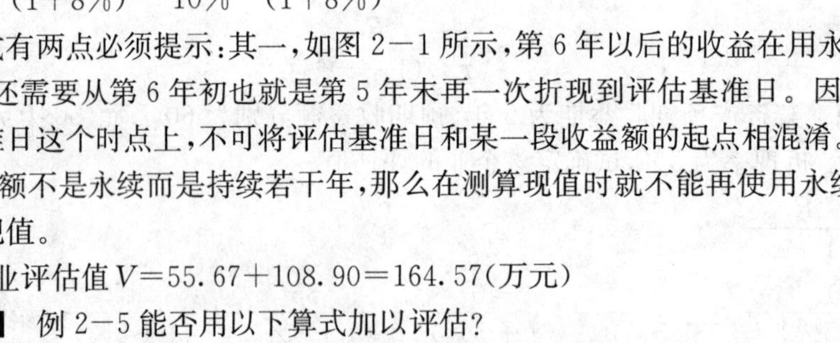

图 2—2 现金流量

四、收益法的优缺点评价

1. 收益法的优点

(1)从资产为权利主体带来收益的角度去确定资产的价值更具现实意义。

(2)与投资决策相结合,为项目投资的科学决策提供参考。

【思考题】 收益法是如何与投资决策相结合的?

2. 收益法的缺点

(1)预测未来收益额的难度较大,受较强的主观判断和未来不可预见因素的影响;

(2)在资产评估中适用范围较小,一般适用于企业整体资产和可预测未来收益的单项资产评估。

第三节　成本法

一、成本法的概念及含义

成本法是指在评估基准日从被评估资产的重置成本中扣除各种损耗,从而确定资产价值的方法。

成本法的定义很简短,但从理解和掌握的角度而言,却是三种方法中最难的。其难点在于对其中的两个关键词——重置成本和各种损耗以及由这两个关键词在头脑中所搭建起的评估逻辑的理解。

关于重置成本,顾名思义是指重新建造、购置某项资产所耗费的各种成本的总和,在资产评估中,重置成本从专业的角度进一步区分为复原重置成本和更新重置成本。

复原重置成本是指在评估基准日,运用与评估对象相同的材料、设计和生产标准、工艺质量等,以现时价格重新生产一个与评估对象全新状况同样的资产即原样复制的成本。更新重置成本是指在评估基准日,运用新型的材料、设计和生产标准、工艺质量等,以现时价格重新生产或建造具有同等功用的全新资产的成本。

复原重置成本和更新重置成本的相同方面在于采用的都是资产的现时价格,不同之处在于技术、设计、标准方面的差异,对于某些资产,其设计、耗费、格式几十年一贯制,复原重置成本和更新重置成本是一样的。需要注意的是,无论复原重置成本还是更新重置成本,资产本身的功能不变。

在选择重置成本时,在同时可获得复原重置成本和更新重置成本的情况下,应选择更新重置成本,在没有更新重置成本时可以采用复原重置成本。之所以选择更新重置成本,一方面随着科学技术的进步,新的材料、设计和工艺会被社会所普遍接受,且通常情况下,新的材料、设计和工艺的采用会带来成本的下降;另一方面,笔者认为在现时条件下仍采用原有的材料、设计和工艺进行原样复制在现实中几乎完全没有必要,而且很可能无法实现,比如说其中涉及的某种材料可能已经停产。如在液晶电视早已走进千家万户的今天,去原样复制玻壳电视,很多重要的零部件,如行回扫变压器(俗称高压包),早已成为历史。

关于各种损耗,是指被评估资产从投入使用到评估基准日的过程中其价值的各种减损。按照产生价值减损的原因不同,我们可以将各种减损分为三类:

(1)实体性贬值。实体性贬值又称为有形损耗,是指资产投入使用后,由于使用磨损和自然力的作用,导致其物理性能不断下降而引起的价值减损。如使用年限在5年以上的二手车。

(2)功能性贬值。功能性贬值是指由于新技术的推广和应用,使得被评估资产与社会上普遍使用的同类资产相比,在技术和性能上明显落后,因此导致的价值减损。如各类电子产品在新款即将发布时，老款的价格会明显降低。

(3)经济性贬值。经济性贬值是指由于资产以外的外部环境因素的变化，如新的政策或法规的颁布和实施、环境保护、战争、政治动荡、市场供求等情况，限制了资产的充分有效利用，使得资产价值减损。如因环境保护的要求，全国各地都对“黄标车”实行了强制报废或只能在限制时间、限制区域行驶等措施。

这里需要特别注意的是，资产的价值减损不同于会计上规定的折旧。资产评估中的价值减损是通过实地勘察确定的，要综合考虑实体性贬值、功能性贬值和经济性贬值，以反映资产价值的实际损失额。而会计上的折旧是为了实现收入和成本的配比、核算企业当期利润而对某类资产价值损耗在其使用期限内所做的制度性安排，大体只是相当于资产评估中实体性贬值所指代的内容，不一定能够准确反映资产价值变化的实际状况。

以上分别解释了重置成本和各种损耗的含义，而这两者构建的成本法的评估逻辑又该如何理解呢？我们不妨以一辆使用了5年且行驶里程18万公里的旧车为例，当年的买价是20万元，今年同型号全新款的售价仅为16万元，且性能更优。那么旧车的评估值应该等于16万元减去各种损耗后的余额。其评估逻辑就是当年的买价即历史成本已经没有参考意义，因为现在同型号全新款才卖16万元，16万元的重置成本就是确定评估值的起点，各项损耗是资产重置成本的减项，之所以要减掉各种损耗，同样还是因为现在同型号全新款才卖16万元，但旧车在成新率、性能方面和新车有明显差距，必须扣除。

因此，成本法的计算公式可以表述为：

$$评估值=重置成本-实体性贬值-功能性贬值-经济性贬值$$

二、成本法中各项参数的确定

(一)重置成本的估算

1. 重置核算法

重置核算法是利用成本核算的原理，根据重新购建资产所应发生的成本项目逐项计算后累计，从而确定资产的重置成本的一种方法。其通常的做法就是将总成本分为直接成本和间接成本。

直接成本是指可以直接构成资产成本支出的部分，如房屋建筑物的基础、墙体、屋面、内装修等项目；再如机器设备的设备买价、安装调试费、运杂费等项目。间接成本是指为建造、购买资产而发生的管理费、总体设计制图费等支出项目。间接成本一般按照人工成本的一定比例、直接成本的一定比例或单位工作量的间接成本价格等方法进行估算。

计算公式为：

$$间接成本=人工成本总额\times成本分配率$$

$$成本分配率=\frac{间接成本额}{人工成本额}$$

或
$$间接成本=直接成本\times间接成本相对于直接成本的比率$$

或
$$间接成本=工作量(单位为工时或工日)\times单位工作量的间接成本$$

【例2-6】 某企业现有一台机器设备，某同类产品的市场价格为50万元/台，运杂费为1万元，直接安装成本为2万元，其中原材料1万元，人工成本1万元，经统计分析，间接成本约为直接成本的3%，计算该设备的重置成本。

解：直接成本=50+1+2=53(万元)

间接成本＝53×3％＝1.59(万元)

重置成本合计＝53＋1.59＝54.59(万元)

2. 物价指数法

物价指数法是通过对资产的原始(历史)成本进行物价指数调整而得到其重置成本的方法。物价指数法的具体运用分为定基物价指数和环比物价指数两种情况。

(1)定基物价指数

$$\text{被评估资产重置成本}=\text{资产的账面原值}\times\frac{\text{资产评估时的物价指数}}{\text{资产购建时的物价指数}}$$

(2)环比物价指数

$$\text{被评估资产重置成本}=\text{资产的账面原值}\times\text{环比物价指数}$$

环比物价指数＝$(1+a_1)\times(1+a_2)\times(1+a_3)\times\cdots\times(1+a_n)\times100\%$

其中，a_n 为第 n 年环比物价指数，$n=1,2,3,\cdots$

【例 2—7】 某被评估资产 2004 年购建，账面原值 20 万元，2012 年进行评估，2004 年和 2012 年的物价指数分别为 100％和 150％。

被评估资产重置成本＝$20\times\frac{150\%}{100\%}=30$(万元)

【例 2—8】 某机器设备账面原值 50 万元，购置于 2009 年，2013 年进行评估。该资产适用的环比物价指数分别为：2010 年为 2.2％，2011 年为 2.5％，2012 年为－1.2％，2013 年为 1.5％。

被评估资产重置成本＝$50\times(1+2.2\%)\times(1+2.5\%)\times(1-1.2\%)\times(1+1.5\%)=$ 52.53(万元)

物价指数法与重置核算法是重置成本估算较常用的方法，但两者具有明显的区别。其一，物价指数法建立在不同时期的某一种或某类甚至全部资产的物价变动水平上；而重置核算法建立在现行价格水平和购建成本费用核算的基础上。其二，物价指数法估算的重置成本，仅考虑了价格变动因素，因而得到的是复原重置成本；而重置核算法既考虑了价格因素，也考虑了生产技术进步和劳动生产率的变化因素，因而可以估算复原重置成本和更新重置成本。

明确物价指数法和重置核算法的区别，有助于对重置成本估算中方法的判断和选择。一项科学技术进步较快的资产，采用物价指数法估算的重置成本往往会偏高。当然，两者也有共同点，都是建立在历史资料基础上。

3. 功能价值法

功能价值法也称为生产能力比例法，这种方法是通过选取具有相同或相似功能的资产作为参照物，假定资产的功能大小和成本之间呈线性关系，计算出参照物的单位生产能力的价格，并据以确定被评估资产重置成本的一种方法。计算公式为：

$$\text{被评估资产重置成本}=\text{参照物的重置成本}\times\frac{\text{被评估资产的生产能力}}{\text{参照物的生产能力}}$$

【例 2—9】 某被评估设备的年生产能力为 8 万件，市场上全新的同类设备售价 100 万元，年生产能力 10 万件，则被评估设备的重置成本为 $100\times\frac{8}{10}=80$(万元)。

4. 规模经济效益指数法

通过不同资产的生产能力与其成本之间关系的分析，我们可以发现，许多资产的成本与其生产能力之间不存在线性关系，即当资产的生产能力扩大一倍，其成本的增加却低于一倍。也就是说，资产的生产能力和成本之间呈同方向变化，而不是等比例变化，这是由于规模经济效益作用的结果。在此情况下，其计算公式为：

$$\frac{\text{被评估资产的重置成本}}{\text{参照物资产的重置成本}}=\left(\frac{\text{被评估资产的产量}}{\text{参照物资产的产量}}\right)^{x}$$

或 $$\text{被评估资产的重置成本}=\text{参照物资产的重置成本}\times\left(\frac{\text{被评估资产的产量}}{\text{参照物资产的产量}}\right)^{x}$$

公式中的 x 是一个经验数据，称为规模经济效益指数。在美国，这个经验数据一般在0.4～1之间，如加工工艺一般为0.7，房地产行业一般为0.9。我国到目前为止尚未有统一的经验数据，因此评估过程中要谨慎运用这种方法。

5. 统计分析法

该方法主要适用于企业整体资产及数量若干的某一相同类型的资产的评估，可以简化评估业务，节省评估时间，达到事半功倍的效果。具体步骤如下：

(1)在核实资产数量的基础上，把全部资产按照适当标准划分为若干类型，如房屋建筑物按结构划分为钢结构、钢筋混凝土结构等；机器设备按有关规定划分为专用设备、通用设备、运输设备、仪器、仪表等。

(2)在各类资产中抽样选择适量具有代表性的资产，应用前述四种方法估算其重置成本。

(3)依据分类抽样资产的重置成本除以其账面历史成本，得到分类资产的调整系数。其公式如下：

$$K=\frac{R'}{R}$$

式中：K——资产重置成本与历史成本的调整系数；

R'——某类抽样资产的重置成本；

R——某类抽样资产的历史成本。

(4)某类资产的重置成本$=\sum$某类资产账面历史成本$\times K$

【例2－10】 评估某企业数量若干的同类型设备，经抽样选取了具有代表性的5台设备，其历史成本为100万元，重置成本为120万元，该类设备总账面价值800万元，则该类设备的重置成本为：

解：$K=\frac{120}{100}=1.2$

该类设备的重置成本＝800×1.2＝960(万元)

(二)实体性贬值

由使用和自然力作用导致的实体性贬值，一般可以采用以下方法估算。

1. 观察法

观察法，也称为成新率法，它是指对被评估资产，由具有专业知识和丰富经验的工程技术人员对资产的实体各主要部位进行技术鉴定，并综合分析资产的设计、制造、使用、磨损、维护、修理、大修理、改造情况和物理寿命等因素，将评估对象与其全新状态相比较，考察由于使用磨损和自然损耗对资产的功能、使用效率带来的影响，判断被评估资产的成新率，从而估算实体性贬值。

$$\text{资产的实体性贬值}=\text{重置成本}\times(1-\text{成新率})$$

2. 使用年限法

其计算公式为：

$$资产的实体性贬值=\frac{重置成本-预计残值}{总使用年限}\times 实际已使用年限$$

$$资产的实体性贬值=\frac{重置成本-预计残值}{实际已使用年限+尚可使用年限}\times 实际已使用年限$$

公式中：

(1)预计残值是指被评估资产在清理报废时可收回的净值。

(2)总使用年限＝实际已使用年限＋尚可使用年限

实际已使用年限＝名义已使用年限×资产利用率

名义已使用年限是资产从购进使用到评估基准日在日历上体现出来的年限，名义已使用年限通过简单地查询会计记录、资产登记簿、登记卡片就能确定。但实际已使用年限则必须具体地去考察资产从购进使用到评估基准日的使用状况，是使用不足还是超负荷运转，以确定资产的利用率，然后再将名义已使用年限转换成实际已使用年限。因为在实际生活中，即使是同时购买的完全相同的某项资产，也很可能由于资产的使用强度不同，实际损耗程度相差甚远。如同为 3 年前购买的一辆私家车和同型号的出租车，名义已使用年限都是 3 年，3 年后私家车性能良好(如果保养得当)，出租车可能行将报废。

(3)$资产的利用率=\frac{截至评估基准日资产累计实际利用时间}{截至评估基准日资产累计法定利用时间}$

当资产利用率＞1 时，表明资产超负荷运转，资产的实际已使用年限大于名义已使用年限；当资产利用率＝1，表明满负荷运转，资产的实际已使用年限等于名义已使用年限；当资产利用率＜1，表明开工不足，资产的实际已使用年限小于名义已使用年限。

【例 2－11】 某加工设备 2005 年 3 月购进，2012 年 3 月评估，名义已使用年限 7 年。根据该设备技术指标，正常情况下，每天应工作 8 小时，但实际每天工作 10 小时，该设备的实际已使用年限是多少？

解：$资产利用率=\frac{7\times 360\times 10}{7\times 360\times 8}=125\%$

实际已使用年限＝7×125％＝8.75(年)

(三)功能性贬值

功能性贬值是由于技术进步所引起的被评估资产相对落后造成的贬值。这种贬值通常表现为以下两种形式：(1)超额运营成本导致的功能性贬值，是指在产量相等的情况下，被评估资产相较于同类型技术先进的资产在工耗、物耗、能耗等方面多消耗、多支出所导致的贬值。(2)超额投资成本导致的功能性贬值，是指由于新工艺、新材料和新技术的采用，使得生产相同的资产所需要的社会必要劳动时间减少，或者可以用原来相同甚至是更低的成本生产出性能更优越的产品，导致被评估资产贬值。

1. 超额运营成本导致的功能性贬值

超额运营成本导致的功能性贬值可以按以下步骤进行：

(1)确定超额运营成本。可以通过比较被评估资产的年运营成本与更先进资产的年运营成本得出。

(2)确定年净超额运营成本。净超额运营成本等于超额运营成本扣除所得税后的余额。由于企业支付的运营成本是在税前扣除，企业支付的超额运营成本会导致税前利润下降，所得税额降低，使得企业负担的运营成本远远低于其实际支付额。

(3)估计被评估资产的剩余寿命。

(4)以适当的折现率,将被评估资产在剩余寿命内每年的净超额运营成本折现并加总,作为被评估资产的功能性贬值。

$$功能性贬值=\sum(被评估资产年净超额运营成本\times折现系数)$$

【例 2-12】 某被评估设备需要 6 名工人操作,现技术更先进的设备比评估对象自动化程度更高,只需要 4 名工人,每名工人月工资 2 000 元,该设备还能再用 5 年,折现率为 10%,该设备的功能性贬值是多少?

解:该设备功能性贬值计算如表 2-2 所示。

表 2-2　　该设备功能性贬值计算步骤

项　目	技术先进的设备	技术落后的设备
每个工人月工资	2 000 元	2 000 元
工人数	4 人	6 人
月工资成本	8 000 元	12 000 元
月工资成本差异额		4 000 元
年工资成本超支额		48 000 元
减:所得税(25%)		12 000 元
扣除所得税后年工资成本净超支额		36 000 元
资产剩余使用年限		5 年
折现率 10%,年限 5 年的年金现值系数		3.790 8
功能性贬值		136 468.8 元

2. 超额投资成本导致的功能性贬值

$$功能性贬值=复原重置成本-更新重置成本$$

【例 2-13】 某被评估电子设备的历史成本为 20 万元,而在评估基准日同等功用的电子设备仅为 5 万元,其功能性贬值为 20-5=15(万元)。

最后,需要特别注意的是,当使用更新重置成本作为被评估资产的重置成本时,不用考虑因超额投资成本导致的功能性贬值。

(四)经济性贬值

经济性贬值是由于外部环境变化造成的资产贬值,其估算主要是根据产品销售困难而导致开工不足、资产闲置而造成资产价值不能够实现的程度,来确定评估值。评估人员应当充分估计评估基准日后因外部经济、社会等环境变化而造成的资产闲置或利用不足。当资产使用基本正常时,不计算经济性贬值。

【思考题】 如何理解"使用基本正常"?为什么使用基本正常就不计算经济性贬值?

在使用成本法确定资产的各种损耗时,应对各种损耗的名称及形成损耗的原因有充分的理解,便于我们在学习和实践中可以快速而且准确地识别各种损耗并进行估算。因为我们在教学中是逐条分开介绍的,但在真实环境中关于评估对象的各种损耗是整体甚至是混杂地出现在评估人员面前的,需要评估人员自己去辨识。

三、成本法举例

【例 2－14】 某企业将与国外企业合资，现对某项资产进行评估。资料如下：该资产账面原值 270 万元，净值 108 万元，折旧年限 30 年，已提折旧 20 年。经调查分析，按照现在的市场价格和工资水平，新建造相同的资产的全部费用支出为 480 万元。该资产截至评估基准日法定利用时间为 57 600 小时，实际累计利用时间为 50 400 小时。经专业人员现场勘察，该资产还可使用 8 年。又知该资产由于设计不合理，耗电量大，维修费用高，与现在同类资产比较，每年多支出营运成本 3 万元。企业所得税的税率为 25%，折现率 10%。求该资产评估值。

解：(1)重置成本＝480(万元)

注：题目中"按照现在的市场价格和工资水平，新建造相同的资产的全部费用支出为 480 万元"几乎就是重置成本定义的再现，重置成本等于 480 万元毫无疑义，至于"账面原值 270 万元，净值 108 万元"是会计上的处理和记录而已，属于干扰性条件。

(2)资产利用率$=\dfrac{50\ 400}{57\ 600}\times 100\%=87.5\%$

实际已使用年限$=20\times 87.5\%=17.5$

实体性贬值$=480\times\dfrac{17.5}{17.5+8}=329.41$(万元)

(3)功能性贬值$=3\times(1-25\%)\times(P/A,10\%,8)=12$(万元)

(4)经济性贬值＝0(题目中没有出现影响资产效能发挥的外部因素)

(5)评估值$=480-329.41-12=138.59$(万元)

四、成本法的优缺点评价

1. 成本法的优点

(1)比较充分地考虑了资产的损耗，评估结果更趋于公平合理；

(2)有利于单项资产和特定用途资产的评估；

(3)在不易计算资产未来收益或难以取得市场参照物的条件下可广泛地应用。

2. 成本法的缺点

(1)工作量比较大；

(2)经济性贬值不易全面准确地估算。

第四节　资产评估方法的选择

资产评估的方法有市场法、收益法、成本法。资产评估方法的多样性为评估人员提供了选择适当方法、完成评估工作的多种途径。选择合适的资产评估方法，有利于准确、合理地确定评估价值。在选择评估方法时应主要考虑以下因素：

一、资产评估方法的选择必须与资产评估价值类型相适应

评估目的决定价值类型，价值类型是影响和决定资产评估价值的重要因素，而资产评估方法则是确定评估价值的特定技术规程，必须与评估价值相适应。如市场价值必然要求采用市

场法，而在用价值或持续经营价值肯定会采用收益法等，评估方法与价值类型相匹配，是评估价值科学性和有效性的重要保证。

二、资产评估方法必须与评估对象相适应

我们不妨把三种方法的优、缺点进行对照，会很快发现三种方法在适用对象上是有比较清晰的划分的，而且对于一种方法不太适应的评估对象似乎恰好可以用另一种方法去评估，或者可以说各评估方法之间存在较强的互补性。如市场法的缺点中写明“不适用于专用机器、设备、大部分的无形资产”，而成本法中则有“有利于特定用途资产的评估”，无形资产的首选方法则是收益法。

三、资产评估方法的选择还要受可收集数据和信息资料的制约

资产评估的过程实际上就是收集、整理、运用数据资料的过程。每种资产评估方法都有其特定的评估流程和公式，但是各种方法在具体运用中都会涉及运用前提或特定参数的问题，如市场法需要一个充分发育、交易活跃的市场，需要确定差异调整系数；收益法需要确定收益额、收益期限、折现率三要素；成本法需要确定重置成本和三种贬值，而这些所有的前提和参数的确定无不依赖于相关数据资料的支持，缺乏这些数据资料或者数据资料的可靠性有待验证，都将极大地影响评估工作的进度和质量。

最后，需要特别说明的是，某些评估对象有多种评估方法可供选择，会得出两个或两个以上不同的评估结论。在这种情况下，一般不能用各种方法得出的评估结果进行简单平均或加权平均以得出评估结论，应该根据评估价值类型以及不同评估结果的适用性进行分析、判断，形成评估结论。

【思考题】 资产评估的经济原则与资产评估方法的联系是什么？

阅读材料

山西省煤炭资源整合引争议

2008 年 9 月 2 日，山西省政府颁布《关于加快推进煤矿企业兼并重组的实施意见》，煤炭资源整合被提上日程。但这项本意加强山西煤炭生产集中度、控制安全事故发生的煤炭改革却引发广泛争议。

按规划，所有年产 90 万吨以下，即占山西煤矿总数 90%以上的矿井，将被省政府指定的大型矿务局或地方骨干企业兼并重组。到 2010 年底重组完成后，山西拥有的煤炭企业数量将从 2 200 家，缩减到 100 家左右；2 600 多座煤矿，只保留 1 000 座；将形成 3 个年生产能力达亿吨的特大型煤炭集团，5 个年生产能力在 5 000 万吨以上的大型煤炭企业集团。

被兼并重组的煤矿，凡是在 2006 年 2 月 28 日之后缴纳资源价款的，直接转让采矿权，兼并重组企业要退还其剩余资源量的价款，并按照原价款标准的 50%给予补偿；2006 年 2 月 28 日之前缴纳资源价款的，在退还剩余资源量价款的同时，按原价款标准的 100%给予经济补偿。如果不接受被兼并，煤矿将会被强制关闭。

按照煤老板们的估算，这个补偿标准还不及市场评估价格的一半。实际上，双方的分歧在某种程度上是资产评估方法选择上的差异，作为本次煤炭整合主导方的政府和国企实行的更接近成本法，而煤老板们则更希望以收益法来评估他们的煤矿。

练习题

一、单项选择题

1. 在应用市场法时，一般应该选择(　　)参照物进行比较。

A. 3 个或 3 个以上　　B. 2 个或 2 个以上

C. 1 个或 1 个以上　　D. 4 个或 4 个以上

2. 通常情况下，可以用市场法进行评估的资产是(　　)。

A. 专利权　　B. 专用机器设备　　C. 通用设备　　D. 专有技术

3. 下列关于折现率和资本化率的描述，不正确的是(　　)。

A. 折现率或者资本化率的口径，应该与收益额的口径保持一致

B. 折现率一般大于无风险报酬率

C. 资本化率与折现率本质上没有区别

D. 风险越大，折现率越小

4. 某设备的年收益额为 50 万元，适用本金化率为 20%，则该设备的收益现值为(　　)万元。

A. 200　　B. 250　　C. 300　　D. 350

5. 预计某企业未来 5 年的税后资产净现金流分别为 15 万元、13 万元 、12 万元、14 万元、15 万元，假定该企业资产可以永续经营下去，且从第 6 年起以后各年收益均为 15 万元，折现率为 10%，确定该企业继续使用假设下的价值为(　　)万元。

A. 136　　B. 219　　C. 127　　D. 145

6. 新型号的手机、个人计算机等电子类产品大量出现，从而导致原有型号的该类商品迅速降价，这种贬值或损耗在资产评估中称为(　　)。

A. 实体性贬值　　B. 功能性贬值

C. 有形损耗　　D. 经济性贬值

7. 中国政府在“低碳”经济中的承诺将导致更严格的环境保护，这会使更多的生产性设备产生(　　)。

A. 实体性贬值　　B. 功能性贬值　　C. 技术性贬值　　D. 经济性贬值

8. 对被评估资产进行模拟重置，按现行技术条件下的材料、工艺、设计、价格和费用水平进行核算，这样求得的成本称为(　　)。

A. 复原重置成本　　B. 完全复原成本　　C. 更新重置成本　　D. 实际重置成本

9. 复原重置成本与更新重置成本的差额，是一种(　　)。

A. 实体性贬值　　B. 功能性贬值　　C. 有形损耗　　D. 经济性贬值

10. 复原重置成本与更新重置成本的相同之处在于运用(　　)。

A. 相同的原材料　　B. 相同的建造技术标准

C. 资产的现时价格　　D. 相同的设计

11. 运用成本法评估一项资产时，若分别选用复原重置成本与更新重置成本，则应当考虑不同重置成本情况下，具有不同的(　　)。

A. 实体性贬值　　B. 经济性贬值　　C. 功能性贬值　　D. 资产利用率

12. 教堂、学校、专用机器设备等资产的价值评估，一般适宜选用(　　)。

A. 成本法　　B. 收益法　　C. 市场比较法　　D. 残余法

13. 运用物价指数法估算设备的重置成本,只考虑了(　　)。

A. 时间因素　　B. 地域因素　　C. 功能因素　　D. 技术因素

14. 已知被评估设备的价值与功能之间存在线性关系,年产某产品720件。由于该型号的设备已停产,评估人员在市场上寻找到功能类似的全新设备,其价格为11.5万元,年产量为800件。则被评估设备的重置成本应为(　　)。

A. 10.35万元　　B. 10.65万元　　C. 10.80万元　　D. 11.15万元

15. 某类设备的价值和生产能力之间呈非线性关系,市场上年加工1 600件产品的该类全新设备价值为10万元,现已八成新的年加工900件产品的被评估设备的价值为(　　)万元。规模效益指数为0.5。

A. 5.6　　B. 4.5　　C. 7.5　　D. 6

16. 某设备购于2003年1月,2007年1月进行资产评估。该设备在每天工作8小时的情况下,可以连续工作10年。被评估设备的利用情况为每天工作12小时,但每年有2个月的季节性停产。则该设备的成新率为(　　)。

A. 40%　　B. 50%　　C. 60%　　D. 70%

17. 被评估机组购建于2003年3月,主要由主机、辅助装置和工艺管道组成,账面原值600万元人民币,其中主机占70%,辅助装置占20%,工艺管道占10%。到评估基准日,机组主机价格下降2%,辅助装置价格上升1%,工艺管道价格上升了5%。该机组评估基准日的重置成本最接近(　　)。

A. 585.8万元　　B. 595.8万元　　C. 612.6万元　　D. 624.8万元

18. 某设备购建于2006年底,2010年底进行评估。其历史成本为12万元,2007～2010年的该类资产环比物价指数分别为5%,4%,−2%,3%。则其重置成本为(　　)。

A. 11.89万元　　B. 13.23万元　　C. 13.90万元　　D. 14.32万元

19. 某项资产1997年购建,账面原值100 000元,2000年进行评估,若以购建时物价指数为100%,则3年间同类资产物价环比价格指数分别为110%、120%、115%,则该项资产的重置成本应为(　　)元。

A. 145 000　　B. 115 000　　C. 152 000　　D. 151 800

20. 某被评估资产1980年购建时账面价值为50万元,1989年进行评估,1980年、1989年该类资产的定基物价指数分别为120%、170%,则被评估资产的重置成本为(　　)万元。

A. 50　　B. 70.8　　C. 35.3　　D. 85

21. 用物价指数法估算的资产成本是资产的(　　)。

A. 复原重置成本

B. 既可以是复原重置成本,也可以是更新重置成本

C. 更新重置成本

D. 既不是复原重置成本,也不是更新重置成本

22. 某机器设备购建于1994年10月,根据其技术经济指标,规定正常使用强度下每天的运转时间为8小时,由于其生产的产品自1994年至1998年末期间在市场上供不应求,每天实际运转时间为10小时,自1999年初恢复正常使用,现以2000年10月5日为评估基准日,则该设备的实际使用年限为(　　)年。

A. 6　　B. 7　　C. 8　　D. 7.5

23. 现评估某企业某类通用设备,首先抽样选择具有代表性的通用设备6台,估算其总重

置成本为 25 万元，从会计记录中查得这 6 台设备的历史总成本为 30 万元，该类通用设备的账面历史总成本为 500 万元，则该类通用设备的总重置成本为（　　）万元。

A. 357　　B. 448　　C. 400　　D. 417

24. 被评估宾馆因市场原因，在未来 3 年内每年收益净损失额约为 5 万元，假定折现率为 10%，该宾馆的经济性贬值最接近于（　　）万元。

A. 15　　B. 12.6　　C. 10　　D. 50

二、多项选择题

1. 重置成本的估算方法有（　　）。

A. 重置核算法　　B. 使用年限法　　C. 物价指数法　　D. 生产能力比例法

E. 规模经济效益指数法

2. 成本法中资产的贬值可分为（　　）。

A. 实体性贬值　　B. 货币性贬值　　C. 功能性贬值　　D. 风险性贬值

E. 经济性贬值

3. 实体性贬值的估算方法有（　　）。

A. 观察法　　B. 经济使用年限法　　C. 使用年限法　　D. 修复费用法

E. 成新率法

4. 功能性贬值包括（　　）。

A. 超额投资性功能性贬值　　B. 超额运营性功能性贬值

C. 复原重置成本的功能性贬值　　D. 更新重置成本的功能性贬值

E. 修复性功能性贬值

5. 造成资产经济性贬值的主要原因有（　　）。

A. 该项资产技术落后　　B. 该项资产生产的产品需求减少

C. 社会劳动生产率提高　　D. 自然力作用加剧

E. 政府公布淘汰该类资产的时间表

6. 收益法涉及的基本要素包括（　　）。

A. 被评估资产的现时收益　　B. 被评估资产的预期收益

C. 折现率或资本化率　　D. 被评估资产的历史收益

E. 被评估资产的预期获利年限

三、计算题

1. 待评估土地位于城市开发区内，规划用途为工业用地，土地使用权年限为 50 年，面积为 12 000 平方米。评估基准日为 2008 年 10 月 1 日，折现率 10%。经过市场调查选取比较实例三个，情况如表 1 所示。

表 1　　**比较实例情况**

项　目	交易实例 A	交易实例 B	交易实例 C
出让方式	招标	协议	拍卖
面积	10 000 平方米	11 000 平方米	13 000 平方米

续表

项　目	交易实例 A	交易实例 B	交易实例 C
成交价	2 800 元/平方米	2 650 元/平方米	3 509 元/平方米
交易日期	2008/4/1	2007/10/1	2008/09/30

评估人员经市场调查获得以下资料:

(1)评估人员判断分析认为:A 为招标出让,价格约低于正常价格 4%;B 为协议出让,价格约低于正常价格 10%;C 为拍卖,价格约高于正常价格 5%。

(2)根据测算,该市近 1 年来,平均每月地价上涨约一个百分点。

(3)由于交易实例 C 与待评估土地处于同一区域,故其区域因素修正系数为 100/100;交易实例 A、B 采用直接比较法进行打分,如表 2 所示。

表 2　　区域因素比较

	待评估土地	交易实例 A	交易实例 B
合计得分	100	95	90

(4)经分析判断各实例因地形、面积因素差异形成的修正系数分别为:

A:100/97　　B:100/102　　C:100/103

要求:采用市场法评估该地块的转让价格。(计算结果以"元"为单位,取整)

2. 有一待估宗地,总面积为 40 000 平方米,使用年限为 50 年,土地还原利率为 6%,现收集到 A、B、C 三个宗地交易实例,具体情况见下表:

宗地	成交价(元/平方米)	交易时间	交易情况	区域因素	个别因素
待估宗地		2006 年 2 月	0	0	0
A	5 250	2005 年 2 月	0	0	−1%
B	5 700	2005 年 8 月	0	+2%	0
C	5 550	2005 年 12 月	−2%	0	−1%

表中交易情况、区域因素和个别因素都是交易实例与待估宗地相比较,以待估宗地为基准确定的数值。经了解,从 2005 年 2 月份到 2006 年 2 月份,地价每月环比上涨 1%。试根据上述条件评估待估宗地在 2006 年 2 月的价格。(计算结果以元为单位,取整)

3. 某资产未来 5 年的预期收益分别为 20 万、22 万、25 万、26 万、28 万元,从第 6 年到第 10 年每年的收益均保持在 25 万元,第 10 年末资产拟转让,变现价格约为 120 万元,折现率为 8%,用收益法估测该资产的价值。(计算结果以"万元"为单位,保留两位小数)

4. 评估人员对甲公司的一台生产控制设备进行评估时,了解到以下情况:

(1)该设备与目前同类新式控制设备相比,额定操作人员多 2 名;维护费用每年多支出 4 000元,其他方面大致相同。

(2)经测定该设备尚可使用 3 年;确定的折现率为 10%。

(3)操作人员年人均工资 2.6 万元;企业适用的所得税税率为 25%。

要求:请帮助评估人员计算:

(1)该设备的年超额运营成本;

(2)该设备的年净超额运营成本;

(3)该设备的功能性贬值。

(计算结果以万元为单位,保留两位小数)

5. 评估对象为某企业2008年末购进的一条生产线,账面原值150万元,2012年末进行评估。经调查分析,该生产线的价格每年比上一年增长10%,该资产还能使用6年,又知目前市场上已经出现功能更先进的生产线,新生产线与评估对象相比,可节约3名工人,每人每月工资2 000元。该企业所得税税率25%,折现率为10%,求该生产线的评估值。

6. 某生产线系4年前购置,历史总成本为200万元。评估人员获取相关资料如下:

(1)如重置该生产线,需要设备费180万元,材料费10万元,人工费8万元,零部件费用5万元,施工管理费3万元,临时设施费2万元。

(2)该生产线设计寿命8年,设计工作强度为每天工作8小时,连续工作。该生产线评估基准日以前每天工作9小时,每年有四个月季节性停产。

(3)该生产线由于技术落后,与同类设备相比,每年多耗费人工成本4万元,材料成本2万元。

(4)由于市场竞争加剧,其产品单价降低2元/件,其生产能力为5万件/年。

(5)该企业所得税税率为25%,假设折现率为10%。

要求:计算该生产线的评估值。

7. 某塑料制品生产线建于2006年1月,总投资200万元,其中主机120万元,建筑安装工程费用40万元,其他设备费用30万元,其他各项费用10万元。2010年1月进行评估。当时主机价格上涨20%,建筑安装工程费上涨30%,其他设备价格上涨15%,其他费用水平上涨10%。该设备尚可使用6年。由于能耗高,污染重,与同类设备相比,每年需多耗能4万元,另需支付环境补偿费用8万元,且后者不可税前列支。企业所得税税率为25%,折现率为10%。

要求:评估该生产线价值。(计算结果以"万元"为单位,保留两位小数)

第三章 机器设备评估

第一节 机器设备评估概述

一、机器设备的概念

机器设备是由若干零部件装配而成，根据一定的工作原理，能够完成生产、加工、能量转换、产生有用功、运行、存储等功能或效用的独立或成套装置，是人们生产、生活中重要的工具。

在资产评估中机器设备是指人类利用机械原理以及其他科学原理制造的（自然属性）、特定主体拥有或控制的有形资产（资产属性），包括机器、仪器、器械、装置以及附属的特殊建筑物等资产。机器设备作为评估对象在整个资产价值评估中，和房地产一样占有相当大的比重。

二、机器设备的分类

企业生产中所用的机器设备，由于企业性质的不同及设备自身用途的不同，在其形状、大小、性能等方面各不相同，种类极其繁多，为了设计、制造、使用及管理工作的方便，我们按不同的需要、不同的目的对设备进行分类。为了资产评估工作的顺利进行，作为一个过硬的资产评估人员，应该了解机器设备分类的有关知识，以便能够针对不同类别，迅速地收集、查询有关资料和信息。常用的分类方法有以下几种。

（一）按国家固定资产分类标准分类

原国家技术监督局在 1994 年 1 月 24 日颁发了《固定资产分类标准与代码》（GB/T14885－94），规定了我国现行的机器设备分类国家标准，分为：通用设备；专用设备；交通运输设备；电气设备；电子及通信设备；仪器仪表、计量标准器具及量具、衡器。该标准中对上述 6 类设备都列出了详细目录。

该标准适用范围广，适用于企业、事业单位、社会团体、行政机关、军队和武警部队以及各级有关管理部门的资产管理、清查、登记、统计等工作。

（二）按现行会计制度分类

根据我国现行会计制度，机器设备按其使用性质分为六类：

1. 生产经营用机器设备。指直接参与生产过程的机器设备，如动力设备、起重运输设备、测试仪器和其他生产用具等。

2. 非生产经营用机器设备。主要包括在教育和科研等部门所使用的设备。

3. 未使用机器设备。指尚未投入使用的新设备和正在改造、尚未验收投产的设备等。

4. 不需用机器设备。指不适合本单位使用，并已报请上级部门等待处理的机器。

5. 租出机器设备。指按照合同约定出租给外单位使用的机器设备。

6. 融资租入机器设备。指企业以融资租赁的方式租入的机器设备。

（三）按机器设备在再生产中的作用分类

1. 生产工艺类设备。是指生产加工类企业的主力设备。它直接改变产品原材料的物理状况或化学性能，使其成为半成品或产成品。例如，机械加工设备中的车、铣、锻、镗、刨、磨、拉床等；纺织机械中的梳棉、粗纺、细纺、织布等机床；化工设备中的各种换热器、蒸发器、结晶器、结晶罐、洗涤器等。

2. 辅助生产设备。是指保护生产工艺设备完成生产任务的二线设备。例如，空气压缩机、蒸汽锅炉、水泵、变压器等供风、供水、供电设备，车辆、船舶装卸机、吊车等交通运输装卸设备。

3. 服务设备。例如，通信设备、计算机、测试用仪器、仪表等。

（四）按其适用范围分类

1. 通用设备。是指没有专门用途、产品或加工对象不确定、具有综合加工能力的设备。例如，普通车床、万能铣床、磨床等。

2. 专用设备。是指专门对一种或一类产品具有生产、加工能力的设备。例如，纺织、造纸、焊接、通信等设备。

3. 非标准设备。是指国家不予定型的自制设备。

（五）按机器设备的来源分类

机器设备按来源划分，通常可以分为自制设备和外购设备两种。外购设备中又有国内购置设备和国外引进设备之分。

三、机器设备的评估特点

机器设备本身所具有的技术和价值特点形成和影响了它的评估特点，这些特点主要如下：

（一）以单台、单件为评估对象

由于机器设备单位价值大、规格型号多、情况差异大，为了保证评估的准确性，如实反映被评估机器设备的现实价格，客观上要求把机器设备作为单项独立评估对象进行评估，一般来说，应该逐台、逐件进行评估。

（二）以技术检测为评估基础

机器设备本身就是一类技术含量很高的资产，机器设备自身的技术含量多少本身就直接决定了机器设备评估价值的高低，技术检测是确定机器设备技术含量的重要手段。另一方面，由于机器设备使用时间长，工程技术性强，且又处于不断磨损的过程中，其磨损程度的大小，又因机器设备使用、维修、保养等状况的不同而造成一定的差异。因此，在评定机器设备的实物和价值状况时，往往需要通过技术检测来判断机器设备的磨损状况以评定机器设备的技术水平、实物状况和评估价值。

(三)对于机器设备所包含的技术性无形资产应酌情考虑统一评估或分别评估

比较复杂或先进的机器设备,特别是成套设备、机组、检测设备等,其功能的正常发挥还需要有专利、专有技术或计算机软件等技术类无形资产的支持。一般来说,在单台设备无法将该设备中包含的无形资产严格区分的情况下,可以将这些无形资产含在设备价值中一起评估。而成套设备、机组和复杂的检测设备中含有可分离的专用无形资产,也可以考虑将设备与无形资产分开评估。

(四)与土地及建筑物不可分离的机器设备的评估

与土地及建筑物不可分离的机器设备,即分离机器设备会严重影响土地及建筑物使用价值和价值的,可将机器设备放到土地、建筑物中一并进行评估,如建筑中的电梯、水、电、气、通信等机器设备。

(五)要正确估算机器设备的贬值

机器设备的贬值因素比较复杂,包括实体性贬值、功能性贬值和经济性贬值。在评估时要考虑这些贬值因素,准确地予以计量。技术的更新换代,国家有关的能源、环保政策,市场经济的状况等都可能影响机器设备的评估价值。

(六)收益法的使用受到限制

机器设备类资产一般是企业整体资产的一个组成部分,它通常与企业的其他资产,如房屋建筑物、土地、流动资产、无形资产等,共同完成某项特定的生产目的。一般不具备独立的获利能力。所以在进行机器设备评估时,收益法的使用受到很大限制,通常采用成本法和市场法。

机器设备评估中的上述特点,给评估工作提出了较高的要求,即要在机器设备存在的实物状态和参考账面原值的基础上,充分考虑机器设备的技术特点、价值特点及影响因素,合理地评估机器设备的价值。

四、机器设备评估的程序

机器设备评估作为一个重要的专业评估领域,情况复杂、作业量大,在进行评估时,应分步骤、分阶段实施。一般而言,机器设备评估大致经历以下几个阶段:

(一)明确评估基本事项阶段

进行机器设备评估,首先要了解评估结论的用途,明确评估的目的。其次,要根据机器设备的预期用途,明确评估假设。机器设备评估的一般假设包括继续使用或者变现、原地使用或者移地使用、以现行用途使用或者改变用途使用。对于需要改变使用地点,按原来的用途继续使用,或者改变用途继续使用的机器设备进行评估时,应当考虑机器设备移位或者改变用途对其价值产生的影响。最后,要根据评估目的、评估假设等条件,明确评估范围是否包括设备的安装、基础、附属设施,是否包括软件、技术服务、技术资料等无形资产。对于附属于不动产的机器设备,还需要合理划分不动产与机器设备的评估范围,避免重复或者遗漏。

(二)评估准备阶段

评估准备阶段的主要任务是收集与整理有关资料和数据。具体包括以下几个方面:

(1)指导委托方填写和准备与评估事项有关的资料及文件。如反映待评估资产情况的资料(包括机器设备的原价、净值、使用年限、规格型号等),以及证明待评估资产产权状况的证明文件等。

(2)收集与评估活动相关的价格资料,包括待评估机器设备的现行市价,可比资产或参照物的现行价格资料，以及国家公布的有关物价指数，评估人员自己收集与整理的物价指数等。

(3)制定评估方案，落实人员安排，设计评估技术路线。

(三)现场调查阶段

现场工作是机器设备评估中的一个非常重要的工作步骤，评估人员应当根据评估对象的具体情况，合理确定现场调查内容。

1. 机器设备的现场核实。评估人员应当对机器设备进行现场逐项调查或者抽样调查，确定机器设备是否存在，明确机器设备存在状态并关注其权属。如果采用抽样调查的方法进行现场调查，则要充分考虑抽样风险。对于机器设备的权属，应当要求委托方或者相关当事方对机器设备的权属做出承诺，并就权属相关资料进行必要的查验。因客观原因等因素限制而无法实施现场调查的，应当采取适当措施加以判断，并予以恰当披露。

2. 根据评估目的和评估报告的要求，以及评估的工程技术特点，对待评估设备进行必要分类。一是按设备重要性划分为A、B、C三类，把介于A类与C类之间的设备作为B类。另一种分类是按设备性质分为通用设备和专用设备，以便有效地收集数据资料，合理地配备评估人员。

3. 机器设备技术状态的判断。评估人员通常可以通过现场观察，利用机器设备使用单位所提供的技术档案、检测报告、运行记录等历史资料，利用专业机构的检测结果，对机器设备的技术状态做出判断。必要时，可以聘请专业机构对机器设备进行技术鉴定。

(四)确定设备评估经济技术参数阶段

根据评估目的和评估项目对评估价值类型的要求以及评估所选择的途径和方法，科学合理地确定评估所需要的各类经济技术参数。

(五)评定估算阶段

做完上述基础工作后，评估人员应根据评估目的、评估价值类型的要求以及评估对象的具体情况，科学地选择评估方法，进行评估测算。

(六)撰写评估报告及评估说明阶段

在评估过程结束后，应对评估结果进行分析，及时撰写评估报告及评估说明。

(七)评估报告的审核和报出阶段

评估报告完成后，要有必要的审核，包括复核人的审核、项目负责人的审核和评估机构负责人的审核。在三级审核确认评估报告无重大纰漏后，再将评估报告送达委托方及有关部门。

第二节　机器设备评估的成本法

成本法是机器设备评估中最常用的方法。机器设备的成本法评估，是指通过估算全新机器设备的重置成本，减去机器设备的各种贬值，即实体性贬值、功能性贬值和经济性贬值，以确定机器设备价值的一种方法。

评估值＝重置成本－实体性贬值－功能性贬值－经济性贬值

一、机器设备重置成本的计算

机器设备的重置成本包括购置或购建与被评估机器设备相同或相似的全新设备的成本。机器设备的重置成本有复原重置成本和更新重置成本两种。复原重置成本是指复制一个与被评估设备一模一样的全新设备所需的现时成本。更新重置成本是指以现行市场价格购建一台能提供相同或类似功能的新设备耗费的成本。

机器设备的重置成本包括购置或购建设备所发生的必要的、合理的直接成本费用、间接成本费用和因资金占用所发生的资金成本。

设备的直接成本一般包括:设备原价,即购买或建造费用,以及设备的运杂费、安装费及其他合理成本。间接成本一般包括管理费、设计费、保险费等。直接成本与每一台设备直接对应,间接成本和资金成本有时不能对应到每一台设备上,它们是为整个项目发生的,在计算每一台设备的重置成本时一般按比例摊入。

(一)重置核算法

这种方法是分别估算机器设备各构成项目的成本,然后加和得到重置成本的方法。根据机器设备取得方式不同,其估算方法也不相同。

1. 外购设备

(1)国产设备的重置成本

重置成本=设备原价+运杂费+安装调试费

其中:

①设备原价是指设备本身的价格,不包括运输、安装等费用。

②设备运杂费是指从生产厂家到安装使用地点所发生的运输、装卸等有关费用。

设备运杂费=国产设备原价×国产运杂费率

③设备安装调试费是指设备在安装过程中发生的必要的、合理的人工费、材料费等全部费用。

设备的安装工程范围包括以下几个部分:所有机器设备、电子设备、电器设备的装配、安装工程;锅炉及其他各种工业锅窑的砌筑工程;设备附属设施的安装工程;设备附属管线的铺设;设备及附属设施、管线的绝缘等工程;为测定安装工作质量进行的单机试运转和系统联动无负荷试运转。

设备安装调试费=设备原价×设备安装调试费率

(2)进口设备的重置成本

重置成本=(FOB价格+国外运费+国外运输保险费)×基准日外汇汇率+进口关税+消费税+增值税+银行及其他手续费+国内运杂费+安装调试费+人员培训费+其他

其中:

①FOB价格就是设备的离岸价

②国外运费

国外运费=设备离岸价×运输费率

海运费率:远洋海运一般为5%~8%,近洋海运一般为3%~4%。

航空运输一般按距离和单价计算运费。

③国外运输保险费

国外运输保险费=(设备离岸价+国外运费)×保险费率

④关税

关税=到岸价(CIF)×关税税率

到岸价(CIF)=离岸价+国外运费+国外运输保险费

或到岸价＝离岸价×(1＋运输费率)×(1＋保险费率)

⑤消费税

$$消费税=\frac{(关税完税价+关税)\times 消费税税率}{1-消费税税率}$$

关税完税价是指海关根据有关规定对进出口货物进行审定或估定后通过估计确定的价格，它是海关征收关税的依据。

⑥增值税

增值税＝(关税完税价＋关税＋消费税)×增值税率

注：如果减免关税，同时减免增值税。

⑦银行财务费

银行财务费＝FOB价格×费率

我国现行银行财务费率一般为4‰～5‰。

⑧外贸手续费

外贸手续费＝到岸价(CIF)×外贸手续费率

目前，我国进出口公司的进口费率一般为1%～1.5%。

(3)成套设备的重置成本

重置成本＝单台未安装进口设备重置成本＋单台未安装国产设备重置成本＋工器具重置成本＋安装工程费＋工程监理费＋软件重置成本＋设计费＋贷款利息

(4)车辆重置成本

①国内购置车辆的重置成本

国内购置车辆的重置成本＝车辆价格＋购置附加税＋证照费及其他费用

②进口车辆购置成本

进口车辆购置成本＝车辆价格(CIF)＋进口关税＋消费税＋增值税＋证照费及其他费用

【例3－1】 某企业从美国进口一台设备，离岸价为30万美元，国外运杂费1万美元，途中保险费为1.5万美元，关税税率为20%，消费税税率为10%，增值税税率为17%，外汇汇率1美元＝6元人民币，进口过程中，银行手续费2万元，国内运杂费4万元，安装调试费5万元。求该设备重置成本。

解：

(1)FOB价格＝30(万美元)

(2)CIF价格＝30＋1＋1.5＝32.5(万美元)

＝32.5×6＝195(万元)

(3)进口关税＝195×20%＝39(万元)

(4)消费税＝(195＋39)÷(1－10%)×10%＝26(万元)

(5)增值税＝(195＋39＋26)×17%＝44.2(万元)

(6)重置成本＝195＋39＋26＋44.2＋2＋4＋5＝315.2(万元)

2. 自制设备

(1)自制标准通用设备的重置成本应参考专业生产厂家的标准设备价格，在充分考虑自制设备和标准设备质量因素的前提下，运用替代原则合理确定。

(2)自制非标准通用设备的重置成本是指通用设备中不定型、不成系列，并需先进行单体设备设计再进行单台或小批量制造的设备。通用非标准设备重置成本的计算通常采用综合估价法。

综合估价法是根据设备的主材费和主要外购件费用与设备成本费用有一定的比例关系，通过确定设备的主材费用和主要外购件费用，计算出设备的完全制造成本，并考虑企业利润、税金和设计费用来确定设备的重置成本。

计算公式为：

$$P=(M_{rm}/K_m+M_{pm})\times(1+K_p)\times(1+R_t)\times(1+K_{d/n})$$

式中：P——非标准设备的重置成本；

M_{rm}——主材费(不含主要外购件费)；

K_m——不含主要外购件费的成本主材费率；

M_{pm}——主要外购件费；

K_p——成本利润率；

K_d——非标准设备设计费率；

n——非标准设备的生产数量；

R_t——销售税金率(综合税率)。

其中：

①主材费 M_{rm}

主要材料是指在设备中所占的重量和价值比例大的一种或几种材料。可按图纸分别计算出各种主材的净消耗量(如重量、面积、体积、个数等)，然后根据各种主材的利用率求它们的总消耗量，并按材料的市场价格(不含税价)计算主要材料费用。计算公式为：

$$M_{rm}=\sum\left(\frac{\text{某主材净消耗量}}{\text{某主材利用率}}\times\frac{\text{含税市场价}}{1+\text{增值税税率}}\right)$$

②主要外购件费 M_{pm}

主要外购件如果价值比重很小，可以综合在成本主材费率 K_m 中考虑，则不再单列为主要外购件。外购件的价格按不含税市场价格计算，计算公式为：

$$M_{pm}=\sum\left(\text{某主要外购件的数量}\times\frac{\text{含税市场价}}{1+\text{增值税税率}}\right)$$

③综合税率 R_t

综合税率包括增值税税率(R_{t1})、城市维护建设税税率(R_{t2})和教育附加率(R_{t3})等。其计算公式为：

$R_t=R_{t1}\times(1+R_{t2}+R_{t3})$

【例 3－2】 某蒸汽对流烘干室为非标准自制设备，购建日期为 2009 年 12 月，评估基准日为 2014 年 5 月 20 日，计算该蒸汽对流烘干室的含税重置成本。根据设计图纸，该设备主材为钢材，主材的净消耗量为 32 吨，评估基准日钢材不含税市场价为 3 000 元/吨。另外，所需主要外购件不含税费用为 50 000 元。主材利用率为 80%，成本主材费用率 60%，成本利润率 10%，销售税金率 18.7%，设计费率 16%，产量 2 台。计算该设备的重置成本。

解：该设备的主材利用率为 80%，则主材费为：

$M_{rm}=32\div80\%\times3\,000=120\,000$(元)

设备重置成本＝(120 000÷60%＋50 000)×(1＋10%)×(1＋18.7%)×(1＋16%÷2)
＝352 539(元)

(3)自制大型复杂设备，如成套设备、生产线等，可通过收集项目的决算资料，根据行业机械设备工程定额和取费标准，采用概算方法估算重置成本。

（二）物价指数法

物价指数法是以设备的历史成本为基础，根据现时物价指数来确定机器设备重置成本的方法。

1. 定基物价指数

定基物价指数是以固定时期为基期的物价指数，通常用百分比来表示。以100%为基础，当物价指数大于100%，表明物价上涨；物价指数在100%以下，表明物价下跌。其计算公式为：

$$设备重置成本=设备历史成本\times\frac{评估基准日定基物价指数}{设备购建时定基物价指数}$$

【例3—3】 2009年购置某设备，原始成本为38 000元，计算2014年该设备的重置成本，该类设备定基物价指数如表3—1所示。

表3—1　某类设备的定基物价指数

年　份	（定基）物价指数(%)
2008	100
2009	103
2010	106
2011	108
2012	110
2013	112
2014	115

2014年该设备重置成本＝38 000×(115/103) ＝42 427(元)

2. 环比物价指数

环比物价指数是以上期为基期的指数。如果环比期以年为单位，则环比物价指数表示该类产品当年较上年的价格变动幅度。该指数通常也用百分比表示。其计算公式为：

$$设备重置成本=历史成本\times(P_1\times P_2\times\cdots\times P_n)$$

式中，P_n 为 n 年对 $n-1$ 年的环比物价指数。

【例3—4】 某设备2011年的历史成本为30 000元，环比物价指数见表3—2，计算2014年该设备重置成本。

表3—2　环比物价指数

年　份	（环比）物价指数(%)
2008	
2009	103
2010	102.9
2011	101.9
2012	101.9
2013	101.8
2014	102.7

设备本体重置成本＝30 000×(101.9％×101.8％×102.7％)

＝31 961(元)

机器设备重置成本的计算还可采用功能价值法和规模经济效益指数法等方法，因本书第二章已有详细介绍，故不再赘述。

二、机器设备实体性贬值的测算

机器设备的实体性贬值又称作有形损耗，它是由于使用磨损或受自然力侵蚀而产生的损耗。

设备在使用过程中，由于零部件受到摩擦、冲击、振动或交变载荷的作用，使得零件或部件产生磨损、破裂、疲劳等破坏，其结果是零部件的几何尺寸发生变化，精度降低，使用寿命缩短。这样所形成的磨损一般为有形磨损，也称为第一种有形磨损。设备在闲置或放置过程中，由于受自然界中的空气、雨水、射线、高温、低温等的影响与侵蚀，也会出现腐蚀、老化、生锈、变质等现象。这类损耗称为第二种有形磨损。

设备的实体性贬值从设备制造完毕后就开始产生，即使设备没有投入使用，在闲置和存放过程中也会产生损耗，这种损耗与闲置存放的时间、存放的环境、条件有关。设备在使用过程中产生的损耗与工作负荷、工作条件、维修保养状况有关。

设备实体性贬值的程度可以用设备的价值损失与重置成本之比来反映，称为实体性贬值率。全新设备的实体性贬值率为零，完全报废且无任何利用可能的设备的实体性贬值率为100％。评估师可根据设备的状态来判断贬值程度，其计算公式为：

实体性贬值＝重置成本×实体性贬值率＝重置成本×(1－成新率)

机器设备实体性贬值率的估测通常采用三种方法：观察法、使用年限法、修复费用法。

(一)观察法

观察法是评估人员通过现场观察机器设备的运转状况、整体状态，查阅机器设备的历史使用记录、维修保养记录、技术档案等资料，向操作人员和设备管理人员询问设备的使用情况、使用精度、故障率、磨损情况、维修保养情况、工作负荷等，对所获得的信息进行分析、归纳、综合，依据相关标准或经验判断设备的磨损程度，通过与全新设备进行对比，分项评分后得出一个贬值率或成新率。此外，“机器设备实体性贬值率评估参考表”(见表3－3)可供参考。

表3－3　　机器设备实体性贬值率评估参考表

分类	状态说明	实体性贬值率(％)	成新率(％)
新设备及使用不久的设备	全新或刚使用不久的设备，在用状态良好，能按设计要求正常使用，无异常现象	0～10	100～90
较新设备	已使用一年以上或经过第一次大修恢复原设计性能、使用不久的设备，在用状态良好，能满足设计要求，未出现过较大故障	11～35	89～65
半新设备	已使用两年以上或大修后已使用一段时间的设备，在用状态较好，基本能达到设备的设计要求，满足工艺要求，需经常维修以保证正常使用	36～60	64～40
旧设备	已使用较长时间或几经大修，目前仍能维持使用的设备，在用状态一般，性能明显下降，使用中故障较多，经维护仍能满足工艺要求，可以安全使用	61～85	39～15

续表

分类	状态说明	实体性贬值率(%)	成新率(%)
报废待处理设备	已超过规定使用年限或性能严重劣化,目前已不能正常使用或停用,即将报废待更新	86～100	14～0

(二)使用年限法

使用年限法是根据设备的使用年限或生产加工量进行分析,确定设备已使用年限或已完成的工作量和尚可使用年限或剩余工作量,通过计算尚可使用年限与总使用年限、剩余工作量与总工作量来确定设备实体性贬值率的一种方法。

这种方法假设机器设备在整个使用寿命期间内,实体性贬值与寿命缩短是成正比的,因此,可用设备已使用年限与总的寿命年限比值来确定设备的实体性贬值率。其计算公式为:

$$\text{实体性贬值率}=\frac{\text{机器设备已使用年限}}{\text{机器设备已使用年限}+\text{机器设备尚可使用年限}}$$

1. 简单年限法

简单年限法是假定机器设备的投资是一次完成的,没有更新改造和追加投资等情况发生。

(1)已使用年限的确定

机器设备已使用年限是指机器设备从开始使用到评估基准日所经历的时间。由于资产在使用中负荷程度及日常维修保养差别的影响,已使用年限分为名义使用年限和实际使用年限。名义使用年限是指会计记录记载的资产已提折旧的年限;实际已使用年限是指资产在使用中实际磨损的年限。

$$\text{实际已使用年限}=\text{名义已使用年限}\times\text{设备利用率}$$

$$\text{设备利用率}=\frac{\text{截至评估基准日设备累计实际利用时间}}{\text{截至评估基准日设备累计法定利用时间}}$$

设备利用率计算结果小于1,表明开工不足,设备实际已使用年限小于名义已使用年限;计算结果大于1,表明资产超负荷运转,实际已使用年限大于名义已使用年限。

(2)尚可使用年限的确定

机器设备可使用年限是指从评估基准日开始到机器设备停止使用所经历的时间,即机器设备的尚可使用年限。机器设备的已使用年限加上尚可使用年限就是机器设备的总寿命年限。如果机器设备总寿命年限已确定,尚可使用年限就是总寿命年限扣除已使用年限的余额。机器设备的尚可使用年限受到已使用年限、使用状况、维修保养状况及设备运行环境的影响。

【例3－5】 被评估设备已投入使用5年,在正常情况下该设备每天工作8小时。该设备在5年中平均每天工作6小时,该设备的尚可使用年限为7年,计算该设备的实体性贬值率。

解:设备利用率$=6/8\times100\%=75\%$

设备实际使用年限$=5\times75\%=3.75$(年)

设备的实体性贬值率$=3.75/(3.75+7)\times100\%=34.88\%$

2. 综合年限法

综合年限法是根据机器设备投资是分次完成、机器设备进行过更新改造和追加投资,以及机器设备的不同构成部分的剩余寿命不同等一些情况,经综合分析、判断,并采用加权平均法计算,确定被评估机器设备的成新率。

(1)综合已使用年限的确定

一台机器设备由于分次投资、更新改造、追加投资等情况,使不同部件的已使用年限不同,确定整个设备的已使用年限，应以各部件重置成本的构成为权重，对各部件参差不齐的已使用年限进行加权平均，确定已使用年限。

$$综合已使用年限=加权投资年限$$
$$=\frac{\sum(加权复原或更新重置成本)}{\sum(复原或更新重置成本)}$$
$$=\frac{\sum(复原或更新重置成本\times 投资年限)}{\sum(复原或更新重置成本)}$$

$$加权更新成本=已使用年限\times 更新成本(现行成本)$$

(2)综合尚可使用年限的确定

在评估时，可按重置成本对各部件的尚可使用年限进行加权平均，求得整个设备的尚可使用年限。各部件尚可使用年限可用简单年限法进行评估。

$$实体性贬值率=\frac{加权投资年限}{加权投资年限+尚可使用年限}\times 100\%$$

【例 3-6】 某企业 2004 年购入一台设备，账面原值为 30 000 元。2009 年和 2011 年进行两次更新改造，当年投资分别为 3 000 元和 2 000 元。假定从 2004 年至 2014 年，每年的价格上升率为 10%，2014 年对该设备进行评估。该设备的尚可使用年限经测验和鉴定为 7 年，试估算设备的成新率。

解：第一步：调整计算现行成本

表 3-4　　该设备现行成本

投资日期(年)	原始投资额(元)	价格变动系数	现行成本(元)
2004	30 000	2.60	78 000
2009	3 000	1.61	4 830
2011	2 000	1.33	2 660
合　计	35 000		85 490

第二步：计算加权更新成本

表 3-5　　该设备加权投资成本

投资日期(年)	现行成本(元)	投资年限	加权更新成本(元)
2004	78 000	10	780 000
2009	4 830	5	24 150
2011	2 660	3	7 980
合　计	85 490		812 130

第三步：计算加权投资年限

$$加权投资年限=\frac{812\ 130}{85\ 490}\approx 9.5(年)$$

第四步：计算成新率

$$成新率=\frac{7}{9.5+7}\times 100\%=42\%$$

(三)修复费用法

修复费用法是利用恢复机器设备功能所支出的费用来直接估算设备实体性贬值的一种方法。所谓修复费用,是指在机器设备主要零部件的更换或修复、改造、停工损失等方面发生的费用支出。

机器设备的实体性损耗可分为可修复和不可修复两种。在采用修复费用时,要尽量把实体性贬值中的可修复和不可修复部分区别开来。可修复的实体性损耗是指通过技术修理恢复其功能,且经济上是合理的,而不可修复的实体性损耗是指通过技术修理不能恢复其功能,或者是经济上不划算的。因此,这两部分之和就是被评估设备的全部实体性贬值。计算公式如下:

实体性贬值率=(可修复部分实体性贬值+不可修复部分实体性贬值)/设备的重置成本

【例 3—7】 某台机器设备,重置成本为 200 万元,已使用 5 年,其经济使用寿命约 20 年,现该机器数控系统损坏,估计修复费用约 2 万美元(折人民币 14 万元),其他部分工作正常。用修复费用法估测该机器设备的实体性贬值率。

解:所有实体性贬值及贬值率计算过程如下:

重置成本	200 万元
可修复性损耗引起的贬值	14 万元
不可修复性损耗引起的贬值	(200－14)×5/20＝46.5 万元
实体性贬值	60.5 万元(46.5＋14)
贬值率	60.5/200×100%＝30.25%

三、机器设备功能性贬值的估测

机器设备的功能性贬值主要是由于技术进步引起的。它具体存在两种表现形式:由超额投资成本所致的功能性贬值和由超额运营成本所致的功能性贬值。

(一)由超额投资成本所致的功能性贬值的估算

超额投资成本的产生是因为技术进步引起劳动生产率的提高,使得重置与原设备同样功能的设备所需成本降低。由超额投资成本所致的功能性贬值反映在超额投资成本上,复原重置成本与更新重置成本之差即为设备超额投资成本。

【例 3—8】 某化工设备 2009 年建造,建造成本项目及原始造价成本如表 3—6 所示。

表 3—6　　**原始成本**

序　号	成本项目	原始成本(元)	备　注
1	主材	50 160	钢材 22.8 吨
2	辅材	11 200	铝、橡胶、聚乙烯、铜等
3	外购件	13 800	电机、阀
4	人工费	29 900	598 工时×50 元
5	机械费	13 650	136.5 小时×100 元
	成本小计	118 710	
6	利润	17 807＝118 710×15%	15%
7	税金	25 529＝118 710×(1＋15%)×18.7%	18.7%
	含税总价	162 046	

在评估基准日

(1)钢材价格上涨了23%,人工费上涨了39%,机械费上涨了17%,辅材现行市场价合计为13 328元,电机、阀等外购件现行市场价为16 698元,假设利润、税金水平不变。

(2)由于制造工艺的进步,导致主材利用率提高,钢材的用量比过去节约了20%,人工工时和机械工时也分别节约15%和8%。试计算该设备超额投资成本引起的功能性贬值。

解:(1)该化工设备的完全复原重置成本计算如表3—7所示。

表3—7　　该设备的完全复原重置成本

序号	成本项目	原始成本(元)	复原重置成本
1	主材	50 160	61 697=50 160×(1+23%)
2	辅材	11 200	13 328
3	外购件	13 800	16 698
4	人工费	29 900	41 561=29 900×(1+39%)
5	机械费	13 650	15 971=13 650×(1+17%)
	成本小计	118 710	149 255
6	利润	17 807	22 388=149 255×15%
7	税金	25 529	32 097=149 255×(1+15%)×18.7%
	含税总价	162 046	203 740

(2)该设备的更新重置成本计算如表3—8所示。

表3—8　　该设备的更新重置成本

序号	成本项目	计算过程	更新重置成本(元)
1	主材	22.8×0.8×2 200×1.23	49 357
2	辅材	13 328	13 328
3	外购件	13 800	16 698
4	人工费	598×0.85×50×1.39	35 327
5	机械费	136.5×0.92×100×1.17	14 693
	成本小计	118 710	129 403
6	利润	17 807	19 410=129 403×15%
7	税金	25 529	27 828=129 403×(1+15%)×18.7%
	含税完全成本价	162 046	176 641

(3)超额投资成本引起的功能性贬值

超额投资成本引起的功能性贬值=复原重置成本－更新重置成本=203 740－176 641=27 099(元)

在评估中,如果可以直接确定设备的更新重置成本,则不需要再计算复原重置成本,超额投资成本引起的功能性贬值也不需要计算。

(二)由超额运营成本所致的功能性贬值的估算

由于技术进步,出现了性能更优的新设备,使原有设备对于新设备来说,在功能、性能方面落后,而造成在能源、人力、原材料等方面的消耗增加,即产生了超额运营成本。估算由超额运营成本导致的功能性贬值的关键是必须找到一个技术先进的现代化设备作为参照物,并考虑因超额运营成本而抵减的所得税,从而得出被评估设备的年超额运营成本净额。

【例 3-9】 经分析,被评估某设备与同类型新设备相比,每年多耗电 6 000 度,每度电按 0.5 元计算。评估人员预计该设备尚可使用 10 年,求该设备的功能性贬值。

(1)该设备年超额运营成本:

6 000×0.5=3 000(元)

(2)该设备年净超额运营成本:

3 000×(1-25%)=2 250(元)

(3)该设备的功能性贬值(折现率为 10%):

2 250×(P/A,10%,10)=2 250×6.145≈13 826(元)

四、机器设备经济性贬值的估测

机器设备的经济性贬值是指由于外部因素引起的贬值。这些因素包括:由于市场竞争加剧,产品需求减少,导致设备开工不足,生产能力相对过剩;原材料、能源等提价,造成成本提高,而生产的产品售价没有相应地提高;国家有关能源、环境保护等法律、法规使产品生产成本提高或者使设备强制报废,缩短了设备的正常使用寿命;等等。

1. 使用寿命缩短导致的经济性贬值

由于环境保护方面的问题日益严重,国家对机器设备的环保要求越来越高,对落后的、高能耗的机电产品实行强制淘汰制度,缩短了设备的正常使用年限。

【例 3-10】 某汽车已使用 5 年,按目前的技术状态还可以正常使用 5 年,按使用年限法,该汽车的贬值率=5/(5+5)×100%=50%

但由于环保、能源的要求,国家新出台的汽车报废政策规定该类汽车的最长年限为 8 年,因此该汽车 3 年后必须强制报废。在这种情况下,该汽车的贬值率=5/(5+3)×100%=62.5%

由此引起的经济性贬值率为 12.5%。如果该汽车的重置成本为 20 万元,则经济性贬值为:

20×12.5%=2.5(万元)

2. 收益额减少导致的经济性贬值

如果设备由于外界因素变化,出现原材料涨价、能耗提高等造成生产成本提高并且得不到补偿,或是因竞争加剧、需求下降等因素导致产量和(或)价格下降,使设备创造的收益减少,进而引起经济贬值,其计算公式为:

经济性贬值=设备年收益损失额×(1-所得税税率)×($P/A,r,n$)

【例 3-11】 某冶炼设备,政府规定的可比单耗指标为 650 千瓦小时/吨,该设备的实际可比单耗为 730 千瓦小时/吨,该电阻炉年产量为 1 500 吨,电单价为 1.2 元/千瓦小时。试计算因政府对超限额耗能加价收费而增加的运营成本。

解:该设备超限额的百分比=(实测单耗-限额单耗)/限额单耗

=(730-650)/650×100%=12.31%

根据政府规定超限额10%～20%(含20%)的加价2倍，则该设备每年因政府对超限额耗能加价收费而增加的运营成本为：

1.2×(730－650)×1 500×2＝288 000(元)

在此基础上，可根据设备的剩余寿命，计算出因超限额加价收费导致运营成本上升、收益下降所带来的经济性贬值。

【例3－12】 某彩电生产线，原定售价2 000元/台，年产量100万台，因市场竞争加剧，售价降为1 800元/台，该生产线还可再用3年，企业所得税税率为25%，折现率为10%，计算该生产线的经济性贬值。

解：该生产线经济性贬值额＝200×1 000 000×(1－25%)×(P/A,10%,3)

＝150 000 000×2.487＝373 050 000(元)

3. 设备利用率下降导致的经济性贬值

当机器设备因外部因素影响出现开工不足、设备相对闲置，即实际生产能力显著低于其额定生产能力，从而使最终收益减少时，便会出现经济性贬值。其计算公式如下：

$$\text{经济性贬值率}=\left[1-\left(\frac{\text{实际使用生产能力}}{\text{额定生产能力}}\right)^X\right]\times 100\%$$

式中：X为规模效益指数，实践中多为经验数据。对机器设备，X一般取值0.6～0.7之间。

经济性贬值额＝(重置成本－实体性贬值－功能性贬值)×经济性贬值率

【例3－13】 某产品生产线，根据购建时的市场需求，设计生产能力为年产1 000万件，建成后由于市场发生不可逆转的变化，每年的产量只有400万件，60%的生产能力闲置。该生产线的重置成本为160万元，规模经济效益指数为0.8，如不考虑实体性磨损，试计算生产线的经济性贬值率。

解：该生产线的经济性贬值率＝$[1-(400/1\ 000)^{0.8}]\times 100\%\approx 52\%$

第三节 机器设备评估的市场法

机器设备的市场法评估是指通过寻找市场上与待评估设备相类似的参照物设备，分析与比较待估设备和参照物设备之间的差异，以其作为价格差异的基础，并在参照物交易价格基础上进行调整，求得待评估设备价值的一种方法。活跃的市场是运用市场法评估机器设备的前提条件，评估人员应该考虑市场是否能够提供足够数量的可比资产的销售数据以及数据的可靠性。

一、以市场法评估机器设备价值的步骤

(一)鉴定被评估对象

通过对待评估设备的性能结构、现时技术状况、预估尚可使用年限、新旧程度等进行必要的技术鉴定，并收集有关待评估设备的型号规格、生产厂家、出厂日期、安装情况等资料，为市场数据资料的收集及参照物的选择提供依据。

(二)选择参照物

参照物与评估对象具有相似性和可比性是运用市场法的基础。在市场中选择参照物，最

重要的是要具有可比性。机器设备的可比性因素具体包括：设备的规格型号，设备的生产厂家，设备的制造质量，设备的附件、配件情况，设备的实际使用年限，设备的实际技术状况，设备的出售目的和出售方式，设备的成交数量和成交时间，设备交易时的市场状况，设备的存放和使用地点。要认真分析上述可比因素，确认其成交价具有代表性和合理性，才可以将其作为参照物。在条件允许的情况下，参照物最好能有多个。

（三）对可比因素进行比较与分析

通过对待评估设备与参照物之间，在各种可比因素方面的差异分析判断其对价值的影响程度，确定价值差异的调整量。它们之间的差异调整因素主要表现在销售时间、结构及性能、新旧程度、付款方式等方面。此外，还需要明确拆除、运输、安装、调试等因素对评估结论的影响。

（四）计算与确定评估结果

在分析、比较的基础上，对参照物的市场交易价格进行调整，确定评估值。评估时所选择的参照物一般不止一个，因而就会出现若干个评估价值。这就需要估价师结合每个比准价值及其参照物的情况，分析、给出最终评估结论。

二、运用市场法评估机器设备的具体方法

（一）直接匹配法

直接匹配法是根据与被评估对象基本相同的市场参照物，通过直接比较来确定被评估对象的价值。直接匹配法相对比较简单，对市场的反映最为客观，最能精确地反映设备的市场价值。

这种方法的使用前提是评估对象与市场参照物基本相同，需要调整的项目相对较少，差异不大，且差异对价值的影响可以直接确定。

这种方法的公式为：

$$V=V'\pm\Delta i$$

式中：V——评估值；

V'——参照物的市场价值；

Δi——差异调整。

【例3－14】 在评估一辆轿车时，评估师从市场上获得的市场参照物在型号、购置年月、行驶里程、发动机、底盘及各主要系统的状况基本相同。区别之处在于：

(1)参照物的右前大灯破损需要更换，更换费用约3 000元。

(2)被评估车辆后加装CD音响一套，价值1 200元。若该参照物的市场售价为72 000元，则：

$V=V'\pm\Delta i=72\ 000+3\ 000+1\ 200=76\ 200$(元)

使用直接匹配法的前提是评估对象与市场参照物基本相同，需要调整的项目较多，差异不大，并且差异对价值的影响可以直接确定。如果差异较大，则无法使用直接比较法。

（二）因素调整法

因素调整法是通过比较和分析相似的市场参照物与被评估设备的可比因素差异，并对这些因素逐项做出调整，由此确定被评估设备的价值。

为了减少调整时由于主观因素产生的误差，所选择的参照物应尽可能与评估对象相似。从数量上讲，一般应选择三个或三个以上适用的参照物进行比较；从时间上来讲，参照物的交

易时间应尽可能接近评估基准日；在地域上，尽可能与评估对象在同一地区。

【例 3－15】 使用市场法对某车床进行评估

1. 评估人员对被评估对象进行鉴定

基本情况如下：

设备名称：普通车床；

规格型号：CA6140×1500；

制造厂家：A 机床厂；

出厂日期：2010 年 2 月；

投入使用时间：2010 年 2 月；

安装方式：未安装；

附件：齐全（包括仿形车削装置、后刀架、快速换刀架、快速移动机构）。

2. 评估人员对二手设备市场进行调研

确定与被评估对象较接近的三个市场参照物。

3. 对评估对象和参照物进行因素比较

(1)个别因素比较。

表 3－9　　个别因素比较

	评估对象	参照物 A	参照物 B	参照物 C
规格型号	CA6140×1 500	CA6140×1 500	CA6140×1 500	CA6140×1 500
	1	1	1	1
制造厂商	A 机床厂	A 机床厂	B 机床厂	B 机床厂
	1	1	1.11	1.11
役龄	7	7.5	7	6.5
	1	1.05	1	0.95
安装方式	未安装	未安装	未安装	未安装
	1	1	1	1
附件	齐全	齐全	齐全	齐全
	1	1	1	1
实体状态	61	57	60	66
	1	1.07	1.02	0.92
比较系数	1	1.12	1.13	0.97

在表 3－9 中

①三个参照物与评估对象的规格型号、安装方式、附件情况均相同，调整系数为 1。

②参照物 B 和参照物 C 为 B 机床厂生产，已知相同型号的新车床，A 机床厂比 B 机床厂的产品贵 11％ 。以此作为调整系数。

③役龄因素调整，评估人员根据市场调查，发现设备的役龄相差 0.5 年，其售价相差 5％左右。

(2)市场因素比较法。评估对象与参照物的市场交易状况、交易动机及背景、交易数量等因素均相同，调整系数均为 1。

(3)时间因素。三个参照物的交易时间如表 3－10 所示，根据不同交易时间的物价水平确定时间因素调整系数。

表 3－10　　交易时间

	评估对象	参照物 A	参照物 B	参照物 C
交易时间	当前	半年前	半年前	一年前
时间因素调整系数	1	1.02	1.02	1.05

(4)地域因素。参照物 A 与评估对象属同一地区，参照物 B 和参照物 C 的交易地点在另一地区，已知参照物 B 和参照物 C 所在地区的交易价格比评估对象所在地区高 2%(见表 3－11)

表 3－11　　交易地点

	评估对象	参照物 A	参照物 B	参照物 C
交易地点	X 地区	X 地区	Y 地区	Y 地区
地域因素调整系数	1	1	0.98	0.98

依据上述因素，对系数做出调整(见表 3－12)。

表 3－12　　比较因素调整系数

	参照物 A	参照物 B	参照物 C
制造厂家因素调整	1	1.11	1.11
役龄因素调整	1.05	1	0.95
安装方式因素调整	1	1	1
附件因素调整	1	1	1
实体状态因素调整	1.07	1.02	0.92
交易时间因素调整	1.02	1.02	1.05
交易地点因素调整	1	0.98	0.98
比较因素调整系数	1.1459	1.1317	0.9983

4. 计算评估值

表 3－13　　计算评估值

	参照物 A	参照物 B	参照物 C
交易价格	27 590	27 070	32 350
比较因素调整系数	1.145 9	1.131 7	0.998 3
调整后结果	31 615	30 635	32 295

被评估对象的评估值＝(31 615＋30 635＋32 295)÷3＝31 515(元)

阅读材料

众多税费推高进口车价

据2014年5月27日央视《经济半小时》的专题报道，许多进口车在中国市场的售价都远远高于它们在海外市场的售价，有的甚至相差三倍之多。根据排量和配置不同，宝马X6的国内报价为86万元至216万元，海外报价折合人民币为39万元至54万元；奔驰S550国内报价为164万元至300万元，海外报价为66万元至80万元；路虎揽胜5.0的国内报价为149万元至339万元，海外报价为64万元至84万元。

深圳某宝马车经销商告诉记者，目前国内进口车的税费，主要由五部分构成，即到岸价格(国外裸车价格)、关税、消费税、增值税和经销商费用(包括车辆运输费用、报商检的费用、集港仓储费用、许可证费用、经销商利润等)。按照我国的税率，排量超过4.0升的进口车，按税额最高一档征收，完税后价格增加一倍左右。

进口关税约占车价的25%。在计算最为复杂的消费税部分，各个国家对于大排量车均施以重税，我国对进口车也按排量不同分几个档次征收：1.5L～2.0L税率为3%，2.0L～2.5L税率为9%，2.5%L～3.0L税率为12%，3.0L～4.0L税率为25%，4.0L以上为40%。增值税按到岸价＋关税＋消费税后的价格乘以17%。仅以上这些税费，按最低一档排量计算，也要占到终端车价的40%，如果以3.0L以上排量计算，车价则要翻倍。

经销商告诉记者，其他构成终端车价的费用和成本也都不是小数目，如通关、商检、运输、银行、选装件进口环节税、其他非关税费用、经销商4S店建店成本和日常运营(主要是人工成本)、经销商利润、国内税收，等等。其中，中国的物流成本比发达国家平均高出30%，豪华车的4S店建店成本，通常都是上亿元人民币的投入。

经销商举例说，以一辆报关价100万元的进口车为例，如果排量在4.0升以上，须缴纳“三税”143万元；而排量为3.0升～4.0升的进口车，须缴纳“三税”约95万元；排量在2.5升～3.0升区间的，须缴纳“三税”约66万元。同样，一款到岸价格80万元、排量5.0L的豪华车，关税为20万元，消费税约为66.67万元，增值税为28.34万元，这款车的含税总价为195.01万元。进口车的总代理商也就是厂家在制定市场指导价时，一定会把经销商利润、厂家净利润、厂家运营成本都算进去，则这款车的市场指导价很可能超过250万元。

如果要把车买回家，消费者还需支付购置税(约8.5%)、车船税、上牌费等。

当然，除各种税费外，国外厂商通过独家代理操纵市场价格，以及我国《汽车品牌销售管理办法》中相关规定的不合理共同造就了进口豪车价格畸高。

练习题

一、单项选择题

1. 机器设备按其工程技术特点分类，不包括(　　)。

A. 专用设备　　B. 通用设备　　C. 生产性设备　　D. 非标准设备

2. 机器设备重置成本中的直接费用包括(　　)。

A. 各种管理费用　　B. 安装调试费用　　C. 人员培训费用　　D. 总体设计费用

3. 计算重置成本时，不应计入的费用是(　　)。

A. 购建费用　　B. 维修费用　　C. 安装费用　　D. 总调试费用

4. 物价指数法只能用于确定设备的(　　)。

A. 复原重置成本　B. 更新重置成本　C. 实体贬值　D. 功能性贬值

5. 采用价格指数调整法评估进口设备所适用的价格指数是(　　)。

A. 设备进口国零售商品价格指数　B. 设备出口国生产资料价格指数

C. 设备出口国综合价格指数　D. 设备出口国零售商品价格指数

6. 鉴定机器设备的实际已使用年限,不需考虑的因素是(　　)。

A. 技术进步因素　B. 设备使用的日历天数

C. 设备使用强度　D. 设备的维修保养水平

7. 运用修复费用法估测成新率适用于(　　)。

A. 所有机器设备

B. 具有特殊结构及可补偿性有形损耗的设备

C. 具有特殊结构及在技术上可修复的有形损耗的设备

D. 具有特殊结构及不可补偿有形损耗的设备

8. 运用价格指数法评估机器设备的重置成本,仅仅考虑(　　)。

A. 技术因素　B. 功能因素　C. 地域因素　D. 时间因素

9. 被评估设备购建于2004年,账面价值为30 000元,2009、2012年进行两次技术改造,主要是添置了一些自动控制装置,当年投资分别为3 000元和2 000元,2014年对该设备进行评估,假设从2004～2014年价格上升率为10%,该设备尚可使用年限为8年。评估时设备的加权投资年限为(　　)年。

A. 10.5　B. 9.5　C. 8　D. 8.5

10. 对被评估的机器设备进行模拟重置,按现行技术条件下的设计、工艺、材料、标准、价格和费用水平进行核算,这样求得的成本称为(　　)。

A. 更新重置成本　B. 复原重置成本　C. 完全重复成本　D. 实际重置成本

11. 某台被估资产2002年购建,其账面原值为10万元,当时该类设备定基物价指数为120%,2014年对该设备进行评估,当年定基物价指数为180%,则该台设备的重置全价为(　　)万元。

A. 10　B. 18　C. 12　D. 15

12. 某设备的原始价值为5万元,当修理后才能正常使用,并且修理后所带来的收益足以弥补修理费用。若修理费用为1万元,重置成本为4万元,则其成新率不会超过(　　)。

A. 25%　B. 80%　C. 75%　D. 20%

二、多项选择题

1. 设备评估的现场工作包括(　　)。

A. 指导委托方填报评估表格　B. 分析委托方的各种评估表格

C. 对设备进行技术鉴定　D. 查明设备实物,落实评估对象

E. 确定设备的成新率

2. 构成机器设备重置成本的间接费用主要包括(　　)。

A. 购建设备所发生的管理费用　B. 购建设备所发生的运输费用

C. 购建设备所占用的资金成本　D. 购建设备所发生的总体设计费用

E. 购建设备所发生的安装费用

3. 进口设备的重置成本包括(　　)。

A. 设备购置价格　B. 设备运杂费用　C. 设备进口关税　D. 银行手续费用
E. 设备安装调试费用

4. 运用使用年限法估测设备的成新率涉及的基本参数是(　　)。
A. 设备的总经济使用寿命　B. 设备的技术水平
C. 设备的实际已使用时间　D. 设备的负荷程度
E. 设备的剩余经济使用年限

5. 设备成新率的估测通常采用(　　)进行。
A. 使用年限法　B. 修复费用法　C. 观测分析法　D. 功能价值法
E. 统计分析法

三、计算题

某被评估的生产控制装置购建于 2004 年,原始价值 100 万元,2009 年和 2012 年分别投资 50 000 元和 20 000 元进行了两次更新改造,2014 年对该资产进行评估。调查表明,该类设备及相关零部件的定基价格指数在 2004 年、2009 年、2012 年、2014 年分别为 110%、125%、130%、150%。该设备尚可使用年限为 6 年。另外,该生产控制装置正常运行需要 5 名技术操作员,而目前的新式同类控制装置仅需要 4 名操作员。假定待评估装置与新装置的运营成本在其他方面相同,操作人员的人均年工资福利费为 12 000 元,所得税税率为 25%,适用折现率为 10%。根据上述调查资料,求待评估资产的价值。

第四章　房地产评估

第一节　房地产评估概述

一、房地产及其特征

房地产是房产与地产的总称，是指房屋及其附属物和承载房屋及其附属物的土地，以及与它们相应的各种财产权利。

与其他类型的资产相比较，房地产具有不同的特征，主要表现为：

（一）位置固定性

房地产属于不动产，空间位置固定。构成某一房地产的土地的位置显然是不可能移动的，而移动建筑物特别是长距离的移动，也是不现实的。因此，房地产不可能像其他商品那样，通过运输来供给一个地区的房地产需求，或调剂不同地区之间余缺。不可移动性使得区位环境条件在房地产质量、功能及交易价格的分析中格外重要。

（二）耐用性

土地具有不可毁灭性，在正常使用条件下可以永久使用。房屋一经建成，可以使用至少数十年。可以说房地产是最具有耐用性的物品。当然，也许会发生各种自然灾害或是人为性破坏，可能使得某一房地产消失，但以这些偶然事件来否认其正常状态，则是荒谬的。

（三）差异性

两宗房地产可能由于位置不同、建筑面积不一、建筑风格各异、新旧程度不同、产权性质不同等各方面原因而不同。在房地产市场上不可能有两宗完全一样的房地产，即使它们可能在外形上一模一样，但也肯定存在朝向、层位等方面的差异。但不要因此而否认不同房地产之间的市场可替代性。

（四）高价值性

无论从个人家庭还是从一个国家来看，房地产价值都高于一般商品或财产的价值。一套面积、位置适中的住房的合理价格，大约是一个中等家庭年收入的 3～6 倍，即使发达国家的大多数家庭，也要靠长期贷款来购买住房。

（五）供给有限性

虽然房屋可以建造，高楼大厦可以高耸入云，但是土地却是有限的。

（六）投资与消费双重性

房地产既可以用于居住、使用，产生消费性，也可以用于投资以达到保值、增值的目的。房地产的投资性和消费性不易区分，在房地产价格长期上涨的情况下，常常具有投资性，反之，则更具有消费性。房地产不可能像其他物品一样被窃取，因而还是一种相对安全的投资品。

二、房地产价格及其分类

房地产价格是房地产价值的货币表现，是房屋和土地作为一个整体的价格。房地产价格有各种表现形式，可根据房地产的权益、价格形成方式和实物形态等进行分类。

（一）按房地产权益不同分类

房地产价格可分为所有权价格、使用权价格和其他权利价格。房地产发生交易行为时，所涉及的权益有所有权、使用权、抵押权、租赁权、典权等。所涉及的房地产权益不同，其价格就不同。房地产的使用权价格，是指房地产使用权的交易价格。一般情况下，房地产所有权价格高于房地产使用权价格。抵押权价格是为房地产抵押而评估的房地产价格。租赁权价格是承租方为取得房地产租赁权而向出租方支付的价格。

（二）按房地产价格形成方式不同分类

房地产价格可分为市场交易价格和评估价格。

1. 市场交易价格

市场交易价格是房地产在市场交易中实际成交的价格。在正常市场条件下，买卖双方均能迅速地获得交易信息，买方能自由地在市场上选择其所需，卖方亦能自由地出售其房地产，买卖双方均以自身利益为前提，在彼此自愿的条件下，以某一价格完成房地产交易。由于交易的具体环境不同，市场交易价格经常会波动。

2. 评估价格

评估价格是对市场交易价格的模拟。由于评估人员的经验、对房地产价格影响因素理解的不同，对于同一宗房地产可能得出不同的评估价格，评估结果也可能不同，但在正常情况下，不论运用何种方法，评估结果都不应有太大差距。根据使用目的及作用不同，房地产评估价格可分为基准地价、标定地价、房屋重置价、交易底价、课税价格等。其中，基准地价、标定地价、房屋重置价由政府制定，且由政府定期公布。交易底价通常由交易有关方制定。房屋重置价是指在重置时的建筑技术、工艺水平、建筑材料价格、工资水平及运输费用等条件下，重新建造与原有房屋相仿的结构、式样、设备和装修新房屋时所需的费用。课税价格是指政府为课征有关房地产税而由评估人员评估的作为课税基础的价格。

（三）按房地产实物形态不同分类

房地产价格可分为土地价格、建筑物价格和房地产价格。

1. 土地价格

土地价格主要包括基准地价、标定地价和土地交易价格等。基准地价是按照城市土地级别或均质地域分别评估的商业、住宅、工业等各类用地和综合土地级别的土地使用权的平均价格。基准地价评估以城市为单位进行。标定地价是市、县政府根据需要评估的，正常地产市场中具体宗地在一定使用年限内的价格。标定地价可以基准地价为依据，根据土地使用年限、地块大小、土地形状、容积率、微观区位等条件，通过系数修正进行评估得到，也可以通过市场交易资料直接进行评估得到。

单纯的土地及附有建筑物的房地产中的土地的价格都是土地价格。但是同一块土地，其开发条件不同，会有不同价格，如拟作为国家建设用地而未进行征地补偿的农地，购地者需办理土地征收手续，支付征地补偿费；即使已征为国家所有，尚需看其开发情况是否达到"三通一平"或"七通一平"等。在其他条件相同的情况下，城区内附有待拆迁建筑物的土地，与城区内空地相比，其价格也相差很大。

2. 建筑物价格

建筑物价格是指纯建筑物部分的价格，不包含其占用土地的价格。

3. 房地产价格

房地产价格是指建筑物连同其占用土地的价格。

（四）按房地产价格表现形式不同分类

房地产价格可分为总价格、单位价格和楼面地价。

1. 房地产总价格

房地产总价格是指一宗房地产的整体价格。

2. 房地产单位价格

房地产单位价格有三种情况：对土地而言，是指单位土地面积的土地价格；对建筑物而言，是指单位建筑面积的建筑物价格；对房地产而言，是指单位建筑面积的房地产价格。房地产单位价格能反映房地产价格水平的高低，而房地产总价格则一般不能说明房地产价格水平的高低。

3. 楼面地价

楼面地价又称单位建筑面积地价，是指平均到每单位建筑面积上的土地价格。

$$楼面地价=土地总价格/建筑总面积$$

由于：

$$容积率=建筑总面积/土地总面积$$

因此：

$$楼面地价=土地单价/容积率$$

三、房地产价格的影响因素

影响房地产价格的因素众多而复杂。影响房地产价格的因素通常可分为一般因素、区域因素和个别因素。

（一）一般因素

一般因素是指影响一定区域范围内所有房地产价格的一般的、普遍的、共同的因素。这些因素通常会对较广泛地区范围内的各宗房地产的价格产生全局性影响。这类因素主要包括经济因素、社会因素、行政因素和心理因素等。

1. 经济因素

(1)经济发展因素。国民经济增长速度、国民生产总值、居民收入水平、物价指数等经济因素都会对房地产价格的形成产生影响。例如，在国民经济增长快、国民生产总值大、居民收入水平高、资金充裕的地区，国民生产总值用于投资、消费的部分加大，用于生产性、投资性或消费性等方面的房地产支出增加，从而促进房地产业的繁荣，带动房地产价格上涨。有关研究表明，房地产业的发展周期与国民经济发展周期总体趋势基本一致。因此，房地产价格总水平与地区经济发展状况呈正相关关系。

(2)财政金融因素。存款利率、贷款利率、物价上升指数、税率、贷款比例和土地资本化率等财政金融因素与房地产价格的形成有着密切关系。例如，利率和税率的变化，将会影响房地产的供给和需求，从而对房地产价格产生影响。土地资本化率与地价的关系非常明显，在地租一定的情况下，土地资本化率越高，地价越低；反之，土地资本化率越低，地价越高。

(3)产业结构因素。这里的产业结构主要是指第一产业、第二产业及第三产业在国民经济及国民生产总值中的比例关系，以及房地产业在其中所占的比重。一般来说，第三产业所占的比重增大，房地产价格就会相应上升。

2. 社会因素

(1)社会稳定状况。社会稳定，人们乐于生产投资、购田置业，人民的生活能够持续稳定地改善，经济发展带动地价的上涨；政局动荡、社会治安混乱，人心惶惶，人们甚至可能为活命而四处逃难，无心生产发展经济，更不要说购田置业了，整个经济崩溃，地价必然下跌。

(2)人口因素。房地产需求的主体是人，因此，人口的数量和素质直接决定了对房地产的需求程度，从而对房地产价格有着很大影响。具体来说，人口因素对房地产价格的影响表现为人口数量、人口密度和人口素质三个方面。

人口数量与房地产价格的关系是正相关的。人口总量增长，对房地产的需求就会增大，房地产价格一般也就会上升；反之，房地产价格则会下降。

人口密度是人口数量的相对指标。人口密度高的地区，一般房地产的供给相对缺乏，供不应求，因此，该地区的房地产价格水平趋高。同时，人口密度高，有可能刺激商业、服务业等产业的发展，从而会提高房地产价格。但是，在人口密度过高的地区，生活环境的舒适程度会受到影响，因此，也有可能会降低房地产价格。社会文明、人口平均文化程度、居民的修养也能间接地影响房地产价格。

居民素质较高的地区，居住环境维护得较好，房地产价格水平一般趋高；居民素质较低的地区，人员组成复杂，秩序欠佳，房地产价格则会低落，尤其是居住用地的房地产价格会降低。

(3)家庭规模因素。家庭规模是指社会或某一地区的家庭平均人口数。即使一个地区人口总数不变，家庭人口数的变化也会影响居住面积的变化。例如，随着家庭人口平均数的下降，即家庭小型化，对总的住宅套数的需求将增加，因此，对房地产的需求会增加，房地产的价格也就会上涨。

(4)房地产投机因素。房地产投机是市场经济下的一种明显的社会现象，是投资者期望并利用房地产价格的变动获得超常利润的行为。这种现象主要体现在以下三个方面：①当房地产价格不断上涨时，预测房地产价格还将进一步上涨的房地产投机商会纷纷抢购，哄抬价格，造成一种虚假需求，这将促使房地产价格进一步上涨。②当房地产价格不断下跌时，预测房地产价格将进一步下跌的房地产投机商纷纷抛售，在市场上造成一种虚假的供过于求的现象，引起房地产价格进一步下跌。③当房地产价格跌落时，预测将来房地产价格会上涨的房地产投机商收购房地产，造成房地产需求增加，从而抑制房地产价格的进一步下跌；或当房地产价格上涨时，囤积房地产的投机商抛出房地产，增加房地产供给，从而也能平抑房地产价格。

3. 行政因素

行政因素通过对社会、经济等行为加以规范来影响房地产价格。其主要指影响房地产价格的制度、政策、法规、行政措施等因素。

(1) 土地使用制度与住房制度、地价政策。土地使用制度科学合理,可以调动土地利用者或投资者的积极性,促进土地资源合理配置、带动土地增值,导致地价上涨。根据对国民经济或地区经济宏观调控的需要,政府可能会推行高地价政策,引导地价上涨;也可能会实行低地价政策,抑制地价上涨。

(2)城市规划、土地利用规划、城市发展战略。这些因素决定了一个城市的性质、发展方向和发展规模,还决定了城市用地结构、城市景观轮廓线、地块用途、利用程度等。土地被规划为住宅、商业、工业、农业等不同用途,对房地产价格影响极大。

(3)税收制度、投资倾斜、优惠政策。房地产税收可以调节房地产投资者的积极性,抑制不正当的房地产投机,理顺房地产收益分配关系,稳定房地产市场。进行房地产评估时,需考虑不同税种对房地产市场中供需双方的不同影响。国家宏观经济政策向某地区倾斜,会诱发该地区房地产价格上涨。对某一地区在税收、管理等方面的优惠政策,会吸引投资、增加收益,促进房地产价格上涨。

(4)行政隶属关系变更。一个地区的行政隶属关系发生变更,也会影响其房地产价格水平。行政隶属关系变更包括级别升格和管辖权变更。例如,将非建制镇升格为建制镇,将建制镇升格为市,或将经济落后地区的土地划归经济发达地区管理,都会促进房地产价格水平上涨。

(5)交通管制。交通管制包括禁止通行、实行单行道及限制通行时间等规定。一般而言,由于交通管制,使该地区道路的通达性及便捷度受到影响,从而降低房地产价格。但在住宅区内禁止货车通行,则可以减少噪声,保持清静和行人安全,会提高房地产价格。

4. 心理因素

心理因素对房地产价格的影响是很微妙的,也是一个不可忽视的因素,主要表现为购买或出售心态、对居住环境的认同度、欣赏趣味、时尚风气、接近名家住宅心理、讲究门牌号码、讲究风水、价值观的变化等。

(二)区域因素

区域因素是指某一特定区域内自然条件与社会、经济、行政、技术等因素相结合所产生的区域特性,对该区域内各块土地的价格水平产生影响的因素。这类因素可细分为商服繁华因素、道路通达因素、交通便捷因素、城市设施状况因素和环境状况因素等。

1. 商服繁华因素

这是指所在地区的商业、服务业繁华状况及各级商业、服务业中心的位置关系。如果商服繁华度较高,该地区的房地产价格水平也会较高。

2. 道路通达因素

这是指所在地区道路系统的通畅程度,道路的级别(主干道、次干道、支路)越高,该地区的房地产价格水平也越高。

3. 交通便捷因素

这是指公共交通系统的完善程度和公共交通的便利程度。交通便捷度越高,房地产价格水平也越高。

4. 城市设施状况因素

城市设施可分为以下三类:

(1)基础设施。主要包括供水、排水、供电、供气、供热和通信等设施。

(2)生活设施。主要包括学校、医院、农贸市场、银行、储蓄所和邮局等设施。

(3)文体娱乐设施。主要包括电影院、图书馆、博物馆、俱乐部和文化馆等设施。

以上三类设施可以用基础设施完善度、生活设施完备度、文体娱乐设施完备度等指标来衡量,这些指标一般会对房地产价格形成正相关影响。

5. 环境状况因素

若一个地区绿地较多、公园充足、环境优美,则该地区的房地产价格水平较高;若噪声污染、大气污染、水污染较严重,则房地产价格水平较低。

(三)个别因素

个别因素分为土地个别因素和建筑物个别因素。

1. 土地个别因素

土地个别因素也称为宗地因素,是宗地自身的条件和特征对该地块价格产生影响的因素。

(1)区位因素。区位也称为宗地位置,是影响地价的一个非常重要的因素。区位有自然地理区位与经济地理区位之别。土地的自然地理区位是固定不变的,但是,其经济地理区位却会随着交通建设和市政设施的变化而变化。当区位由劣变优时,地价会上升;相反,则地价下跌。

(2)面积因素、宽度因素、深度因素。一般来说,宗地面积必须适宜,规模过大或过小都会影响土地效用的充分发挥,从而降低单位地价。宗地临街宽度过窄,会影响土地使用,影响土地收益,从而降低地价。宗地临街深度过浅、过深,都不适合土地最佳利用,从而影响地价水平。

(3)形状因素。土地形状有长方形、正方形、三角形、菱形、梯形等。形状不规则的土地,不便于利用,从而降低地价。一般认为,宗地形状以矩形为佳;特殊情况下,在街道的交叉口,三角形等不规则土地的地价也可能畸高。

(4)地力因素、地质因素、地势因素、地形因素。地力又称土地肥沃程度或土地肥力,该因素只与农业用地的价格有关,土地肥沃,地价就高;相反,地价则低。地质条件决定着土地的承载力,直接关系到建筑物造价和建筑结构设计。地质条件对于高层建筑和工业用地的地价影响尤其大。地质条件与地价呈正比关系,即地质条件越优,地价越高。地势因素是指该土地与相邻土地的高低关系,特别是与邻近道路的高低关系,一般来说,地势高的宗地比地势低的宗地价格高。地形是指地面的起伏形状,一般来说,土地平坦,地价较高;反之,土地高低不平,地价较低。

(5)容积率因素。容积率因素也是影响土地价格的主要因素之一。容积率越大,地价越高;反之,容积率越小,地价越低。容积率与地价一般不呈线性关系。

(6)用途因素。土地的用途对地价影响相当大,同样一块土地,规划为不同用途,则地价不相同。一般来说,对于同一宗土地而言,商业用地、居住用地、工业用地的价格是递减的。

(7) 土地使用年期因素。在年地租不变的前提下,土地使用年期越长,地价越高。

2. 建筑物个别因素

影响土地价格的个别因素和影响建筑物价格的个别因素并不完全相同,影响建筑物价格的个别因素如下:

(1)面积、结构、材料等。建筑物的建筑面积、居住面积、高度等不同,则建筑物的重建成本也不相同。建筑物的结构及使用的建筑材料的质量也对建筑物的重建成本有影响,从而影响其价格。如果建筑物的面积或高度与基地及周围环境不相协调,该建筑物的价格会大大降低。

(2)设计、设备等是否良好。建筑物的形状、设计风格、建筑装潢应与建筑物的使用目的相适应,建筑物设计、设备是否与其功能相适应,对建筑物价格有很大的影响。

(3)施工质量。建筑物的施工质量不仅影响建筑物的投入成本,更重要的是影响建筑物的耐用年限和使用的安全性、方便性和舒适性。因此，施工质量是否优良，对建筑物的价格也有很大影响。

(4)法律限制。有关建筑物方面的具体法律限制，主要是城市规划及建筑法规。例如，建筑物高度限制、消防管制、环境保护等，评估时应考虑这些法律限制对建筑物价值已经产生和可能产生的影响。

(5)建筑物是否与周围环境相协调。建筑物应当与其周围环境相协调，否则就不是最有效使用状态。建筑物不能充分发挥使用效用，其价值自然会降低。

四、房地产评估原则

专业评估人员在进行房地产评估活动时，必须受到行业行为准则的约束，除了需要遵循供求原则、评估时点原则、贡献原则外，还特别需要注意遵循合法原则、最有效使用原则和替代原则等。

(一)合法原则

合法原则是指房地产评估应以评估对象的合法产权、合法使用和合法处分等为前提进行。在分析房地产的最有效使用时，必须根据城市规划及有关法律的规定，依据规定用途、容积率、建筑高度与建筑风格等确定该房地产的最有效使用。又如测算房地产的净收益时，其经营用途应为合法用途，比如不能用作赌场。城市规划为居住用地的，评估该地块价值时，必须以居住用地作为其用途，不能用作工业用地或商业用地。测算房地产的净收益时，不能以临时建筑或违章建筑的净收益作为测算依据。

所谓合法，是指符合国家的法律、法规和当地政府的有关规定。遵循合法原则：一是要求在估价时必须确认估价对象具有合法的产权。在无法确认估价对象产权的合法性的情况下，必须在估价报告中说明估价过程和结论是在假定估价对象具有合法产权的情况下才是有效的。二是要求在估价时所涉及的估价对象的用途必须是合法的。例如在采用假设开发法估价时，需要设定估价对象未来的用途，在设定该用途时，就必须保证该用途的合法性，例如必须符合城市规划限制的要求。三是要求在估价中如果涉及估价对象的交易或处分方式时，该交易或处分方式必须是合法的。例如在涉及划拨土地使用权单独设定抵押的估价时，就必须考虑到划拨土地使用权在得到土地行政主管部门的批准并补交土地使用权出让金或向国家上缴土地收益之后才能设定抵押，此时该目的下的估价对象才具有合法性。

(二)最有效使用原则

土地及其建筑物可以有商业、居住、工业等多种用途。但同一房地产在不同用途状况下，其收益并不相同。房地产权利人为了获得最大收益，总是希望房地产达到最佳使用。但是房地产的最佳使用必须在法律、法规允许的范围内，必须受城市规划的制约。在市场经济条件下，房地产的用途可以通过竞争决定，使房地产达到最有效使用。因此评估房地产价值时，不能仅仅考虑房地产现时的用途和利用方式，而是结合预期原则考虑何种情况下房地产才能达到最佳使用及实现的可能，以最佳使用所能带来的收益评估房地产的价值。

最有效利用状况包括最佳的用途、规模和档次等，应按法律上允许、技术上可能、财务上可行、价值最大化的次序进行分析、筛选和判断与确定。确定估价对象的最有效利用状况，应了解、分析估价对象权利人或意向取得者对估价对象依法享有的开发利用权利。若两者的开发利用权利不同，应根据估价目的确定是从估价对象权利人的角度还是从意向取得者的角度进行估价，相应确定最有效利用状况。

(三)替代原则

替代原则的理论依据是同一市场上相同物品具有相同市场价值的经济学原理。替代原则是保证房地产估价能够通过运用市场资料进行和完成的理论前提,只有承认同一市场上具有相同功效的物品具有相同的市场价值,才有可能根据市场资料对估价对象进行估价。房地产估价所要确定的估价结论是估价对象的客观合理价值。对于房地产交易目的而言,该客观合理价值应当是在公开市场上最可能形成或者成立的价格,房地产估价就是参照公开市场上足够数量的类似房地产的近期成交价格来确定估价对象的客观合理价值。

五、房地产评估程序

(一)明确评估业务基本事项

在房地产评估时,必须了解评估对象的基本情况,这是拟订房地产评估方案、选择评估方法的前提。评估基本事项包括以下内容:

1. 明确评估目的

不同的评估目的,其所评估的价值的内涵也不完全相同。例如,土地使用权出让评估、房地产转让价值评估、房地产租赁价值评估、房地产抵押评估、房地产保险评估、房地产课税评估、征地和房屋拆迁补偿评估等,因此,在受理评估业务时,通常由委估方提出评估目的,并将评估目的明确地写在评估报告上。

2. 了解评估对象

即对被估房地产的实体和权益状态进行了解。对房地产的实体了解包括:土地面积、土地形状、临路状态、土地开发程度、地质、地形及水文状况;建筑物的类型、结构、面积、层数、朝向、平面布置、工程质量、新旧程度、装修和室内外的设施等。对房地产的权益状态了解包括:土地权利性质、权属、土地使用权的年限、建筑物的权属、评估对象设定的其他权利状况等。

3. 确定评估基准日

所谓确定评估基准日,就是确定待估对象的评估时点,通常以年、月、日表示。由于房地产价格经常处于变化之中,而且房地产价格随其价格影响因素的变化而变动,因此,必须事先确定所评估的是某一具体时点的价值。

(二)签订业务约定书

在明确评估业务基本事项的基础上,双方便可签订评估业务约定书,用法律形式保护各自权益。评估业务约定书是委托方和受理方就评估过程中双方的权利和义务达成的协议,包括对评估对象、评估目的、评估时点、评估收费、双方责任、评估报告等事宜的约定。评估日期一般也要写入评估业务约定书中,一旦确定,评估人员必须按期保质完成。评估业务约定书的内容要明确规定双方的权益和应尽的义务,以及对违反评估业务约定书的处理办法。一旦评估业务约定书签订后,任何一方未经对方同意不得随意更改内容,如有未尽事宜,需通过双方协商解决。

(三)编制评估计划

编制评估计划,就是对评估工作日程、人员组织等做出安排。在对被评估对象有一基本了解之后,就可以对资料的收集、分析和价值的测算等工作程序和组织做出科学的安排。工作计划的合理制定,有助于提高工作效率和评估质量。

(四)现场调查与收集评估资料

虽然受理评估业务时评估师已通过对方提供的资料大体了解到评估对象的基本状况,但此时评估师仍需亲临现场勘察。因为评估需要的资料和数据十分广泛,委托方提供的资料有限,并不能完全满足评估工作的需要。实地勘察是房地产评估工作的一项重要的步骤。房地产市场是地域性很强的市场,房地产交易都是个别交易,非经实地勘察难以对房地产进行评估。实地勘察就是评估人员亲临房地产所在地,对被估房地产实地调查,以充分了解房地产的特性和所处区域环境。实地勘察要做记录,形成工作底稿。

评估资料的收集在评估过程中是一项耗时较长,而且艰苦细致的工作。其内容涉及选用评估方法和撰写评估报告所需的资料数据,包括:(1) 评估对象的基本情况;(2) 有关评估对象所在地段的环境和区域因素资料;(3)与评估对象有关的房地产市场资料,如市场供需状况、建造成本、租售价格等;(4) 国家和地方涉及房地产评估的政策、法规和定额指标。获得上述资料的途径除了委托方提供外,主要通过现场的勘测和必要的调查访问。

(五)评定估算

在调查研究和资料分析的基础上,便可根据选定的评估方法,进行价值测算。评估的基本方法有成本法、市场法和收益法。由这三种基本评估方法所派生的其他评估方法,如假设开发法、路线价法、长期趋势法等,也是目前常用的评估方法。由于被估房地产的性质差异和资料取得的难易,并非每一种评估方法都适用于各类具体条件下的房地产。为求得一个公平合理的价值,一般以一种评估方法为主,同时以另一种或几种评估方法为辅,以求互相对照和检验修正。

无论采用何种方法,评估师应对收集到的数据、参数认真地进行分析检验,特别是对一些有变化幅度的参数,如市场法中的修正系数,收益法中的资本化率,成本法中的土地开发成本、房屋新旧程度等,虽然都有一些经验参数可供参考,但最终确定还要依靠评估师正确判断和选择。此时评估师的经验对计算结果具有重要的影响。

对同一宗房地产运用不同评估方法评估出来的价值往往不一致,需要进行综合分析。综合分析是对所选用的评估方法、资料及评估程序的各阶段,做客观的分析和检查。此时应特别注意以下几点:所选用的资料是否适当;评估原则的运用是否适当;对资料的分析是否准确,特别是对影响因素权重的赋值是否恰当。

(六)编制和提交评估报告

评估报告是评估过程和评估成果的综合反映,通过评估报告,不仅可以得到房地产评估的最后结果,还能了解整个评估过程的技术思路、评估方法和评估依据。

(七)工作底稿归档

按照法律、法规和评估准则的有关要求对工作底稿进行整理,与评估报告一起及时形成评估档案。

第二节 房地产评估的收益法

一、基本思路及适用范围

(一)基本思路

收益法在国外被广泛地运用于收益性房地产价值的评估,收益法又称为收入资本化法、投资法、收益还原法,在我国也是最常用的评估方法之一。

房地产在交易时，随着房地产所有者权利的让渡，房地产的收益转归房地产购买者。房地产所有者让渡出去的权利必然要在经济上得以实现，房地产购买者必须一次性支付一定的金额，补偿房地产所有者失去的收益。这一货币额每年给房地产所有者带来的利息收入必须等于他每年能从房地产获得的净收益。

收益为无限年期的房地产价值计算公式为：

$$P=A/i$$

收益为有限年期的房地产价值计算公式为：

$$P=\frac{A}{i}\times\left[1-\frac{1}{1-(1+i)^{n}}\right]$$

或

$$P=A(P/A,i,n)$$

式中：P——房地产价值；

A——年净收益；

i——资本化率或折现率；

n——收益期限。

（二）适用范围

收益法适用于有收益的房地产价值评估，如商场、写字楼、旅馆、公寓等，对于政府机关、学校、公园等公用、公益性房地产价值评估大多不适用。

二、净收益与资本化率

（一）净收益

净收益是指归属于房地产的总收入扣除各种费用后的余额，一般以年为单位。

房地产的总收入是指房地产和与之有关的各种设施、劳动力及经营管理者要素结合产生的收入。各种费用是指取得该收入所必需的各项支出，如维修费、管理费、保险费、税金等，是为形成或创造房地产总收入所必须投入的各种正常支出。

在确定净收益时，必须注意房地产的实际净收益和客观净收益的区别。实际净收益是指在现状下被估房地产实际取得的净收益，实际收益由于受到多种因素的影响，通常不能直接用于评估。例如，当前收益权利人在法律上、行政上享有某种特权或受到特殊的限制，致使房地产的收益偏高或偏低，而这些权利或限制又不能随同转让；当前房地产并未处于最佳利用状态，收益偏低；收益权利人经营不善，导致亏损，净收益为零甚至为负值；土地处于待开发状态，无当前收益，同时还必须支付有关税、费，净收益为负值。由于评估的结果是用来作为正常市场交易的参考，因此，必须对存在上述偏差的实际净收益进行修正，剔除其中特殊的、偶然的因素，得到在正常的市场条件下房地产用于法律上允许的最佳利用方向上的净收益值，其中还应包含对未来收益和风险的合理预期。我们把这个收益称为客观净收益，只有客观净收益才能作为评估的依据。

由于现实经济过程的复杂性，呈现在评估人员面前的收益状况也非常复杂，因而收益的确定较难。如某种经营能带来的收益虽较丰厚，但在未来存在激烈竞争或存在潜在的风险，使现实收益具有下降趋势，则不能用现实收益估价，而必须对其加以修正。为此，在确定收益值时，一是需以类似房地产的收益作比较，二是需对市场走势作准确的预测，三是必须考虑收益的风险性和可实现性。运用收益法评估房地产时，有租约限制的，租约期内的租金宜采用租约所确定的租金，租约期外的租金应当采用正常客观的租金，并在评估报告中恰当披露租约情况。

（二）资本化率

资本化率又称还原利率，它是决定评估价值的最关键因素。这是因为评估价值对资本化率最为敏感。资本化率的每个微小变动，都会使评估价值发生显著改变。由于确定资本化率是一项复杂的、精度要求高的工作，所以运用收益法的评估人员必须具有较高的评估水平和丰富的经验。

1. 资本化率的实质

收益性房地产的购买实际上是一种投资行为。资本化率在一定程度上反映了投资收益率。因此，资本化率的大小同投资风险的大小呈正相关的关系。投资风险越大，期望利润率越高；风险越小，期望利润率越低。收益性房地产的交易之所以能够达成，是因为投资于房地产的利润率与投资于其他具有同等风险的项目的利润率相当。一般来说，银行存款的风险很小，因而存款利息率较低，资本化率几乎都要比银行存款利率高。对投资行为来说，几乎所有的投资都存在着不同程度的风险。资本化率越高，意味着投资风险越大，在净收益不变的情况下，房地产价值越低。处于不同用途、不同区位、不同交易时间的房地产，投资风险也各不相同，因此，资本化率也各不相同。

2. 求取资本化率的方法

（1）净收益与售价比率法。评估人员收集市场上近期交易的与被估房地产相同或相近似的房地产的净收益、价格等资料，反算出它们各自的资本化率。这种方法运用的基础是房地产商品的替代性。选取的交易案例均来自市场，能直接地反映市场供求状况，因此，反算出来的资本化率基本上能够反映投资该房地产的利润率。

此时求得的各资本化率是用实际收益与房地产价格之比求出来的，可以通过选取多个案例的资本化率取平均值的办法来消除各种偶然因素的影响。具体可以根据实际情况，采取简单算术平均值或加权算术平均值。这种方法要求房地产市场发育比较充分、交易案例比较多。评估人员必须拥有充裕的资料，并尽可能采用与被估房地产情况接近的资料作为参照。

【例4—1】　在房地产市场中收集到五个与待估房地产类似的交易实例，见表4—1（假设交易价格为无限年期）。

表4—1　净收益与售价交易实例

交易实例	净收益（元/年/平方米）	交易价格（元/平方米）	资本化率%
1	426	6 000	7.1
2	487.5	6 500	7.5
3	400.2	5 800	6.9
4	459.9	6 300	7.3
5	468	6 000	7.8

对以上五个可比实例的资本化率进行简单算术平均就可以得到资本化率。

解：$r=(7.1\%+7.5\%+6.9\%+7.3\%+7.8\%))/5\times100\%=7.32\%$

（2）安全利率加风险调整值法。通常选择银行中长期利率作为安全利率，然后根据影响被估房地产的社会经济环境状况，估计投资风险程度，确定一个调整值，把它与安全利率相加或在安全利率基础上加风险调整值。这种方法简便易行，对市场要求不高，应用比较广泛，但是风险调整值的确定主观性较强，不容易掌握。

(3)各种投资收益率排序插入法。收集市场上各种投资的收益率资料，将各种投资收益率的大小排队，再将被估房地产投资与上述各项投资比较，按照投资风险的大小排序，判断被估房地产在该风险排序中的位置，然后根据风险排序结合相邻投资的收益率确定被估房地产资本化率的大小。

3. 资本化率的种类

(1)综合资本化率。这是将土地和附着于其上的建筑物看作一个整体评估所采用的资本化率。此时评估的是房地产整体的价值，采用的净收益也是房地合一的净收益。

(2)建筑物资本化率。建筑物资本化率用于评估建筑物的自身价值。这时采用的净收益是建筑物自身所产生的净收益，把房地产整体收益中的土地净收益排除在外。

(3)土地资本化率。土地资本化率用于求取土地自身的价值。这时采用的净收益是土地自身的净收益，把房地产整体收益中的建筑物净收益排除在外。

综合资本化率、建筑物资本化率和土地资本化率的关系，可用公式表示如下：

$$r=\frac{r_1\times L+r_2\times B}{L+B}$$

或

$$r_1=\frac{r\times(L+B)-r_2\times B}{L}$$

式中：r——综合资本化率；

r_1——土地资本化率；

r_2——建筑物资本化率；

L——土地价值；

B——建筑物价值。

三、计算公式及应用举例

(一)计算公式

只要待估对象具有连续的、可预测的净收益，就可以运用收益法评估其价值。可以评估单独的土地价值，也可以评估单独的地上建筑物价值，也可以评估房地合在一起的房地产价值。在评估实务中，其计算公式如下：

1. 评估房地合一的房地产价值

房地产价值＝房地产净收益/综合资本化率

式中：房地产净收益＝房地产总收入－房地产总费用

房地产总费用＝管理费＋维修费＋保险费＋税金

2. 单独评估土地的价值

(1)由土地收益评估土地价值(一般适用于空地出租的情况)

土地价值＝土地净收益/土地资本化率

式中：土地净收益＝土地总收入－土地总费用

土地总费用＝管理费＋维护费＋税金

(2)由房地产收益评估土地价值

第一种情形：

土地价值＝房地产价值－建筑物现值

式中：

$$建筑物现值=建筑物重置价-年贬值额\times已使用年数$$

$$年贬值额=\frac{建筑物重置价-残值}{耐用年限}$$

第二种情形：

$$土地价值=(房地产净收益-建筑物净收益)/土地资本化率$$

式中：

$$建筑物净收益=建筑物现值\times建筑物资本化率$$

房地产价值和房地产净收益的求法与前面相同。

3. 单独评估建筑物的价值

(1)建筑物价值=房地产价值-土地价值

(2)建筑物价值=(房地产净收益-土地净收益)/建筑物资本化率

在运用以上公式求取房地产净收益时，都是通过房地产总收益减去房地产总费用而得到的。这里需要特别说明的是，用来求取房地产净收益的房地产总费用并不包含房地产折旧费。同时，以上所列计算公式均假设土地使用年期为无限年期，但在评估实务中，应注意土地使用的有限年期，进行相应的有限年期计算。

(二)应用举例

【例 4-2】 有一宗土地，出让年期为 50 年，资本化率为 10%，预计未来前 5 年的净收益分别为 100 万元、110 万元、120 万元、130 万元、150 万元，第 6 年开始净收益大约可以稳定在 150 万元左右，试评估该宗土地的收益价值(P)。

$$解：P=\frac{100}{1+10\%}+\frac{110}{(1+10\%)^2}+\frac{120}{(1+10\%)^3}+\frac{130}{(1+10\%)^4}+\frac{150}{(1+10\%)^5}+\frac{150}{10\%}\times[1-(1+10\%)^{-45}](1+10\%)^{-5}$$

$$=90.91+90.91+90.16+88.79+93.14+918.60=1\ 372.51(万元)$$

【例 4-3】 有一待估房地产，2011 年初取得土地使用权，使用年限 40 年，2013 年 12 月建成并出租，建筑面积 50 000 平方米，每月租金 200 元/平方米，空置率为 20%，管理费为 1 500万元/年，房产税、营业税等各项税费占租金收入的 18%，土地使用权到期时房产残值为 500 万元，资本化率为 10%，试评估该房地产 2014 年 1 月 1 日的价值。

解：

年总收入=5×200×12×(1-20%)=9 600(万元)

年总费用=1 500+9 600×18%=3 228(万元)

年净收益=9 600-3 228=6 372(万元)

$$房地产评估值=\frac{6\ 372}{10\%}\times[1-(1+10\%)^{-37}]+500\times(1+10\%)^{-37}$$

$$=61\ 846.10+14.70=61\ 860.80(万元)$$

第三节　房地产评估的市场法

一、基本思路及适用范围

(一)基本思路

市场法是房地产评估方法中最常用的基本方法之一，也是目前国内外广泛应用的评估方法。市场法又称交易实例比较法、市场比较法等。市场法的基本含义是：在求取一宗被估房地产的价值时，依据替代原理，将被估房地产与类似房地产的近期交易价格进行对照比较，通过对交易情况、交易日期、房地产状况等因素修正，得出被估房地产在评估基准日的价值。

(二)适用范围

市场法只要有适合的类似房地产交易实例即可应用。因此在房地产市场比较发达的情况下，市场法得到广泛应用。在同一地区或同一供求范围内的类似地区中，与被评估房地产相类似的房地产交易越多，市场法应用越有效。而在下列情况下，市场法往往难以适用：

(1)没有发生房地产交易或在房地产交易发生较少的地区；

(2)某些类型很少见的房地产或交易实例很少的房地产，如古建筑等；

(3)很难成为交易对象的房地产，如教堂、寺庙等；

(4)风景名胜区土地；

(5)图书馆、体育馆、学校用地等。

二、操作步骤

运用市场法评估房地产价值，一般经过下列程序：收集交易资料，确定可比交易案例，对交易情况、交易日期、房地产状况等进行修正，确定房地产价值。房地产状况因素修正中的土地容积率修正和土地使用年期修正这两项因素比较重要，一般单独列出。以下对操作步骤做具体介绍：

(一)交易资料收集

运用市场法评估房地产价值，必须有充裕的交易资料，这是市场法运用的基础和前提条件。评估人员必须注意日积月累，在平时就要时刻关注房地产市场变化，随时收集有关房地产交易实例。如果等到需要时才去临时找案例，往往因为时间紧迫，很难来得及收集到足够多的交易案例。而交易案例太少，用市场法评估的价值就不能满足客观、合理的要求。

(二)确定可比交易案例

在进行一宗房地产价值评估时，需要针对被估房地产的特点，从平时收集的众多房地产交易实例中选择符合一定条件的交易实例，作为供比较参照的交易实例。可比实例选择得是否适当，直接影响运用比较法评估的结果精度，因此对可比实例的选择应特别慎重。如果房地产市场较为稳定，评估基准日与案例交易日可间隔长一些。如果市场变动剧烈，变化较快，则只宜选取较近时期的交易实例，最好是近一年以内的。

(三)建立价值可比基础

选取了可比交易实例之后，应先对这些可比交易实例的成交价格进行换算处理，使其之间的口径一致、相互可比，并统一到待估对象的价值单位上，为因素比较修正建立共同的基础。建立价值可比基础包括以下方面：(1)统一付款方式；(2)统一币种和货币单位，建筑工程评估基础；(3)统一面积内涵和单位等。

(四)因素修正

因素修正包括交易情况修正、交易日期修正、房地产状况修正等。

1. 交易情况修正

房地产的自然和经济特性，决定了房地产市场不能成为完全竞争市场，而是一个不完全竞争市场。在房地产市场上，房地产价格的形成往往具有个别性，因此运用市场法进行房地产评估，需要对选取的交易实例进行交易情况修正，将交易中由于个别因素所产生的价格偏差予以剔除，使其成为正常价格。房地产交易中的特殊情况较为复杂，主要有以下几种：

(1)有特殊利害关系的经济主体间的交易，如亲友之间、有利害关系的公司之间、公司与本单位职工之间，通常都会以低于市价的价格进行交易。

(2)交易时有特别的动机，这以急于脱售或急于购买最为典型。如有人为了扩大经营面积，收购邻近的建设用地，往往会使交易价格抬高。

(3)买方或卖方不了解市场行情，往往使房地产交易价格偏高或偏低。

(4)其他特殊交易的情形。如契税本应由买方负担，却转嫁给了卖方。

(5)特殊的交易方式。如拍卖、招标等。

分析了交易情况的特殊性，就要将特殊情况的交易修正到正常交易。上述第四种情况，可直接计算。但对于其他一些交易情况，要测定其交易价格与正常价格发生偏差的程度，则需经分析后量化处理。这时评估师对市场的了解以及丰富的评估经验就显得至关重要。通过交易情况修正，即可将可比实例价格修正为正常交易情况下的价格。计算公式为：

$$交易情况修正后的正常价格=交易实例价格\times\frac{正常情况指数}{交易实例情况指数}$$

如果可比实例交易时的价格低于正常情况下的交易价格，则分母小于 100；反之，则大于 100。

2. 交易日期修正

交易实例的交易日期与待评估房地产的评估基准日往往有一段时间差。在这一期间，房地产市场可能不断发生变化，房地产价格可能升高或降低。因此需要根据房地产价格的变动率，将交易实例房地产价格修正为评估基准日的房地产价格。这就是交易日期修正，也称期日修正。

房地产价格的变动率一般用房地产价格指数来表示。利用价格指数进行期日修正的公式如下：

$$评估基准日价格=交易实例价格\times\frac{评估基准日价格指数}{交易实例交易日价格指数}$$

【例 4-4】 现选取一可比房地产实例，成交价格为 8 000 元/平方米，成交日期为 2012 年 7 月。假设 2012 年 1 月至 2013 年 7 月，该类房地产价格每月比上月上涨 1%，2013 年 7 月至 2014 年 1 月，该类房地产价格每月比上月下降 0.2%，试对该可比实例进行交易日期修正。

解：$P=8\,000\times(1+1\%)^{12}\times(1-0.2\%)^{6}$

$=8\,000\times1.127\times0.988$

$=8\,908$(元/平方米)

3. 区位因素的修正

采用市场法对房地产进行评估时，需要很好地把握区位因素在房地产评估中的影响。

在分析区位因素影响时，对不同类型的房地产的侧重点是不同的。

商业区的收益率是影响房地产价格的最主要因素，而地段的营业环境对商业区的销售额影响很大，故地段是决定商业房地产价格的根本因素。

住宅区的区位主要考虑离市中心的距离、交通设施条件和居住环境的好坏，居民的职业构成及其社会地位、文化水平、生活方式等。

工业区的区位最主要的是考虑运输的便利状况、工业用水和用电的质量、与产品的销售市场及原材料采购市场位置的关系。

在实际操作中，可采用双百分制比较法、十等分因素比较法和环境成熟度修正法等。

(1)双百分制比较法

双百分制的第一层“百分”是按大类对区域影响因素分类评分，每类的最高分均为100分，第二层“百分”是对大类区域的影响强度确定权重。交易实例房地产与待估房地产在该因素上的差异反映在积分上。按照总积分，可将各交易实例的房地产价格调整成待估房地产价格，计算公式为：

$$待估房地产的单位价格=交易实例房地产的单位价格\times价格修正系数$$

$$价格修正系数=\frac{待估房地产总积分}{交易实例房地产总积分}$$

(2)十等分因素比较法

这是前一方法的简化。将房地产的位置、交通状况、周围的商业网点、公共设施、经济环境、土地使用强度等诸多因素分成10项，每一项的权重均为1/10。依交易实例和待估房地产每一项因素的异同和影响逐项打分，最后根据综合总分做出最后评定。

(3)环境成熟度修正法

环境成熟度即配套设施达到的程度。任何一块土地的利用，除必须具备规模的土地外，还需要有各种设施相配合，才能有效利用。因此，虽然属于一种使用地区，但彼此间的环境成熟条件尚有差距，在运用市场法评估时应进行成熟度修正。计算公式为：

$$房地产评估值=交易实例价格\times调整系数$$

$$调整系数=\frac{1}{(1+i)^n}$$

式中：i——折现率

n——达到与交易实例同等环境成熟度时所需的年限

4. 房地产状况修正

对交易实例进行交易情况修正和交易日期修正后，还需要对交易实例进行房地产状况修正。

交易实例房地产与被评估房地产的状况不相同的，应将交易实例房地产状况与被评估房地产状况加以比较，找出差异，并确定修正系数，再根据修正系数对交易实例房地产价格进行修正。

土地和房屋状况的考虑侧重点是不同的。土地状况的比较内容主要包括：坐落位置、面积、正面宽度、形状、地势、地质。房屋状况的比较内容则包括：面积、构造、用料，房屋的成新率，房屋的装修、设备标准，房屋的朝向，施工质量等。

5. 容积率修正

容积率是指房地产建筑总面积与土地面积的比值，容积率影响建筑平均成本和土地利用程度，一般来说，土地容积率越高，土地利用效率越高，地价也越高。容积率与地价的关系并非呈线性关系。

容积率修正公式为：

$$经容积率修正后价格=交易实例价格\times\frac{待估宗地容积修正系数}{交易实例容积率修正系数}$$

【例4—5】 某城市某用途土地容积率修正系数见表4—2。

表 4—2　　容积率修正系数

容积率	0.1	0.4	0.7	1.0	1.1	1.3	1.7	2.0	2.1	2.5
修正系数	0.3	0.5	0.7	0.8	1.0	1.2	1.6	1.9	1.9	2.0

如果确定可比案例宗地地价每平方米为 1 000 元，容积率为 2.1，被估宗地规划容积率为 1.7，则待估宗地容积率修正计算如下：

经容积率修正后可比实例价格＝1 000×1.6/1.9＝842(元/平方米)

6. 土地使用年期修正

我国实行有限年期的土地使用权有偿使用制度，土地使用年期的长短，直接影响土地收益的多少。土地的年收益确定以后，土地的使用期限越长，土地的总收益就越多，土地利用效益也越高，土地的价格也会因此提高。通过使用年期修正，可以消除由于使用期限不同而对房地产价格造成的影响。

土地使用年期修正系数按下式计算：

$$K=\frac{1-\frac{1}{(1+r)^m}}{1-\frac{1}{(1+r)^n}}$$

式中：k——将可比实例年期修正到被估对象使用年期的年期修正系数；

r——资本化率；

m——被估对象的使用年期；

n——可比实例的使用年期。

土地使用年期修正后地价＝比较实例价格×K

【例 4—6】 若选择的比较案例成交地价为每平方米 900 元，对应土地使用年期为 40 年，而待估宗地出让年期为 50 年，土地资本化率为 10%，则年期修正如下：

解：

$$\text{土地使用年期修正后的地价}=900\times\frac{1-\frac{1}{(1+10\%)^{50}}}{1-\frac{1}{(1+10\%)^{40}}}=912.50(\text{元/平方米})$$

综上所述，待估房地产评估值的计算公式可以总结为：

待估房地产评估值＝交易实例价格×交易情况修正系数×交易日期修正系数×区域因素修正系数×房地产状况修正系数×容积率修正系数×土地使用年期修正系数

(五)房地产价值的确定

经过上述的交易情况、交易日期、房地产状况等因素的修正，就可得到在评估基准日的待估房地产的若干个价格，而被评估的房地产的价值却只能有一个。获得最终的房地产价值可采用统计学方法，如简单算术平均数法、加权算术平均数法、众数法、中位数法、混合法等，计算得出房地产评估值。

三、房地产评估市场法的应用举例

【例 4—7】 有一个待估宗地 W 需评估，现收集到与待估宗地条件类似(2013 年交易)的 5 宗地块，具体情况见表 4—3。

表 4—3　　类似地块及其交易情况

宗地	成交价	交易时间	交易情况	容积率	土地状况
A	1 500	4 月	1%	1.3	1%
B	1 300	4 月	0	1.1	—1%
C	1 600	3 月	5%	1.4	—2%
D	1 450	6 月	—1%	1.6	2%
E	1 380	7 月	0%	1.3	1%
W		7 月	0%	1.1	0%

上表中成交价的单位为:元/ 平方米。该城市 2013 年该类地产的地价指数见表 4—4。

表 4—4　　某城市 2013 年地价指数

时间	1 月	2 月	3 月	4 月	5 月	6 月	7 月	8 月	9 月	10 月	11 月	12 月
指数	100	102	107	110	109	107	112	109	111	108	109	113

另据调查,该市此类用地容积率与地价的关系为:当容积率在 1～1.5 之间时,容积率每增加 0.1,宗地单位地价比容积率为 1 时的地价增加 5%;超过 1.5 时,超出部分的容积率每增长 0.1,单位地价比容积率为 1.0 时的地价增加 3%。对交易情况、土地状况的修正,都是案例宗地与被估宗地比较,表中负号表示案例条件比待估宗地差,正号表示案例宗地条件优于被估宗地,数值大小代表对宗地地价的修正幅度。

试根据以上条件,评估该宗土地 2013 年 7 月的价值。

解:

1. 建立容积率地价指数表。

表 4—5　　容积率地价指数

容积率	1.0	1.1	1.2	1.3	1.4	1.5	1.6
地价指数	100	105	110	115	120	125	128

2. 案例修正计算。

3. 评估结果。

A:$1\ 500\times\frac{112}{110}\times\frac{100}{101}\times\frac{105}{115}\times\frac{100}{101}=1\ 366.99$

B:$1\ 300\times\frac{112}{110}\times\frac{100}{100}\times\frac{105}{105}\times\frac{100}{99}=1\ 367.01$

C:$1\ 600\times\frac{112}{107}\times\frac{100}{105}\times\frac{105}{120}\times\frac{100}{98}=1\ 424.12$

D:$1\ 450\times\frac{112}{107}\times\frac{100}{99}\times\frac{105}{128}\times\frac{100}{102}=1\ 232.95$

E:$1\ 380\times\frac{112}{112}\times\frac{100}{100}\times\frac{105}{115}\times\frac{100}{101}=1\ 247.52$

(1 366.99+1 337.01+1 424.12+1 232.95+1 247.52)÷5

=1 321.72(元/平方米)

第四节　房地产评估的成本法

一、基本思路及适用范围

(一)基本思路

成本法是房地产评估的基本方法之一。其评估原理建立在重置成本的理论基础之上。成本法是以假设重新复制被估房地产所需要的成本为依据而评估房地产价值的一种方法,即以重置一宗与被估房地产可以产生同等效用的房地产,所需投入的各项费用之和为依据,再加上一定的利润和应纳税金来确定被估房地产价值。该方法认为生产成本与价格之间有密切联系。

由于房屋与其所依附的土地具有不同的自然及经济特性,如房屋是人类劳动的产物,一般随时间变化会发生贬值,而城市土地既是自然的产物,同时又由于人类的改造而凝结着人类劳动,因此房产价值评估与土地价值评估的成本法计算公式并不相同。

(二)适用范围

成本法与其他评估方法相比具有特殊用途,一般特别适用于房地产市场发育不成熟,成交实例不多,无法利用市场法、收益法等方法进行评估的情况。对于既无收益又很少有交易情况的政府办公楼、学校、医院、图书馆、军队营房、机场博物馆、纪念馆、公园、新开发地等特殊性的房地产评估比较适用。

但由于土地的价格大部分取决于它的效用,并非仅仅是它所花费的成本,也就是说,由于土地成本的增加并不一定会增加它的使用价值,所以,成本法在土地评估中的应用范围受到一定限制。

二、操作步骤

(一)土地评估的成本法操作步骤

用成本法评估地价必须分析地价中的成本因素。土地作为一种稀缺的自然物,即便未经开发,由于土地所有权的垄断,使用土地也必须支付地租。同时,由于开发土地投入的资本及利息也构成地租的一部分,因此,成本法的基本公式为:

土地价值=待开发土地取得费+土地开发费+利息+利润+税费+土地增值收益

用成本法评估地价的程序一般为:计算土地取得费用,计算土地开发费用,计算投资利息,计算投资利润和税费,确定土地增值收益,测算土地使用权价值。

1. 计算待开发土地取得费用

土地取得费是为取得土地而向原土地使用者支付的费用,分为两种情况:

(1)国家征收集体土地而支付给集体土地所有者的费用,包括土地补偿费、地上附着物和青苗补偿费及安置补助费等。一般认为,土地补偿费中包含一定的级差地租。地上附着物和青苗补偿费是对被征地单位已投入土地而未收回的资金的补偿,类似地租中所包含的投资补偿部分。安置补助费是为保证被征地农业人口在失去其生产资料后的生活水平不致降低而设立的，因而也可以看成具有从被征土地未来产生的增值收益中提取部分作为补偿的含义。

关于征地费用各项标准，《中华人民共和国土地管理法》有明确规定：

征收耕地的补偿费用包括土地补偿费、安置补助费以及地上附着物和青苗的补偿费。征收耕地的土地补偿费，为该耕地被征收前三年平均产值的6～10倍；征收耕地的安置补助费，按照需要安置的农业人口数计算。需要安置的农业人口数，按照被征收的耕地数量除以征地前被征收单位平均每人占有耕地的数量计算。每一个需要安置的农业人口的安置补偿费标准，为该耕地被征前三年平均年产值的4～6倍。但是，每公顷被征收耕地的安置补助费，最高不得超过被征收前三年平均年产值的15倍。

征收其他土地的土地补偿费和安置补助费标准，由各省、自治区、直辖市参照征收耕地的土地补偿费和安置补助费的标准规定。

被征收土地上的附着物和青苗的补偿标准，由省、自治区、直辖市规定。

征收城市郊区的菜地，用地单位应当按照国家有关规定缴纳新菜地开发建设基金。

按照以上规定支付土地补偿费和安置补助费，尚不能使需要安置的农民保持原有生活水平的，经省、自治区、直辖市人民政府批准，可以增加安置补助费。但是，土地补偿费和安置补助费标准的总和不得超过土地被征收前3年平均年产值的30倍。

在特殊情况下，国务院根据社会经济发展水平，可以提高被征收耕地的土地补偿费和安置补助费标准。

(2)为取得已利用城市土地而向原土地使用者支付的拆迁补偿费用，这是对原城市土地使用者在经济上的补偿，补偿标准各地有具体规定。

2. 计算土地开发费用

一般来说，土地开发费用涉及基础设施配套费、公共事业建设配套费和小区开发配套费。

(1)基础设施配套费。对于基础设施配套常常概括为"三通一平"和"七通一平"。"三通一平"是指通水、通路、通电、平整地面。"七通一平"是指通上水、通下水、通电、通信、通气、通热、通路，平整地面。

(2)公共事业建设配套费用。主要指邮电、图书馆、学校、公园、绿地等设施的费用。这与项目大小、用地规模有关，各地情况不一，视实际情况而定。

(3)小区开发配套费。同公共事业建设配套费类似，根据各地用地情况确定合理的项目标准。

3. 计算投资利息

投资利息就是资金的时间价值。在土地评估中，投资者贷款需要向银行偿还贷款利息，利息应计入成本；投资者利用自有资金投入，也可以看作损失了利息，从这种意义上看，也属于投资机会成本，也应计入成本。

在用成本法评估土地价格时，投资包括土地取得费和土地开发费两大部分。由于两部分资金的投入时间和占用时间不同，土地取得费在土地开发动工前即要全部付清，在开发完成销售后方能收回，因此，计息期应为整个开发期和销售期。土地开发费在开发过程中逐步投入，销售后收回，若土地开发费是均匀投入，则计息期为开发期的一半。

4. 计算投资利润和税费

投资的目的是获取相应的利润，作为投资的回报，对土地投资，当然也要获取相应的利润。该利润计算的关键是确定利润率或投资回报率。利润率计算的基数可以是土地取得费和土地开发费，也可以是开发后土地的地价。计算时，要注意所用利润率的内涵。税费是指土地取得和开发过程中所必须支付的税赋和费用。

5. 确定土地增值收益

土地增值收益主要是由于土地的用途改变或土地功能变化而引起的。由于农地转变为建设用地，新用途的土地收益将远高于原用途土地，必然会带来土地增值收益。由于这种增值是土地所有权人允许改变土地用途带来的，应归土地所有者所有。如果土地的性能发生变化了，提高了土地的经济价值，也能使土地收益能力增加，这个增加的收益，是由于土地性能改变而带来的，同样应归土地所有者所有。目前，土地增值收益率通常为10%至25%。

（二）新建房地产评估的成本法操作步骤

新建房地产项目，如果评估基准日为房地产开发建成日，无须考虑折旧，则可直接用开发成本计算。开发成本为房地产开发过程中所发生的各种费用，包括土地征收及拆迁补偿费、前期工程费、基础设施费、建筑安装工程费、配套设施费和管理费用等。

新建房地产成本法评估的基本公式为：

新建房地产价值＝土地取得费用＋开发成本＋管理费用＋利息＋销售税费＋利润

1. 土地取得费用

土地取得的途径有征收、拆迁改造和购买等，根据取得土地的不同途径，分别测算取得土地的费用，包括有关土地取得的手续费及税金。

2. 开发成本

开发成本主要由五个方面构成：

(1)勘察设计和前期工程费：包括临时用地、水、电、路、场地平整费，工程勘察测量及工程设计费，城市规划设计、咨询、可行性研究费、建设工程许可证执照费等。

(2)基础设施建设费：包括由开发商承担的建筑内外的自来水、雨水、污水、煤气、热力、供电、电信、道路、绿化、环境卫生、照明等建设费用。

(3)房屋建筑安装工程费：可假设开发商取得土地后将建筑工程全部委托给建筑商施工，开发商应当付给建筑商的全部费用。包括：建筑安装工程费、招投标费、预算审查费、质量监督费、竣工图费等。

(4)公共配套设施建设费：包括由开发商支付的非经营性用房如居委会、派出所、托幼所、自行车棚、信报箱、公厕等；附属工程如锅炉房、热力点、变电室、开闭所、煤气调压站的费用和电贴费等；文教卫系统如中小学、文化站、门诊部、卫生所用房的建设费用。而商业网点如粮店、副食店、菜店、小百货店等经营性用房的建设费用应由经营者负担，按规定不计入商品房价格。

(5)开发过程中的税费及其他间接费用。

3. 开发利润

利润率应根据开发类似房地产的平均利润率来确定。

4. 管理费用

管理费用主要是指开办费和开发过程中管理人员的工资等。

5. 投资利息

以土地取得费用和开发成本之和作为计算利息的基数。

6. 销售税费

销售税费主要包括：

(1)销售费用：包括销售广告宣传费、委托销售代理费等；

(2)销售税金及附加(即两税一费):包括营业税、城市维护建设税、教育费附加;

(3)其他销售税费:包括应当由卖方负担的印花税、交易手续费、产权转移登记费等。

(三)旧建筑物评估的成本法操作步骤

运用成本法评估旧建筑物的价值时,由于建筑物是在过去某时点建造的,所以,不能采用建筑物原来的建造成本,而应以评估时点的重新建造成本为基础,考虑评估对象的使用和磨损,扣除建筑物的贬值额。旧建筑物价值的现值可以通过下列公式计算得到:

建筑物价值=重置成本-年贬值额×已使用年限

重置成本是采用新的建筑材料和工艺建造一个与原建筑物功能结构基本相同的建筑物的成本。重置成本应当包括利息、利润和税费等。

贬值是指建筑物的价值减损。这里所指的贬值与会计上的折旧的内涵是不一样的。建筑物的价值减损,一般由两方面因素引起,一是物理化学因素,即因建筑物使用而使建筑物磨损、建筑物自然老化、自然灾害引起的建筑物结构缺损和功能减弱,所有这些因素均导致建筑物价值减损,故这种减损又被称为自然折旧或有形损耗。二是社会经济因素,即由于技术革新、建筑工艺改进或人们观念的变化,引起建筑设备陈旧落后、设计风格落后,由此引起建筑物陈旧、落后,致使其价值降低,这种减损称为无形损耗。从建筑物重置成本中扣除建筑物损耗,即为建筑物现值,因此,确定建筑物贬值额就成为房产评估中的关键一环。

计算贬值额的方法有很多种,如直线折旧法、余额递减法、年数合计法、成新折扣法等。常用的方法是直线折旧法和成新折扣法。

(1)直线折旧法又称定额法,假设建筑物的价值损耗是均匀的,即在耐用年限内每年的贬值额相等,则建筑物每年的贬值额为:

$$D=\frac{C-S}{N}=C\times\frac{1-R}{N}$$

式中:D——年贬值额;

C——建筑物的重新建造成本;

S——建筑物的净残值,即建筑物在达到耐用年限后的剩余价值扣除旧建筑物拆除、清理等处理费用后所剩余的价值;

N——建筑物的耐用年限;

R——建筑物的残值率,即建筑物的净残值与重新建造成本的比率。

各种结构的非生产用房的耐用年限和残值率一般如下:

钢筋混凝土结构:60年,0%

砖混结构一等:50年,2%

砖混结构二等:50年,2 %

砖木结构一等:40年,6%

砖木结构二等:40年,4%

砖木结构三等:40年,3%

简易结构:10年,0%

耐用年限可用下式计算更为准确:

耐用年限=建筑物已使用年限+建筑物尚可使用年限

(2)成新折扣法是根据建筑物的建成年代、新旧程度、功能损耗等,确定建筑物的成新率,直接求取建筑物的现值。其计算公式为:

建筑物价值＝重置成本×成新率

三、应用举例

【例 4－8】 某市经济技术开发区内有一块土地面积为 18 000 平方米，该地块的土地征收费用（含安置、拆迁、青苗补偿费和耕地占用税）为每亩 15 万元，土地开发费为每平方公里 2 亿元，土地开发周期为两年，第一年投入资金占总开发费用的 30％，开发商要求的直接成本利润率为 10％，当地土地出让增值收益率为 15％，银行贷款年利率为 6％，试评估该土地的价值。[注：开发利润＝直接成本利润率×（土地取得费＋开发成本）]该土地的各项投入成本均已知，可用成本法评估。

解：

(1)计算土地取得费

土地取得费＝15 万元/亩＝150 000/667＝224.88(元/平方米)

(2)计算土地开发费

土地开发费＝2 亿元/平方公里＝200 000 000/1 000 000＝200(元/平方米)

(3)计算投资利息

土地取得费的计息期为两年，土地开发费为分段均匀投入，则

土地取得费利息＝$224.88\times[(1+6\%)^2-1]=27.80$(元/平方米)

土地开发费利息＝$200\times30\%\times[(1+6\%)^{1.5}-1]+200\times70\%\times[(1+6\%)^{0.5})-1]$

$=5.48+4.14$

$=9.62$(元/平方米)

(4)计算开发利润

开发利润＝[(1) ＋(2)]×10％＝42.49(元/平方米)

(5)计算土地价值

土地单价＝[(1)＋(2)＋(3)＋(4)]×(1＋15％)

＝(224.88＋200＋27.80＋9.62＋42.49)×(1＋15％)

＝580.51(元/平方米)

土地总价＝580.51×18 000＝10 449 180 (元)

该宗地单价为 580.51 元/平方米，总价为 10 449 180 元。

第五节 房地产评估的假设开发法

一、基本思路及适用范围

(一)基本思路

假设开发法又称剩余法、倒算法或预期开发法。假设开发法是将被估房地产开发后的预期价值，扣除正常投入费用、正常税金及合理利润后，依据该剩余值测算被估房地产价值的方法。在评估待开发土地价值时，假设开发法运用得较为广泛。

运用该方法评估地价时，首先估算开发完成后房地产正常交易的价格，然后扣除建筑物建造费用和与建筑物建造、买卖有关的专业费、利息、利润、税收等费用，以价值余额来确定被估

土地价值。具体来说，作为一个房地产开发商，其购买这块土地进行开发的目的是将其出售赚取利润。开发商买地，进行土地投入，必须有收益，而且这个收益越高越好。因此，开发商就会根据规划部门对该地块的限制条件，如用途、容积率、绿地覆盖度、最高层数、朝向等，以及有关法律法规的限制，来确定该块土地的最佳使用状况。然后根据目前的房地产市场状况，预测建筑完成后房地产售价，以及为完成这一开发所需花费的建筑安装费用、设计费、相关税费、各类预付资本的利息和开发商应得的正常利润。开发商就知道了他可能为取得这块土地所支付的最高价格是多少。也就是说，这个最高价等于开发完成后的房地产价值扣除开发成本和相应利息、利润等之后的余额。

(二)适用范围

假设开发法主要适用于下列房地产的评估：

(1)待开发土地的评估。用开发完成后的房地产价值减去建造费、专业费等。

(2)将生地开发成熟地的土地评估。用开发完成后的熟地价减去土地开发费用。

(3)待拆迁改造的再开发地产的评估。这时的建筑安装费用还应包括拆迁费用。

二、操作步骤

根据假设开发法评估的基本思路，假设开发法评估的程序为：调查房地产的基本情况，确定被估房地产的最佳开发利用方式，预测房地产开发完成后的收益，测算开发总投资，测算开发利润，测算投资利息和税费，估算待估对象的价值。

(一)调查被评估对象的基本情况

(1)调查土地的限制条件，如土地政策的限制，城市规划、土地利用规划的制约等。

(2)调查土地位置，掌握土地所在城市的性质及其在城市中的具体位置，以及周围土地条件和利用现状。

(3)调查土地面积和土地形状、地质状况、地形地貌、基础设施状况和生活设施状况以及公用设施状况等。

(4)调查房地产利用要求，掌握城市规划对此宗地的规划用途、容积率、覆盖率、建筑物高度限制等。

(5)调查此地块的权利状况，包括权利性质、使用年限、能否续期、是否已设定抵押权等。这些权利状况对确定开发完成后的房地产价值、售价及租金水平有着非常密切的关系。

(二)确定被估房地产最佳的开发利用方式

根据调查的土地状况和房地产市场条件等，在城市规划及法律法规等所允许的范围内，确定地块的最佳利用方式，包括确定用途、建筑容积率、土地覆盖率、建筑高度、建筑装修档次等。在选择最佳的开发利用方式中，最重要的是选择最佳的土地用途。土地用途的选择，要与房地产市场的需求相结合，并且需要进行合理的预测。最佳的开发利用方式决定开发完成后销售时能获得最高的收益。

(三)预测房地产售价

根据所开发房地产的类型，对开发完成后的房地产总价，可通过以下两个途径获得：

(1)对于出售的房地产，如居住用商品房、工业厂房等，可采用市场比较法确定开发完成后的房地产总价。

(2)对于出租的房地产，如写字楼和商业楼宇等，其开发完成后房地产总价的确定，首先采用市场法，确定所开发房地产出租的净收益，再采用收益法将出租净收益转化为房地产总价。

具体确定时需要估计以下几个要点：①单位建筑面积月租金或年租金；②房地产出租费用水平；③房地产还原利率；④可出租的净面积。其中，租金水平可依据类似房地产而确定。

【例4－9】 根据当前房地产市场的租金水平，与所开发房地产类似的房地产未来月租金净收益为每建筑平方米200元，该类房地产的资本化率为10%，总建筑面积8 000平方米，出租率为90%，则所开发房地产的总价可确定为多少(假设房屋收益年期为无限年期)？

解：200×12×8 000×90%×1/10%＝17 280(万元)

(四)估算各项成本费用

1. 估算开发建筑成本费用

开发建筑成本费用(包括直接工程费、间接工程费、建筑承包商利润等)可采用比较法来测算，即通过当地同类建筑物当前平均的或一般建造费用来测算，也可通过建筑工程概预算的方法来估算。

2. 估算专业费用

专业费用包括建筑设计费、工程概预算费用等，一般采用建造费用的一定比率估算。

3. 确定开发建设工期，估算预付资本利息

开发建设工期是指从取得土地使用权一直到房地产全部销售或出租完毕的这一段时期。根据等量资本要获取等量利润的原理，利息应为开发全部预付资本的融资成本，不仅是建造工程费用的利息，还应包括土地资本的利息。房地产开发的预付资本包括地价款、开发建造费、专业费和不可预见费等，即使这些费用是自有资金，也要计算利息。这些费用在房地产开发建设过程中投入的时间是不同的。在确定利息额时，必须根据地价款、开发费用、专业费用等的投入额、各自在开发过程中所占用的时间长短和当时的贷款利率高低进行计算。例如，预付地价款的利息额应以全部预付的价款按整个开发建设工期计算，开发费、专业费假设在建造期内均匀投入，则利息以全部开发费和专业费为基数，按建造期的一半计算。若有分年度投入数据，则可进一步细化。如建造期两年，第一年投入部分计息期为一年半，第二年投入部分计息期为半年等。开发费、专业费在建设竣工后的空置及销售期内应按全额全期计息。

4. 估算税金

税款主要指建成后房地产销售的营业税、印花税、契税等，应根据当地政府的税收政策估算，一般以建成后房地产总价的一定比例计算。

5. 估算开发完成后的房地产租售费用

租售费用主要指用于建成后房地产销售或出租的中介代理费、市场营销广告费用、买卖手续费等，一般以房地产总价或租金的一定比例计算。

(五)确定开发商的合理利润

开发商的合理利润一般以房地产总价或预付总资本的一定比例计算。投资回报利润率的计算基数一般为地价、开发费和专业费三项，销售利润率的计算基数一般为房地产售价。

(六)估算待估对象的价值

在运用公式求取待估对象的价值时需注意待估对象所对应的时点。

三、计算公式及应用举例

(一)计算公式

假设开发法的计算公式表现形式较多，但根据假设开发法的基本思路，其基本公式是：

$$P=A-(B+C+D+E)$$

式中：P——待估对象的价值；

A——开发完成后的房地产价值；

B——项目后续开发的成本；

C——后续开发的投资利息；

D——开发商的合理利润；

E——正常税费。

目前，现实评估中假设开发法的一个较具体的计算公式为：

地价＝预期楼价－建筑安装费用－专业费用－销售费用－利息－税费－利润

(二)应用举例

【例 4－10】 有一宗“七通一平”的待开发建筑用地，土地面积为 1 000 平方米，建筑容积率为 3，拟开发建设写字楼，建设期为两年，建筑安装费用为 3 000 元/平方米，专业费为建筑安装费用的 10%，建筑安装费用和专业费在建设期内均匀投入。该写字楼建成后即出售，预计售价为 8 000 元/平方米，销售费用为楼价的 5%，销售税费为楼价的 6%，当地银行年贷款利率为 10%，开发商要求的直接成本利润率为 20%。

试估算该宗土地目前的单位地价和楼面地价。

解：(1)确定评估方法。现已知楼价的预测值和各项开发成本及费用，可用假设开发法评估，计算公式为：

地价＝楼价－建筑安装费用－专业费－利息－销售税费－利润

(2)计算楼价：

楼价＝1 000×3×8 000＝24 000 000(元)

(3)计算建筑安装费用和专业费：

建筑安装费用＝3 000×1 000×3＝9 000 000 (元)

专业费＝建筑安装费用×10%＝9 000 000×10%＝900 000(元)

(4)计算销售费用和税费：

销售费用＝24 000 000×5%＝1 200 000(元)

销售税费＝24 000 000×6%＝1 440 000(元)

(5)计算利润：

利润＝(地价＋建筑安装费用＋专业费)×20%

＝(地价＋9 000 000＋900 000)×20%

＝0.2×地价＋1 980 000

(6)计算利息：

利息＝地价×[$(1+10\%)^2-1$]＋(9 000 000＋900 000)×[(1＋10%)－1]

＝0.21×地价＋990 000

(7)求取地价：

地价＝24 000 000－9 000 000－900 000－1 200 000－1 440 000－0.2×地价－1 980 000－0.21×地价－990 000

地价＝8 490 000÷1.41 ＝6 021 277 (元)

(8)评估结果：

单位地价＝6 021 277÷1 000＝6 021(元/平方米)

楼面地价＝6 021÷ 3＝2 007(元/平方米)

第六节 在建工程评估

一、在建工程的含义与特点

在建工程是指在评估时点尚未完工或虽然已经完工，但尚未竣工验收、交付使用的建设项目，以及为建设项目备用的材料、设备等资产。在建工程的评估具有自身的特点，与单独的土地、已建成的房地产以及为工程准备的机器设备评估有一定的区别。

(一)在建工程情况复杂

在建工程的范围很广，情况复杂。以建筑工程为例，它包括建设中的各种房屋建筑物，而且建筑工程又包含各种设备安装，范围涉及各个行业，情况比较复杂，具有较强的专业技术特点。

(二)在建工程之间可比性较差

在建工程的工程进度差异很大，有的是刚刚投资兴建，有的已经完工但尚未交付使用。这些工程进度上的差异就会造成在建工程资产功能上的差异。因此，在建工程之间的可比性较差，评估时直接可比案例较少。

(三)在建工程的投资不能完全体现在建工程的形象进度

由于在建工程的投资方式和会计核算要求，其账面价值往往包括预付材料款和预付设备款，同时也记录在建工程中的应付材料款及应付设备款等，如出包工程的付款方式是由合同规定的，可能有时预付很多而工程进度未跟上，有时预付较少而进度超出。因此，在建工程的投资并不能完全体现在建工程的形象进度。

(四)建设工期长短差别较大

有些在建工程如厂区内的道路、设备基础等，一般工期较短；而有些在建工程如高速公路、港口码头等的建设工期很长。

(五)在建工程的价格受后续工程的影响

对于建设工期较长的在建工程，建造期间材料、工费、设计等都可能发生变化，使在建工程的成本以及建成后发挥的效益都具有很多不确定性，因此，在建工程的价格与后续工程的进度和质量有着非常密切的关系。

二、在建工程评估资料的收集与分析

通过收集与在建工程评估有关的资料，确定被估在建工程的合法性，分析在建工程有关技术和经济指标。在建工程评估的资料一部分由委托方提供，同时，必须到施工现场实地考察，以获取更详细直观的资料。在收集有关资料和实地勘察的基础上，要对与被估在建工程有关的宏观经济形势、市场情况和在建工程本身、区位条件、投资计划进度、发展商、施工等有关情况进行综合分析。

(1)收集与被估在建工程有关的政府批准文件和工程其他详细资料。政府批准文件如土地使用权出让合同、建设用地许可证、施工许可证、开工许可证、预售许可证等。其他资料如工程图纸、工程预算书、施工合同、有关账簿及原始记录等。从上述资料中明确项目名称、建筑面积、工程结构、工程预算、实际用款和完工程度，以及需要安装的设备名称、规格、型号、数量、合同金额、实际付款额、到货和工程安装情况等。

(2)评估人员到工程现场查勘工程进度和工程形象进度,明确工程竣工、达到交付使用的日期以及评估基准日工程形象进度是否与总工程进度计划相符。

(3)了解开发商有关情况,检查工程质量。要了解开发商的资质、财务状况、工程监管等情况。同时检查在建工程质量和建筑材料质量,明确建筑工程各组成部分是否存在缺陷及待修理的因素,在建工程整体布局是否合理。

(4)收集有关法定参数。如有关部门规定或制定的当地建筑工程预算定额、建筑工程间接费用标准、地方建筑材料价差指数、建筑工程预备费用及其他费用标准(如在建工程贷款利率)等。

三、在建工程评估方法及其选择

(一)在建工程评估的主要方法

1. 形象进度法

形象进度法是选择足够的可比销售资料,根据在建工程建造完成后的房地产市场价格,结合工程形象进度评估在建工程价值的方法。

应用形象进度法评估在建工程价值的计算公式:

在建工程价值=建造完成后的房地产市场价值×工程形象进度百分比×(1-折扣率)

其中在建工程建造完成后的房地产市场价值,一般可采用市场法或收益法评估。

工程形象进度百分比=(实际完成建筑工程量+实际完成安装工程量)÷总工程量×100%

折扣率的确定应考虑营销支出、广告费和风险收益等因素。

2. 成本法

成本法评估在建工程是按在建工程客观投入的成本评估,即以开发或建造被估在建工程已经耗费的各项必要费用之和,再加上正常的利润和应纳税金来确定被估在建工程的价值的方法。

在建工程价值=土地取得费用+专业费用+建造建筑物费用+正常利税

其中,土地取得费用是指为获得土地而发生的费用,包括相关手续费和税金。

专业费用包括咨询、规划、设计等费用。

建造建筑物费用是指在评估基准日在建工程已经耗费的各项必要建造费用之和。

正常利税包括建造商的正常利润和营业税等。

3. 假设开发法

用假设开发法评估在建工程,是在求取被估在建工程的价值时,将被估在建工程预期开发完成后的价值,扣除后续的正常的开发费用、销售费用、销售税金及开发利润,以确定被估在建工程价值的一种评估方法。

应用假设开发法评估在建工程的公式:

在建工程价值=房地产预期售价-(项目后续的开发成本+后续开发的投资利息+开发商合理利润+正常税费)

房地产预期售价可以采用市场法或收益法评估。

(二)在建工程评估方法的选择

在建工程评估一般根据工程形象进度,选用合适的方法进行评估。

(1)已经完成或接近完成、只是尚未交付使用的在建工程,可采用工程形象进度法进行评估，按在建工程建成后的房地产的市场价值结合工程形象进度作适当扣减作为其评估值。

(2)对于实际完成工程量较少的在建工程，可采用成本法或假设开发法进行评估。

(3)属于停建的在建工程，要查明停建的原因，确因工程的产、供、销及工程技术等原因而停建的，要考虑在建工程的功能性及经济性贬值，进行风险系数调整。

第七节 房地产评估案例分析

一、市场比较法——××大厦办公用房

1. 房地产位置状况

本次评估的对象为××银行总行位于上海市浦东新区×××路××号的办公楼。该楼建筑面积 69 720.566 平方米，土地面积为 1 930 平方米，地处陆家嘴中心区域。

2. 房地产的权利状况

委估房地产的“房地产权证”尚在办理之中，估价对象的土地使用权类型为出让，“土地转让合同”载明土地规划用途为金融办公综合楼；土地使用权面积为 9 975 平方米；上部建筑北幢 69 720.566 平方米，建筑物属××银行所有，钢混结构；估价对象为北幢全幢，地上共 55 层，地下 4 层，委估建筑面积为 69 720.566 平方米。

3. 房地产概况

委估房地产坐落于上海市浦东新区×××路××号；地处陆家嘴金融区内，估价对象为北幢全幢，地上共 55 层，地下 4 层，建筑面积为 69 720.566 平方米。该建筑物为××银行总行新建成的办公楼。其中地上办公楼 61 276.486 平方米，地下为车库，建筑面积 8 444.08 平方米(车位 116 个)。

该楼为钢混结构，地上共 55 层，地下 4 层，建筑面积为 69 720.566 平方米。建筑物外墙为全玻璃幕墙，内有进口高速电梯 11 部，观光电梯 4 部，货梯 1 部，进口中央空调和消防报警、自动喷淋、监视系统。内设宽带网络，电话光缆接入，双回路供电，自备发电机，办公楼和公共部位精装修，墙面为大理石，地面为进口花岗石(办公室及会议室为木地板，卫生间、厨房为防滑地板砖)，大堂挑空二层，建筑物墙面及地面保养情况较好。照明为日光灯灯舱，进口卫生洁具设施齐全。

该大厦紧邻××广场，有一定的商业氛围，与金贸大厦、东方明珠等上海标志性建筑毗邻，周围路网发达、交通便利。

4. 评定估算

A. 比较实例选择：

通过市场调查，根据替代原则，按用途相同、土地级别相同、价格类型相同等特点筛选案例。

交易实例调查情况表

实例	项目名称	地址	标价
A	新上海国际大厦	浦东南路 360 号	$2 800
B	华能联合大厦	银城东路 139 号	$2 800
C	证券大厦	浦东南路 528 号	$3 000

B. 比较因素条件表

比较因素条件表

物业名称 因素情况		待估对象	可比实例 A	可比实例 B	可比实例 C
名称		××银行大厦	新上海国际大厦	华能联合大厦	证券大厦
坐落位置		×××路××号	浦东南路 360 号	银城东路 139 号	浦东南路 528 号
所处地区		浦东新区陆家嘴金融区	浦东新区陆家嘴金融区	浦东新区陆家嘴金融区	浦东新区陆家嘴金融区
建筑用途		办公楼	办公楼	办公楼	办公楼
单价		待估	22 480	22 480	24 090
交易日期		2004 年 6 月 30 日	2004 年 8 月	2004 年 7 月	2004 年 7 月
区域因素	商业繁华度	繁华，金融业聚集区	繁华，金融业聚集区	繁华，金融业聚集区	繁华，金融业聚集区
	交通条件	有地铁和多条公交线路	有地铁和多条公交线路	有地铁和多条公交线路	有地铁和多条公交线路
	公共服务设施	陆家嘴金融区内，公共服务设施齐全	陆家嘴金融区内，公共服务设施齐全	陆家嘴金融区内，公共服务设施齐全	陆家嘴金融区内，公共服务设施齐全
	自然条件	优	优	优	优
	社会环境	优	优	优	优
	地区性不动产销售状况	优	优	优	优
	环境卫生及景观	好	好	好	好
	市政设施	七通一平	七通一平	七通一平	七通一平
个别因素	建筑结构	钢混	钢混	钢混	钢混
	部位	整幢	整幢	整幢	整幢
	装饰装修情况	外墙全玻璃幕墙，内装修到公共部位。办公房内为轻钢龙骨吊顶，木地板，轻质隔断	外墙花岗岩，玻璃幕墙，内装修到公共部位。办公房内为毛坯	外墙花岗岩，玻璃幕墙，内装修到公共部位。办公房内为毛坯	外墙全玻璃幕墙，内装修到公共部位。办公房内为轻钢龙骨吊顶，木地板，轻质隔断
	设施状况	进口电梯，中央空调，消防报警、自动喷淋，水电到位，电话进户	进口电梯，中央空调，消防报警、自动喷淋，水电到位，电话进户	进口电梯，中央空调，消防报警、自动喷淋，水电到位，电话进户	进口电梯，中央空调，消防报警、自动喷淋，水电到位，电话进户
	平面布局	好	好	好	好
	临路状况	一面临主干道	一面临主干道	一面临主干道	一面临主干道
	物业管理	好	好	好	好

C. 交易情况修正

评估比较对象表

实例	项目名称	地址	标价	价格修正后
A	新上海国际大厦	浦东南路 360 号	\$2 800	￥22 480

续表

实例	项目名称	地址	标价	价格修正后
B	华能联合大厦	银城东路 139 号	$2 800	¥22 480
C	证券大厦	浦东南路 528 号	$3 000	¥24 090

因可比实例都是美元标价，按 1 美元＝8.27 元人民币换算。

因可比实例都是中介开价，根据上海市现行房地产市场情况，修正系数取 1.03。

D. 交易时间修正

因可比实例成交日期距评估基准日很近，当地房地产市场价格比较稳定，因此修正系数 1.00。

E. 因素修正(详见下表)

比较因素修正表

物业名称		待估物业		实例一		实例二		实例三	
比较因素		××银行大厦		新上海国际大厦		华能联合大厦		证券大厦	
		状况描述	分值	状况描述	分值	状况描述	分值	状况描述	分值
交易单价(元/平方米)		待估		22 480		22 480		24 090	
坐落位置		×××路××号		浦东南路 360 号		银城东路 139 号		浦东南路 528 号	
交易日期		2004.6.30	100	2004.8	100	2004.7	100	2004.7	100
区域因素	区域繁华程度	繁华	100	繁华	100	繁华	100	繁华	100
	距城市主要商服中心距离	近	100	近	100	近	100	近	100
	道路状况	优	100	优	100	优	100	优	100
	交通便捷度	优	100	优	100	优	100	优	100
	交通受制情况	无	100	无	100	无	100	无	100
	距车站港口的距离	近	100	近	100	近	100	近	100
	城市基础设施	七通一平	100	七通一平	100	七通一平	100	七通一平	100
	社会公共服务设施	齐全	100	齐全	100	齐全	100	齐全	100
	社会人文环境条件	优	100	优	100	优	100	优	100
	环境质量	优	100	优	100	优	100	优	100
	自然环境条件	优	100	优	100	优	100	优	100
	景观	优	100	优	100	优	100	优	100
	城市规划限制	相似	100	相似	100	相似	100	相似	100
	不动产销售状况	优	100	优	100	优	100	优	100
	区域因素小计	1		1		1		1	

续表

物业名称		待估物业		实例一		实例二		实例三	
个别因素	临街状况	优	100	优	100	优	100	优	100
	建筑面积	大	100	大	100	大	100	大	100
	层高	3.8m	100	3.8m	100	3.8m	100	3.8m	100
	内部结构的合理性	一般	100	一般	100	一般	100	一般	100
	物业朝向、层数	较好	100	好	102	较好	100	较好	100
	建筑结构	钢混	100	钢混	100	钢混	100	钢	101
	日照、通风程度	相似	100	相似	100	相似	100	相似	100
	装修状况	高档装修	100	外装修高档，内装修毛坯	96	外装修高档，内装修毛坯	96	高档装修	100
	设备标准及状况	高	100	高	100	高	100	高	100
	新旧程度	新	100	新	100	新	100	新	100
	物业管理	好	100	好	100	好	100	好	100
	绿化环保程度	一般	100	一般	100	一般	100	一般	100
	特别因素	一般	100	一般	100	一般	100	一般	100
	个别因素小计	1		1.020 4		1.041 7		0.990 1	
比准价格(单价)		23 400(取整)		22 939		23 417		23 852	
评估价格(总价)		1 444 286 755.00							

经过上述各种修正后，评估比准价格如下：

A＝22 939(元/平方米)

B＝23 417(元/平方米)

C＝23 852 (元/平方米)

取三者的算术平均值作为评估单价(比准价格)，即：

地上建筑物评估单价＝(22 939＋23 417＋23 852)/3

＝23 400(元/平方米)(取整)

二、成本法案例——××办公楼

办公楼产权属武汉×××有限公司，建于1984年，共2层，砖混结构，建筑面积551.88平方米。房屋基本状况如下：外墙水泥砂浆，内墙及顶棚喷涂，木门窗，地面水磨石，走道铁栏杆，楼梯砼踏步，铁栏杆扶手。

1. 综合造价

办公楼的预决算资料难以收集，根据武汉市建设工程造价管理站于2001年10月发布的文件(武建造预字[2001]28号)中公布的第四期工程造价信息，选取与评估对象技术特征类似的典型工程，其综合造价为602.32元/平方米，评估对象基准日为2001年12月31日，距典型工程造价发布仅两个月时间，该期间人工、材料价格基本无变化，故评估人员对典型工程造价直接采用。以下为典型工程与评估对象的建筑技术特征一览表。

技术特征	典型工程	评估对象
建筑结构	砖混结构，240mm 厚砖墙，预应力钢筋砼板	砖混结构，240mm 厚砖墙，结构稍差
层数	7	2
建筑外形	长方形	长方形
层高	3 米	3 米
装修	浆、铝合金推拉窗、木门、卷闸门、水泥地面	外墙水泥砂浆、内墙及顶棚喷涂、木门窗、水磨石地面
附属设备	水、电、卫	水、电稍差
采光、通风	良好	稍差

依据武汉市建设工程造价管理站文件（武建造预字[2001]28 号）并参考《资产评估常用数据与参数手册》第二版（吕发钦主编）中的有关参数，将典型工程与评估对象进行比较，确定修正系数，下表为修正系数一览表。

技术特征	典型工程	评估对象
建筑结构	101	100
层数	96	100
建筑外形	100	100
层高	100	100
建筑装修	105	100
附属设备	105	100
采光、通风	101	100

经过以上修正，确定评估对象的单方综合造价为：

602.32×100/101×100/96×100/100×100/100×100/105×100/100×100/105×100/101=557.8(元/平方米)

综合造价=557.8×551.88= 307 838.66(元)

2. 前期及其他费用

(1)按工程比例收取以下费用(5.61%)：

①勘察设计费(依据原国家物价局、建设部[1992]价费字 375 号文，按建安工程造价的 2.55%计算)；

②城市建设工程招(议)标服务费(依据鄂价费地字[1992]232 号文，按建安工程造价的 0.04%计算)；

③标底审查费(依据鄂价费字[1992]232 号文，按建安工程造价的 0.1%计算)；

④工程质量监督费(依据武政[1997]20 号文，按建安工程造价的 0.18%计算)；

⑤工程建设监理费(依据原国家物价局、建设部[1992]价费字 479 号文，按建安工程造价的 2.6%计算)。

⑥安全监督费(鄂财综发[1997]269 号文，按建安工程造价的 0.08%计算)。

⑦工程预算定额测定费(依据武政办[1998]65 号文，按建安工程造价的 0.06%计算)。

小计：557.8×5.61%=31.29(元/平方米)

(2)按建筑面积计取(20.25 元/平方米)：

①人防易地建设费(依据武政[1997]20号文,14元/平方米);

②城市公共消防设施配套费(依据武汉市政府[1997]20号文,5元/平方米);

③白蚁防治费(依据鄂价费字[1992]232号文,1.2元/平方米);

④抗震审查费(依据鄂价房地字[1993]9号文,0.05元/平方米)。

前期及其他费用小计:51.54元/平方米。

3. 资金成本

按工程建设正常投资情况,建设期为1年,利息率取评估基准日的一年期固定资产贷款利率5.85%。故资金成本为:

(557.8+51.54)×5.85%×1×1/2=17.82(元/平方米)

4. 重置成本合计

单位造价为557.8+51.54+17.82=627(元/平方米)。

投资利润及销售税费合计按成本价的18%计取。

重置成本为627元/平方米×(1+18%)×551.88平方米=408 313.94(元)

5. 成新率确定

(1)使用年限法

理论成新率=1-(1-残值率)×(已使用年限/耐用年限)

式中:残值率依据《房地产估价规范》提供的参考值,砖混结构为2%。

已使用年限为17年,耐用年限为50年。

理论成新率=1-(1-2%)×(17/50)=66.68%

(2)打分法

评估人员实地勘察,办公楼基础无不均匀沉降,结构构件尚好,内装修有少量裂缝、空鼓,外装修稍好。按原城乡建设环境保护部制定的《房屋完损等级评定标准》,现场勘察后打分情况如下表所示。

项目		标准分	评定	评分	合计	完损等级
结构部分(60%)	基础	16-20	有承载力、稍有不均匀沉降、但稳定	18	70	基本尚好
	承重构件	16-20	有轻微变形、细小裂缝	18		
	非承重构件	10-20	稍有裂缝、破损	10		
	屋面	13-16	稍有渗漏	14		
	楼地面	10-12	稍有磨损、裂缝	10		
装修部分(20%)	门窗	16-20	基本灵活、少量变形	18	68	
	外粉	13-16	稍有裂缝、风化	14		
	内粉	13-16	稍有裂缝、风化	13		
	顶棚	13-16	无明显变形、稍有裂缝	13		
	细木装修	10-12	稍有破损	10		
设备部分(20%)	水卫	25-32	基本尚可	25	65	
	电照	16-20	线路、照明装置基本尚好、无漏电	18		
	其他	22-28	基本正常使用	22		

完好分值率＝结构部分合计得分×结构部分权重＋装修部分合计得分×装修部分权重＋设备部分合计得分×设备部分权重＝70×0.60＋68×0.20＋65×0.20＝68.6％

(3)成新率的确定

成新率取理论成新率与完好分值率的加权算术平均值，为客观地评定房屋的成新率，理论成新率权重取30％，完好分值率取70％。

成新率＝66.68％×0.3＋69.2％×0.7＝68％(取整)

6. 评估值计算

评估值＝重置成本×成新率

＝408 313.94×68％＝277 653.48(元)

阅读材料

宇宙的中心：北京天价学区房——10平方米340万元

北京最贵的房子，既不是玉渊潭公园附近价格曾超过20万元/平方米的钓鱼台七号院，也不是紧挨天安门、开盘即超过10万元/平方米的霞公府，更不是鸟巢旁的豪宅盘古大观，而是分布在重点小学附近、被称作"学区房"的普通住宅。

学区房，一般指的是重点小学片内的房产。根据北京市相关教育政策，北京的小学生入学实行就近划片入学，每所小学只招收周边特定区域的学生。由于北京市的优质重点小学资源十分稀缺，就学需求量又十分巨大，重点小学"门票"一票难求。

"学区房"有多贵？举个例子，在北京西单附近的文昌胡同，一间面积仅有10平方米的民宅，售价却高达340万元。因为，附近有一所被认为是"北京最好的小学"之一的实验二小。

记者探访发现，标价340万元的那间房子，就在文昌胡同里，面积只有10平方米，房子破旧、低矮，采光也不好，有些地方连墙皮都脱落了，简直惨不忍睹。

更有甚者，实验二小附近最新的一套房源面积仅7平方米，报价220万元，单价超过31万元。这套220万元的房子只是一个过道，但是可以落户，有学位。

2014年以来，北京市二手房市场成交量大幅下降，房地产市场与去年相比可谓"相差甚远"，据记者了解，实验二小的学区房似乎没有受到大环境的影响。去年同期，该区域的平房均价在每平方米18万元左右，前年的均价为10万～12万元，而今年的均价则超过30万元，两年涨一倍。

地产经纪人告诉记者，实验二小招生简章中规定的划片区域中目前还有房源的只有文华胡同和文昌胡同，而这两个胡同的房子都是平房，就是"大杂院"，按间出售。这样的"大杂院"却是许多想把孩子送进实验二小的家长们追逐的目标。

地产经纪人还告诉记者，购买平房只能全款，且需要父母一方和孩子的户口落在房子内满五年才能读实验二小。如此苛刻的条件似乎并未影响学区房的成交量，"实验二小的学区房基本上是出一套卖一套，以市场价放出来的房子，一般两三天内就卖了。"

与北京市第二实验小学毗邻的奋斗小学的网传排名也比较靠前，但两所学校学区房的价格却相差较大。记者了解到，奋斗小学学区房平房的价格单价为15万元左右，楼房的价格单价为7万元。

练习题

一、单项选择题

1. 在房地产评估中，资本化率又称(　　)。

A. 还原利率　B. 实际利率　C. 成本利率　D. 利税率

2. 在正常情况下，用于房地产价值评估的收益应该是房地产的(　　)。

A. 实际总收益－实际总费用　B. 实际总收益－客观总费用

C. 客观总收益－实际总费用　D. 客观总收益－客观总费用

3. 运用收益法评估房地产时，房地产总费用通常包括(　　)。

A. 管理费＋折旧费＋保险费＋税金

B. 管理费＋折旧费＋保险费＋税金＋空房损失费

C. 管理费＋维修费＋折旧费＋保险费＋税金＋空房损失费

D. 管理费＋维修费＋保险费＋税金

4. 在房地产评估中，对于实际完成工程量较少的在建工程，可采用(　　)评估。

A. 成本法　B. 市场法　C. 剩余法　D. 收益法

5.《中华人民共和国土地管理法》规定，每一个需要安置的农业人口的安置补偿费标准，为该耕地被征前三年平均年产值的(　　)倍。

A. 6～10　B. 4～6　C. 4～8　D. 6～12

6. 每公顷被征用耕地的安置补助费，最高不得超过被征收前三年平均年产值的(　　)倍。

A. 5　B. 10　C. 15　D. 20

7. 下列不属于旧建筑物计算贬值额方法的是(　　)。

A. 直线折旧法　B. 余额递减法　C. 年数合计法　D. 假设法

8. 某宗地取得费用为每平方米 100 元，开发费用为每平方米 300 元，当地银行一年期贷款年利率为 8%，二年期贷款年利率为 9%，三年期贷款年利率为 10%，开发周期为 3 年，第一年投资占总投资的 1/3，第二年投资占总投资的 1/2，第三年投资占总投资的 1/6，问该土地每平方米应负担的利息为(　　)元。

A. 51.75　B. 77.25　C. 82.5　D. 71.25

9. 在房地产开发中的“三通一平”费用属于(　　)。

A. 基础设施配套费　B. 公共事业配套费

C. 小区开发配套费　D. 城市建设配套费

10. 由于土地用途的改变或土地功能的变化而引起的土地增值通常被称为(　　)。

A. 土地取得费　B. 土地增值收益

C. 土地出让金　D. 土地配套费

11. 建筑物的贬值包括(　　)、功能性贬值和经济性贬值。

A. 实体性贬值　B. 实用性贬值

C. 价值性贬值　D. 经济型溢价

12. 用成本法评估土地时，土地取得费的计息期应为(　　)。

A. 整个开发期　B. 整个销售期

C. 整个开发期和销售期　D. 整个开发期和销售期的一半

13. 土地的“三通一平”是指(　　)。

A. 通水、通热、通路、平整地面　　B. 通水、通路、通气、平整地面

C. 通水、通路、通电、平整地面　　D. 通气、通电、通信、平整地面

14. 基准地价修正法按照(　　),将被估宗地的区域条件和个别条件等与其所处区域的平均条件相比较。

A. 替代原则　　B. 供求原则　　C. 贡献原则　　D. 预期收益原则

15. 某房地产土地价值600万元,建筑物价值1 400万元,综合资本化率为8.5%,建筑物资本化率为10%,则土地资本化率最可能为(　　)。

A. 8%　　B. 6%　　C. 5%　　D. 4%

16. 某宗土地为1 000平方米,国家规定的容积率为5,建筑密度为0.6,下列建设方案中最可行的为(　　)

A. 建筑物地面一层建筑面积为800平方米,总建筑面积为4 600平方米

B. 建筑物地面一层建筑面积为700平方米,总建筑面积为7 000平方米

C. 建筑物地面一层建筑面积为600平方米,总建筑面积为4 800平方米

D. 建筑物地面一层建筑面积为400平方米,总建筑面积为4 200平方米

17. 运用市场法评估房地产价值时,交易日期修正的主要目的是将参照物价格修正为(　　)的价格。

A. 评估时期　　B. 参照物交易时　　C. 评估基准日　　D. 未来预期

18. 根据我国土地管理法的有关规定,国家征用耕地,需支付给农村集体经济组织的费用一般包括(　　)。

A. 土地补偿费、安置补助费、拆迁补偿费、青苗补偿费

B. 土地补偿费、安置补助费、青苗补偿费、新菜地开发基金

C. 土地补偿费、安置补助费、拆迁补偿费、地上附着物、青苗补偿费

D. 土地补偿费、安置补助费、地上附着物、青苗补偿费

19. 在假设开发法评估土地的基本公式 $P=A-(B+C+D+E)$ 中,A代表的是(　　)。

A. 开发完成后的房地产价值　　B. 取得土地的实际成本

C. 整个开发项目的开发成本　　D. 房产和土地的开发成本

20. 对于已经完工或接近完工,只是尚未交付使用的在建工程可按(　　)评估。

A. 成本法　　B. 形象进度法　　C. 假设开发法　　D. 工作量法

二、多项选择题

1. 在房地产评估中,土地开发费用一般包括(　　)。

A. 基础设施配套费　　B. 小区开发配套费

C. 青苗补偿费　　D. 新菜地开发基金

E. 公共事业建设配套费

2. 属于房地产评估原则的有(　　)。

A. 供求原则　　B. 贡献原则　　C. 最有效使用原则　　D. 替代原则

E. 独立性原则

3. 我国房地产评估的标的物一般包括(　　)。

A. 土地使用权　　B. 土地所有权

C. 建筑物及其权益　　D. 建筑物中的水暖设施

E. 筑物中的办公设备

4. 运用成本法对地产价格评估，其适用范围主要是(　　)。

A. 新开发地　　B. 学校用地　　C. 公园用地　　D. 商业用地

E. 机场用地

5. 属于房地产交易中的特殊情况的是(　　)。

A. 有特殊利害关系的经济主体间的交易

B. 卖方了解市场行情

C. 交易时有特别的动机

D. 买方不了解市场行情

E. 特殊的交易方式，如拍卖、招标

6. 以替代原则为理论基础的房地产评估方法有(　　)。

A. 路线价法　　B. 收益法　　C. 基准地价修正法　　D. 市场法

E. 成本法

7. 在建工程评估的主要方法有(　　)。

A. 成本法　　B. 假设开发法　　C. 收益法　　D. 形象进度法

E. 物价指数法

8. 影响地价的一般因素有(　　)。

A. 行政因素　　B. 区域因素　　C. 社会因素　　D. 经济因素

E. 人口因素

9. 影响地价的社会因素主要包括(　　)等几个方面。

A. 政治安定状况　　B. 社会治安程度　　C. 税收政策　　D. 房地产投机

E. 交通管制

10. 影响商业用地土地价格的区域因素有(　　)。

A. 商业繁华程度　　B. 环境优劣度　　C. 规划限制　　D. 公有设施完善度

E. 交通便捷度

11. 影响地价的个别因素主要有(　　)。

A. 位置因素　　B. 地形地质因素　　C. 面积因素　　D. 地块形状因素

E. 土地利用因素

12. 市场法中进行区域因素修正需考虑的因素有(　　)。

A. 繁华程度　　B. 交通状况　　C. 基础设施状况　　D. 环境质量

E. 土地使用年限

13. 评估建筑物需考虑的因素包括(　　)。

A. 产权　　B. 用途　　C. 建筑结构　　D. 建成时间

E. 装修质量和水平

14. 建筑物应在(　　)方面符合政府规定。

A. 建筑结构　　B. 建筑用途　　C. 容积率　　D. 覆盖率

E. 外形设计

三、计算题

1. 有一宗“七通一平”待开发的建筑用地，面积为 1 000 平方米。使用期限为 50 年，容积率为 5，拟开发建造写字楼，建造期为 2 年，建筑费用为 3 500 元/平方米，专业费用为建筑费用的 10%，建筑费用和专业费用在整个建设期内均匀投入。写字楼建成后拟对外出租，租金水平预计为 2 元/平方米/日。管理费用为年租金的 2%，维修费用为建筑费用的 1.5%，保险费用为建筑费用的 0.2%，税金为年租金的 17.5%。贷款利率为 6%，房地综合还原利率为 7%，开发商要求的利润率为地价和开发成本(建筑费用＋专业费用)之和的 20%。试评估该宗地地价。

2. 某房地产公司于 2005 年 1 月以有偿出让方式取得一块土地 50 年的使用权，并于 2007 年 1 月在此地块上建成一座框架结构的写字楼，经济耐用年限为 60 年，残值率为 0。在评估基准日，该类建筑重置价格为每平方米 2 500 元。该建筑物占地面积为 1 000 平方米，建筑面积为 1 800 平方米，现用于出租，每年实收租金为 72 万元。另据调查，当地同类写字楼出租租金一般为每月每建筑平方米 50 元，空置率为 10%，每年需支付的管理费为年租金的 3%，维修费为重置价格的 1.5%，土地使用税及房产税为每建筑平方米 25 元，保险费为重置价格的 0.2%，土地资本化率为 6%，建筑物资本化率为 8%。试根据以上资料计算：(1)总收益；(2)总费用；(3)房地产纯收益；(4)房屋纯收益。

第五章　无形资产评估

第一节　无形资产评估概述

一、无形资产及其分类

（一）无形资产的概念

我国2008年发布的《资产评估准则——无形资产》指出，无形资产是指特定主体所拥有或者控制的，不具有实物形态，能持续发挥作用且能带来经济利益的资源。根据上述定义，无形资产的特点表现在以下几个方面：

(1)非实体性。相对于有形资产而言，无形资产没有物质实体形态，因此，也就不会像有形资产那样，其价值会因物质实体的变化损坏而贬值。但是无形资产也有其一定的有形表现形式，如专利文件、商标标记、技术图纸、工艺文件、软盘等。

(2)排他性。排他性是指无形资产所带来的收益为特定主体所控制和独享，或经其许可后共同分享。

(3)效益性。并非任何无形的事物都是无形资产，成为无形资产的前提是其必须能够以一定的方式，直接或间接地为其控制主体（所有者、使用者或投资者）创造效益，而且必须能够在较长时期内持续产生经济效益。

（二）无形资产的功能特性

无形资产的功能，即其创造收益的能力、发挥作用的方式明显区别于有形资产，因而在评估时需把握其固有的特性。

1. 附着性

附着性是指无形资产一般无法单独存在和发挥作用，往往必须依附于有形资产这个载体。例如商标，必须附着在衣服、食品等实物上。但同时我们也应注意到，在品牌意识、知识产权意识日益深入人心的时代，有形实体作用和价值的发挥也越来越离不开无形资产的作用和贡献，例如两件在材质、款式、颜色等方面几乎完全相同、仅商标不同的衣服，售价可以相差很远，消费者却更偏好于那件贵的，只因为贵的那件商标更时尚。

2. 共益性

无形资产区别于有形资产的一个重要特点是，它可以作为共同财产。一项有形资产无法在同一时间、不同地点，由不同的主体所使用或控制，而一项无形资产则可以在同一时间、不同地点，为不同的主体所使用，例如，一项先进技术可以使一系列企业提高产品质量、降低产品成本；一项技术专利在一个企业使用的同时，并不影响转让给其他企业使用。但是，无形资产的共益性也受到市场有限性和竞争性的制约，例如由于追求自身利益的需要，各主体对无形资产的使用还必须受相关合约的限制。

3. 积累性

无形资产的积累性体现在以下两个方面：

(1)无形资产的形成是基于其他无形资产的发展。

(2)无形资产自身的发展也是一个不断积累和演进的过程。例如我们在日常生活中看到的百年老店、中华老字号等。无形资产的成熟程度、影响范围和获利能力会随着时间的推移，处在发展变化之中。

4. 收益不确定性

无形资产的价值取决于其获利能力的大小和获利能力持续时间的长短，相对于机器设备、房地产等有形资产而言，无形资产的经济寿命更容易受到技术进步、市场变化等外在不确定因素的影响，以致其预期收益的实现及价值具有较大的不确定性。

(三)无形资产的分类

1. 按取得无形资产的方式分类

按取得无形资产的方式，无形资产可分为自创的无形资产和外购的无形资产。前者是由自己研制创造获得的以及由于客观原因形成的，如自创专利、专有技术、商标权、商誉等；后者则是以一定代价从其他单位或个人购入的，如外购专利权、商标权等。

2. 按无形资产能否独立存在分类

按能否独立存在，无形资产可以分为可确指无形资产和不可确指无形资产。凡是那些具有专门名称，可单独取得、转让或出售的无形资产，称为可确指的无形资产，如专利权、商标权、著作权、专有技术、销售网络、客户关系、商业特许权、合同权益等；那些不可辨认、不可单独取得，离开企业整体就不复存在的无形资产，称为不可确指的无形资产，如商誉(见图5—1)。

3. 按有无专门法律保护分类

按有无专门法律保护，无形资产可分为法定无形资产和无专门法律保护的无形资产。法定无形资产包括专利权、商标权；无专门法律保护的无形资产包括非专利技术等。

4. 按是否具有明确的使用期限分类

按是否具有明确的使用期限，无形资产可以分为有期限的无形资产和无期限的无形资产。前者是指法律或合同等明确规定了使用期限的无形资产，如专利权、著作权、租赁权和土地使用权等；后者是指无法确定或无须确定使用期限的无形资产，如非专利技术、商誉等。

5. 按无形资产的性质和内容分类

按无形资产的性质和内容，无形资产可分为知识型无形资产、权利型无形资产、关系型无形资产和其他无形资产。知识型无形资产是指由知识形成的无形资产，主要包括专利权、专有技术、计算机软件等；权利型无形资产主要是指由契约或政府授权形成的无形资产，包括对物的权利(土地使用权、矿产开发权、租赁权等)和行为权利(如专营权、出口许可证、生产许可证

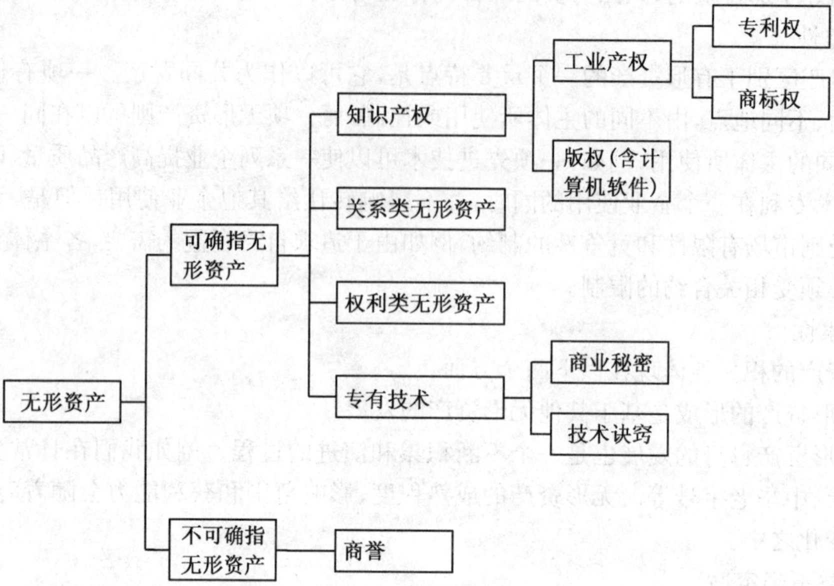

图 5-1 无形资产的分类

等);关系型无形资产主要是指企业在长期经营过程中与外界或内部员工之间形成的可以获得盈利条件的关系,如顾客关系、销售网络及雇员关系等形成的无形资产,其他无形资产主要包括商誉。

二、无形资产评估

(一)无形资产评估的前提

无形资产的使用能够产生超额收益,是无形资产评估的前提。

商品无形资产的价值,从本质上来说,是能为特定主体带来经济利益,亦即无形资产的获利能力,这种获利能力通常表现为企业的超额收益。所谓超额收益,是指无形资产所带来的、超出一般物质实体所能带来的额外收益,或者是超出行业或社会平均收益水平的收益。

为方便理解上述关于超额收益的论述,我们必须在头脑中构筑如下思维架构:我们所能接触到的几乎所有资产(商品)都是由有形资产(实体)和无形资产两部分共同组成的,例如衣服和附着在衣服上的商标,两者既有机统一,又各司其职,如同衣服为我们遮体避寒,商标的本义是标明厂家或来源,如今则体现着档次和身份,即二者在使用价值上是可以进行切割的。在品牌持有人和代工厂的概念早已为人们熟知的今天,二者在价值或价值创造上也可以非常方便地进行切割,如耐克在全世界不生产一双鞋,却获得了巨大的经济利益和家喻户晓的知名度。简而言之,我们认为资产(商品)可以分为有形资产和无形资产,两者通常一起出售,获得资产(商品)的总销售收入(收益),之所以称为总销售收入(收益),是因为按对总销售收入(收益)贡献不同,我们又可以将总销售收入(收益)划分为有形资产创造的一般的、正常的收入(收益)和无形资产带来的超额收入(收益),一般的、正常的收入(收益)实际上通常也是行业或者社会的平均收益水平。以上表述如图 5-2 所示。理解这些对于我们理解和掌握无形资产评估的价值基础,以及本章第二节无形资产评估的收益法的公式都非常重要。

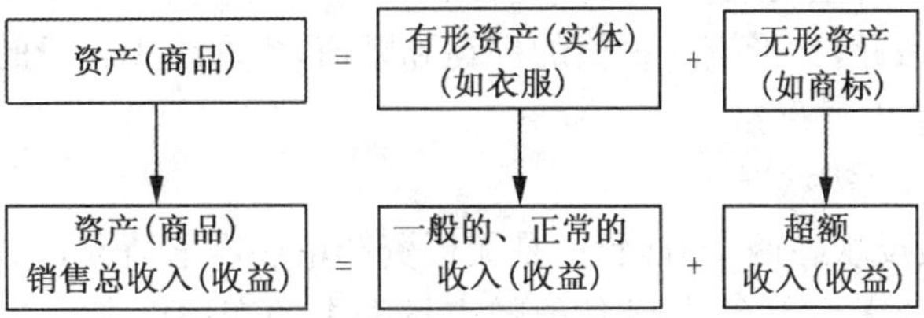

图 5—2　超额收益的示意图

(二)影响无形资产评估价值的因素

1. 无形资产的成本

无形资产与有形资产一样,也具有成本。只是与有形资产相比,其成本确定不十分明晰且不易于计量。对企业来说,外购无形资产较易确定,而自创成本计量更困难些。因为无形资产往往具有独特的特点,使其在研发过程中所耗费的劳动不具有横向比较性。同时,无形资产的研发与其研发中的阶段性成功和失败等密切结合,这部分成本很难确定。一般来说,这些成本项目包括创造发明成本、法律保护成本、发行推广成本等。

2. 机会成本

机会成本是指该项无形资产转让、投资、出售后所失去的市场以及损失收益的大小。

3. 预期效益

成本是从对无形资产补偿角度考虑的,但无形资产更重要的是它所能创造的收益。无形资产的价值体现了无形资产所拥有的超额获利能力。一项无形资产,在社会、环境、制度允许的条件下,获利能力越强,其评估值越高;获利能力越弱,评估值越低。有的无形资产,尽管其创造成本很高,但不为市场所需,或者收益能力低微,其评估值就很低。

4. 使用期限

无形资产一般有一定的使用期限。使用期限的长短,一方面取决于该无形资产的先进程度,另一方面取决于其无形损耗的大小。一般而言,无形资产越先进,其领先水平越高,使用期限越长。同样,其无形损耗程度越低,使用期限越长。考虑无形资产的期限,除了应当考虑法律保护期限外,更主要的是考虑其具有实际超额收益的期限(或者收益期限),比如某项发明专利,保护期 20 年,但由于无形损耗较大,拥有该项专利实际能获超额收益的期限为 10 年,则这 10 年即为评估该项专利时所应当考虑的期限。

5. 技术成熟程度

一般而言,科技成果都有一个发展—成熟—衰退的过程。科技成果的成熟程度如何,直接影响到评估值高低。其开发程度越高,技术越成熟,运用该技术成果的风险性越小,评估值就会越高。一项成熟程度不是很高的无形资产,在评估时应当分析其可能的成熟程度,正确估计其风险,从而合理确定其评估值。

6. 转让内容

从转让内容看,无形资产转让一般包括所有权转让和使用权转让。另外,关于转让过程的有关条款的规定,都会直接影响其评估值。就所有权转让和使用权转让来说,所有权转让的无形资产评估值一般高于使用权转让的评估值。在技术贸易中,同是使用权转让,由于其许可程度不同,也会影响评估值的高低。

7. 无形资产的发展趋势、更新换代情况和速度一项无形资产的寿命，主要取决于其损耗程度。该项无形资产的更新换代越快，无形损耗越大，其评估值越低。因此，无形资产价值的损耗和贬值，不取决于自身的使用损耗，而取决于本身以外的更新换代情况。

8. 无形资产的市场供需状况

市场供需状况一般反映在两个方面：一是无形资产市场需求情况，二是无形资产的适用程度。对于可出售、转让的无形资产，其评估值随市场需求的变动而变动。市场需求大，则评估值就高；市场需求小，且有同类无形资产替代，则其评估值就低。同样的，无形资产的适用范围越广，适用程度越高，需求者越多，需求量越大，其评估值就越高。

9. 同行业同类无形资产的交易方式

无形资产评估值的高低，还取决于无形资产交易、转让的价款支付方式、各种支付方式的提成基数、提成比例等。在评估无形资产时，应当予以综合考虑。

三、无形资产评估的程序

无形资产评估程序是评估无形资产的操作规程。评估程序既是评估工作规律的体现，也是提高评估工作效率、确保评估结果科学有效的保证，无形资产评估一般按下列程序进行：

(一)明确评估目的

无形资产因其评估目的不同，其评估的价值类型和选择的方法也不一样，评估结果也会不同。评估目的由发生的经济行为决定，从目前所发生的情况看，无形资产评估的目的一般包括转让、许可使用、出资、拍卖、质押、诉讼、损失赔偿、财务报告和纳税等。

(二)确认无形资产

对无形资产进行评估时，评估人员首先应对被评估的无形资产进行确认。这是进行无形资产评估的基础工作，直接影响到评估范围和评估价值的科学性。通过无形资产的确认，应当解决以下问题：一是确认无形资产的存在，二是区别无形资产的种类，三是确定其有效期限。

1. 确认无形资产的存在

主要是验证无形资产的来源是否合法，产权是否明确，经济行为是否合法、有效。可以从以下几方面进行：

(1)查询被估无形资产的内容、国家有关规定、专业人员评价情况、法律文书(如专利证书、商标注册证、著作权登记证书等)，核实有关资料的真实性、可靠性和权威性。

(2)分析无形资产使用所要求的与之相适应的特定技术条件和经济条件，鉴定其应用能力。

(3)核查无形资产是否为委托者所拥有或为他人所有。

(4)分析与评估委托的资产是否形成了无形资产。有的专利并没有实际经济意义，尽管已获得了专利证书。有的商标还没有使用，在消费者中间没有影响力，这些专利、商标没有形成无形资产。

2. 区别无形资产的种类

主要是确定无形资产的种类、具体名称、存在形式。有些无形资产是由若干项无形资产综合构成，应加以确认、合并或分离，避免重复评估和漏评估。如有的专利技术必须用与其相配套的其他专利技术及专有技术一起构成一项有实际效果的技术，而单从专利技术而言，难以发挥技术作用，这时，就应将专利技术、其他专利技术及专有技术一并作为一项无形资产进行评估。

3. 确定无形资产的有效期限

无形资产的有效期限是其存在的前提。某项专利权，如超过法律保护期限，就不能作为专利资产评估。有的未交专利年费，被视为撤回，专利权失效。有效期限对无形资产评估值具有很大影响，比如有的商标，历史越悠久，价值越高，当然有的商标时间长，但不一定有较高的价值。

（三）收集相关资料

收集无形资产的相关资料，一般来说这些资料的内容包括：

(1)有关无形资产权利的法律文件、权属有效性文件或其他证明资料；

(2)无形资产是否能带来显著、持续的可辨识经济利益；

(3)无形资产的性质和特点，目前和历史发展状况；

(4)无形资产的剩余经济寿命和法定寿命，无形资产的保护措施；

(5)无形资产实施的地域范围、领域范围、获得能力与获利方式；

(6)无形资产以往的评估及交易情况；

(7)无形资产实施过程中所受到国家法律、法规或其他资产的限制；

(8)无形资产转让、出资、质押等的可行性；

(9)类似无形资产的市场价格信息；

(10)宏观经济环境；

(11)行业状况及发展前景；

(12)企业状况及发展前景；

(13)其他相关信息。

（四）确定评估方法

应根据评估无形资产的具体类型、特点、评估目的、评估前提条件、评估原则及外部市场环境等具体情况，选用合适的评估方法。无形资产的评估方法主要包括市场法、收益法和成本法。

采用市场法评估无形资产，特别要注意被评估无形资产必须确实适合运用市场法的前提，确定具有合理比较基础的类似无形资产交易参照对象，收集类似无形资产交易的市场信息和被评估无形资产以往的交易信息。当与类似无形资产具有可比性时，根据宏观经济、行业和无形资产变化情况，考虑交易条件、时间因素、交易地点和影响价值的其他各种因素的差异，调整、确定评估值。

采用收益法时，要注意合理确定超额获利能力和预期收益，分析与之有关的预期变动、受益期限，与收益有关的资金规模、配套资产、现金流量、风险因素及货币时间价值。注意被评估无形资产收益额的计算口径与折现率口径保持一致，不要将其他资产带来的收益误算到被评估无形资产收益中；要充分考虑法律法规、宏观经济环境、技术进步、行业发展变化、企业经营管理、产品更新和替代等因素对无形资产收益期、收益额和折现率的影响，当与实际情况明显不符时，要分析产生差异的原因。

采用成本法进行评估时，要注意根据现行条件下重新形成或取得该项无形资产所需的全部费用(含资金成本和合理利润)确定评估值，在评估中要注意扣除实际存在的功能性贬值和经济性贬值。

（五）做出评估结论，整理并撰写报告

无形资产评估报告是无形资产评估过程的总结，也是评估者履行评估义务、承担法律责任的依据。评估报告要简洁、明确、避免误导。无形资产的评估报告应符合《资产评估准则——评估报告》的要求。应当强调的是，无形资产评估报告中要注重评估过程的陈述，明确阐述评估结论产生的前提、假设及限定条件，各种参数的选用依据，评估方法使用的理由及逻辑推理方式。

第二节　无形资产评估的收益法

从理论上看，无形资产的评估所运用的方法和有形资产一样，即收益法、成本法和市场法。但正如无形资产的定义所指出的，无形资产的价值取决于其创造收益能力，因此，收益法是无形资产评估中最重要也是最常用的方法。

一、无形资产评估中收益法的基本公式

根据无形资产的功能特性，无形资产评估中收益法的基本公式为：

$$\text{无形资产评估值} = \sum_{i=1}^{n} \frac{K \times R_i \times (1-T)}{(1+r)^i}$$

式中：K——无形资产分成率；

r——折现率；

R_i——分式基数，即销售收入或销售利润；

n——收益期限；

T——所得税税率。

二、收益法应用中各项参数指标的确定

(一)无形资产收益额的确定

无形资产收益额是由无形资产带来的超额收益。无形资产收益额的测算是采用收益法评估无形资产的关键步骤。下面介绍一些常用的方法。

1. 直接估算法

通过未使用无形资产与使用无形资产的前后收益情况对比分析，确定无形资产带来的收益额。在许多情况下，从无形资产为特定持有主体带来的经济利益上看，我们可以将无形资产划分为收入增长型和成本费用节约型。

(1)收入增长型无形资产。收入增长型无形资产是指无形资产应用于生产经营过程，能够使得产品的销售收入大幅度增加。增加的原因在于：

①生产的产品能够以高出同类产品的价格销售。形成的超额收益可以参考下式：

$$R=(P_2-P_1)\times Q\times(1-T)$$

式中：R——超额收益；

P_2——使用被评估无形资产后单位产品的价格；

P_1——未使用被评估无形资产前单位产品的价格；

Q——产品销售量；

T——所得税税率。

②生产的产品采用与同类产品相同价格的情况下，销售数量大幅度增加，市场占有率扩

大，从而获得超额收益。形成的超额收益可以参考下列公式：

$$R=(Q_2-Q_1)\times(P-C)\times(1-T)$$

式中：R——超额收益；

Q_2——使用被评估无形资产后产品的销售量；

Q_1——未使用被评估无形资产的产品的销售量；

P——产品价格；

C——产品的单位成本；

T——所得税税率。

销售量增加不仅可以增加销售收入，而且会引起成本的增加，因此估算销售量形成的超额收益时，必须扣减增加的成本。

(2)费用节约型无形资产。费用节约型无形资产是指应用无形资产使生产产品中的成本费用降低，从而形成超额收益。可以参考下列公式计算为投资者带来的超额收益：

$$R=(C_1-C_2)\times Q\times(1-T)$$

式中：R——超额收益；

C_1——未使用被评估无形资产的产品单位成本；

C_2——使用被评估无形资产后产品的单位成本；

Q——产品销售量；

T——所得税税率。

实际上，收入增长型和费用节约型无形资产的划分，是假定其他资产因素不变的情况下，为了明晰无形资产形成超额收益来源情况的人为划分方法。通常，在实际中，无形资产应用后，其资产因素也会发生变化，超额收益是各资产因素共同作用的结果。评估者应根据情况，加以综合性的运用和测算，以科学地测算超额收益。

2. 差额法

当无法将使用无形资产和没有使用无形资产的收益情况进行对比时，可以将无形资产和其他类型资产在经济活动中的综合收益与行业平均水平进行比较，进而得到无形资产的超额收益。

(1)收集有关使用无形资产的产品生产经营活动财务资料，进行盈利分析，得到经营利润和销售利润率等基本数据。

(2)对上述生产经营活动中的资金占用情况(固定资产、流动资产和已有账面价值的其他无形资产)进行统计。

(3)收集行业平均收益率等指标及相关参数。

(4)计算无形资产带来的超额收益。

无形资产带来的超额收益＝净利润－净资产总额×行业平均净利润率

使用这种方法，应注意这样计算出来的超额收益，有时不完全由被评估无形资产带来(除非能够认定只有这种无形资产存在)，也有可能是企业全部无形资产的超额收益，还需进行分解处理。

3. 分成率法

无形资产附着于有形资产发挥作用并产生共同收益，因此，无形资产收益额通过分成率来获得。即：

无形资产收益额＝销售收入(利润)×销售收入(利润)分成率×(1－所得税税率)

对于销售收入(利润)的测算已不是较难解决的问题,重要的是确定无形资产分成率。既然分成对象是销售收入或销售利润,那么,就有两个不同的分成率。而实际上,由于销售收入与销售利润有内在的联系,可以根据销售利润分成率推算出销售收入分成率,反之亦然。

因为:

$$\begin{aligned}收益额&=销售收入\times 销售收入分成率\times(1-所得税税率)\\&=销售利润\times 销售利润分成率\times(1-所得税税率)\end{aligned}$$

所以:

$$销售收入分成率=销售利润分成率\times 销售利润率$$

$$销售利润分成率=销售收入分成率\div 销售利润率$$

在无形资产转让实务上,一般是确定一定的销售收入分成率,俗称“抽头”。例如,在国际市场上一般技术转让费不超过销售收入的1%～10%,如果按社会平均销售利润率10%推算,当技术转让费为销售收入的3%时,则利润分成率为30%。从销售收入分成率本身很难看出转让价格是否合理,但是,换算成利润分成率,则可以加以判断。评估人员在利用分成率法确定无形资产收益额时要根据实际情况分析,合理确定分成收益。

销售收入分成率的确定是以销售利润分成率为基础的。而利润分成率的确定,是以无形资产带来的追加利润在利润总额中所占的比例为基础的。确定利润分成率的方法主要有边际分析法、约当投资分成法等。

(1)边际分析法。边际分析法是以使用无形资产前后企业实现的利润差额即新增利润占无形资产使用后企业总利润的比例来确定利润分成率的方法。无最低收费额时的无形资产利润分成率可以用公式表示为:

$$无形资产利润分成率=\frac{\sum 无形资产使用后的新增利润现值}{\sum 无形资产使用后的总利润现值}$$

【例 5-1】 企业转让非专利技术,经对该技术边际贡献因素进行分析,测算在其生命期间各年度分别可带来追加利润300万元、250万元、200万元,各年利润总额分别为700万元、650万元、600万元,折现率为10%。试评估该项无形资产的利润分成率。

解:利润总额现值为:

$700\times(P/F,10\%,1)+650\times(P/F,10\%,2)+600\times(P/F,10\%,3)$

$=700\times 0.9091+650\times 0.8264+600\times 0.7513=1\ 624.31$(万元)

追加利润现值为:

$300\times(P/F,10\%,1)+250\times(P/F,10\%,2)+200\times(P/F,10\%,3)$

$=300\times 0.9091+250\times 0.8264+200\times 0.7513=629.59$(万元)

$$无形资产利润分成率=\frac{629.59}{1\ 624.31}\times 100\%=38.76\%$$

(2)约当投资分成法。约当投资分成法是将卖方的无形资产投资与买方的资产投资,按照各自的适用成本利润率,折合成约当投资量,然后按照各自约当投资量的比例关系确定利润分成率的方法。用公式表示为:

$$无形资产的约当投资量=无形资产的重置成本\times(1+适用成本利润率)$$

$$买方资产的约当投资量=买方投入的总资产的重置成本\times(1+适用成本利润率)$$

$$无形资产利润分成率=\frac{无形资产的约当投资量}{无形资产的约当投资量+买方资产的约当投资量}\times 100\%$$

【例 5－2】 2012 年 3 月，甲公司拥有一项专利技术，重置成本为 200 万元，经测算专利技术的成本利润率为 300%。现拟向乙公司原资产评估确定的重置成本为 4 000 万元，成本利润率为 10%。要求：分别计算专利技术和乙公司资产的约当投资量，并计算专利技术的利润分成率。

解：约当投资量分别为：

专利技术约当投资量＝200×(1＋300%)＝800(万元)

乙公司约当投资量＝4 000×(1＋10%)＝4 400(万元)

$$利润分成率=\frac{800}{800+4\ 400}\times 100\%=15.38\%$$

(二)无形资产评估中折现率的确定

折现率一般包括无风险报酬率和风险报酬率。一般来说，无形资产投资收益高，风险性强，因此，无形资产评估中折现率往往要高于有形资产评估的折现率。评估时，评估者应根据无形资产的不同种类与情况，对未来收益的风险影响因素，及收益获得的其他外部因素进行分析，科学地测算其风险利率，以进一步测算出其适合的折现率。另外，折现率的口径应与无形资产评估中采用的收益额的口径保持一致。

(三)无形资产收益期限的确定

无形资产收益期限或称有效期限，是指无形资产发挥作用，并具有超额获利能力的时间。有些无形资产在发挥作用的过程中，其损耗是客观存在的。无形资产损耗的价值量，是确定无形资产有效期限的前提。无形资产因为没有物质实体，所以，它的价值不会由于它的使用期的延长发生实体上的变化，即它不像有形资产那样存在由于使用或自然力作用形成的有形损耗。然而，无形资产价值降低是由于无形损耗形成的，具体来说，主要有下列三种情况产生：

(1)新的、更为先进、更经济的无形资产出现，这种新的无形资产可以替代旧的无形资产，使采用原无形资产无利可图时，原有无形资产的价值就丧失了。

(2)因为无形资产传播面扩大，其他企业普遍合法地掌握这种无形资产，使拥有这种无形资产的企业获取超额收益的能力降低，它的价值也就减小。

(3)企业拥有的某项无形资产所决定的产品需求大幅度下降时，这种无形资产的价值就会减少，以致完全丧失。以上说明的是确定无形资产的有效期限的理论依据。需要强调的是，无形资产具有获得超额收益能力的时间才是真正的无形资产有效期限。

在资产评估实践中，预计和确定无形资产的有效期限，可依照下列方法确定：

(1)法律或合同、企业申请书分别规定有法定有效期限和受益年限的，可按照法定有效期限与受益年限孰短的原则确定。

(2)法律未规定有效期，企业合同或企业申请书中规定有受益年限的，可按照规定的受益年限确定。

(3)法律和企业合同或申请书均未规定有效期限和受益年限的，按预计受益期限确定。预计受益期限可以采用统计分析或与同类资产比较得出。

同时应该注意的是，无形资产的有效期限可能比其法定保护期限短，因为它们要受许多因素的影响，如废弃不用、人们爱好的转变以及经济形势变化等，特别是科学技术发达的今天，无形资产更新周期加快，使得其经济寿命缩短。评估时，对这种情况都应给予足够的重视。

第三节 无形资产评估的成本法

一、无形资产成本的特性

无形资产成本包括研制或取得、持有期间的全部物化劳动和活劳动的费用支出。其成本特性，尤其是研制、形成费用，明显区别于有形资产。

1. 不完整性

与购创无形资产相对应的各项费用是否计入无形资产的成本，是以费用支出资本化为条件的。在企业生产经营过程中，科研费用一般是比较均衡地发生的，并且比较稳定地为生产经营服务，因而我国现行财务制度一般把科研费用从当期生产经营费用中列支，而不是对科研成果进行费用资本化处理，再按无形资产折旧或摊销的办法从生产经营费用中补偿。这种办法简便易行，大体上符合实际，并不影响无形资产的再生产。但这样一来，企业账簿上反映的无形资产成本就是不完整的，大量账外无形资产的前期成本的存在是不可忽视的客观事实。同时，即使是按国家规定进行费用支出资本化的无形资产的成本核算一般也是不完整的。因为无形资产的创立具有特殊性，有大量的前期费用，如培训、基础开发或相关试验等往往不计入该无形资产的成本，而是通过其他途径进行补偿。

2. 弱对应性

无形资产的创建经历基础研究、应用研究和工艺生产开发等漫长过程，成果的出现带有较大的随机性和偶然性，其价值并不与其开发费用和时间产生某种既定的关系。如果在一系列的研究失败之后偶尔出现一些成果，由这些成果承担所有的研究费用显然不够合理。而在大量的先行研究（无论是成功，还是失败）成果的积累之上，往往可能产生一系列的无形资产，然而，继起的这些研究成果是否应该以及如何承担先行研究的费用也很难明断。

3. 虚拟性

既然无形资产的成本具有不完整性、弱对应性特点，因而无形资产的成本往往是相对的。特别是一些无形资产的内涵已经远远超出了它的外在形式的含义，这种无形资产的成本只具有象征意义。例如商标权，其成本核算的是商标设计费、登记注册费、广告费等。而商标的内涵是标示商品质量信誉的，这是一种商标比另一种商标知名的根本所在。这种无形资产实际上包括了该商品使用的特种技术、配方和多年的经验积累，而商标形式本身所耗费的成本只具有象征性。

二、成本法在无形资产评估中的应用

采用成本法评估无形资产，其基本公式为：

$$\text{无形资产评估值}=\text{无形资产重置成本}\times(1-\text{贬值率})$$

从这一公式看出，估算无形资产重置成本（或称重置完全成本）和贬值率，从而科学确定无形资产评估值，是评估者所面临的重要工作。就无形资产重置成本而言，它是指现时市场条件下重新创造或购置一项全新无形资产所耗费的全部货币总额。根据企业取得无形资产的来源情况，无形资产可以划分为自创无形资产和外购无形资产。不同类型的无形资产，其重置成本构成和评估方式不同，需要分别进行估算。

1. 自创无形资产重置成本的估算

自创无形资产的成本是由创制该资产所消耗的物化劳动和活劳动费用构成的，自创无形资产如果已有账面价格，由于它在全部资产中的比重一般不大，可以按照定基物价指数做相应调整，即得到重置成本。在实务上，自创无形资产往往无账面价格，需要进行评估。其方法主要有两种：

(1)核算法。核算法的基本计算公式为：

$$无形资产重置成本=成本+期间费用+合理利润$$

其中，

$$期间费用=管理费用+财务费用+销售费用$$

期间费用，是指创建无形资产过程中分摊到该项无形资产的费用。

(2)倍加系数法。对于投入智力比较多的技术型无形资产，考虑到科研劳动的复杂性和风险，可用以下公式估算无形资产重置成本：

$$无形资产重置成本=\frac{C+\beta_1 V}{1-\beta_2}\times(1+L)$$

式中：C——无形资产研制开发中的物化劳动消耗；

V——无形资产研制开发中的活劳动消耗；

β_1——科研人员创造性劳动倍加系数；

β_2——科研的平均风险系数；

L——无形资产投资报酬率。

2. 外购无形资产重置成本的估算

外购无形资产一般有购置费用的原始记录，也可能有可以参照的现行交易价格，评估相对比较容易。外购无形资产的重置成本包括购买价和购置费用两部分，一般可以采用以下两种方法：

(1)市价类比法。在无形资产交易市场中选择类似的参照物，再根据功能和技术先进性、适用性对其进行调整，从而确定其现行购买价格，购置费用可根据现行标准和实际情况核定。

(2)物价指数法。它是以无形资产的账面历史成本为依据，用物价指数进行调整，进而估算其重置成本。其计算公式为：

$$无形资产重置成本=无形资产账面成本\times\frac{评估时物价指数}{购置时物价指数}$$

从无形资产价值构成来看，主要有两类费用：一类是物质消耗费用，另一类是人工消耗费用。前者与生产资料物价指数相关度较高，后者与生活资料物价指数相关度较高，并且最终通过工资、福利标准的调整体现出来。不同的无形资产两类费用的比重可能有较大差别，一些需利用现代科研和实验手段的无形资产，物质消耗的比重就比较大。在生产资料物价指数与生活资料物价指数差别较大的情况下，可按两类费用的大致比例按结构分别适用生产资料物价指数与生活资料物价指数估算。两种价格指数比较接近，且两类费用的比重有较大倾斜时，可按比重较大费用类适用的物价指数来估算。

【例5—3】 某企业2010年外购的一项无形资产账面价值为80万元，2014年进行评估，试按物价指数法估算其重置完全成本。分析：经鉴定，该无形资产系运用现代先进的实验仪器经反复试验研制而成，物化劳动耗费的比重较大，可适用生产资料物价指数。根据资料，此项无形资产购置时物价指数和评估时物价指数分别为120%、150%，故该项无形资产的重置完全成本为：

$$80\times\frac{150\%}{120\%}=100(\text{万元})$$

3. 无形资产贬值率的估算

通常，无形资产贬值率的确定，可以采用专家鉴定法和剩余经济寿命预测法进行。

(1)专家鉴定法。专家鉴定法是指邀请有关技术领域的专家，对被评估无形资产的先进性、适用性做出判断，从而确定其贬值率的方法。

(2)剩余经济寿命预测法。它是由评估人员通过对无形资产剩余经济寿命的预测和判断，从而确定其贬值率的方法。其计算公式为：

$$\text{贬值率}=\frac{\text{已使用年限}}{\text{已使用年限}+\text{剩余使用年限}}\times100\%$$

公式中，已使用年限比较容易确定，剩余使用年限应由评估人员根据无形资产的特征，分析、判断获得。

贬值率是运用成本法评估有形资产时使用的一个重要概念，无形资产不存在有形损耗，用成本法评估无形资产时只是为了操作上的方便借用这一概念，因此它的运用也受到较大程度的限制。在评估实践中，一般选择综合考虑了被评无形资产的各种无形损耗(功能和经济方面的)后的折算比率。在确定适用的贬值率时应注意无形资产使用效用与时间的关系，这种关系通常是非线性的。有的无形资产其效用呈非线性递减(如技术型无形资产)，有的无形资产其效用在一定时间内呈非线性递增(如商标、商誉等)。评估人员应对这种变化趋势进行分析并予以说明。

第四节　专利权和非专利技术评估

一、专利权的概念及特点

1. 专利权的概念

专利权是指国家专利主管机关依法授予发明创造专利申请人对其发明创造在法定期限内所享有的独占使用权、转让权、许可权、标记权和权。这种独占专有权表现在：专利权人依法享有对其发明创造的制造、使用、销售或转让的权利。专利权的范围通常由国家的专利权法进行规范。专利权包括发明、实用新型和外观设计三种。

2. 专利权的特点

(1)独占性

独占性也称为排他性，即对同一内容的技术发明只授予一次专利。对于已取得专利权的技术，任何人未经许可不得制造、使用和销售。

(2)地域性

任何一项专利只在其授权的地域范围内才具有法律效力，而在其他地域范围内不具有法律效力。

(3)时间性

依法取得专利权只在法定期限内受法律保护，期满后专利权人的专利权自行终止。我国专利法中规定，发明专利权的保护期限为20年，实用新型专利和外观设计专利的保护期限为10年，法定有效时间自专利申请之日起计算。

(4)共享性

专利权的共享性是指专利权人可以许可多家买主在同一时间、同时使用同一专利资产。

二、专利资产评估程序

(一)专利权的评估目的

依专利权发生的不同经济行为，按特定目的确定专利权评估的价值类型和方法。对于在不同情形下的专利权以及不同转让形式，确定的评估方法也不相同。专利权转让一般有两种情形：一种是刚刚研究开发的新专利技术，专利权人尚未投入使用，就直接转让给接受方；另一种情形是转让的专利已经过长期的或一段时间的生产，是行之有效的成熟技术。

专利权转让形式很多，但总的来说，可以分为全权转让和使用权转让。使用权转让往往通过专利许可证贸易形式进行，这种使用权的权限、时间期限和地域范围与处理纠纷的仲裁程序都是在专利许可证合同中加以明确的。

1. 使用权限

按专利使用权限的大小可分为：

(1)独占使用权，是指在许可合同所规定的时间和地域范围内卖方只把专利权许可给某一特定买主，买方不得卖给第二家买主。同时卖主自己也不得在合同规定范围内使用该专利和销售该专利生产的产品。显然，这种转让的卖方索价会比较高。

(2)排他使用权，亦称独家使用权，是指卖方在合同规定的时间和地域范围内只把专利授予买方使用，同时卖方自己保留使用权和产品销售权，但不再将该专利转让给第三者。

(3)普通使用权，是指卖方在合同规定的时间和地域范围内可以向多家买主转让专利，同时卖方自己也保留专利使用权和产品销售权。

(4)回馈转让权，是指卖方要求买方在使用过程中将转让技术的改进和发展反馈给卖方的权利。

2. 地域范围

大多数专利许可合同都规定明确的地域范围，如某个国家或地区，买方的使用权不得超过这个地域范围。

3. 时间期限

专利许可合同一般规定有效期限，时间的长短，因技术而异。一项专利技术的许可期限一般要和该专利的法律保护期相适应。

4. 法律和仲裁

技术许可证合同是法律文件，是依照参与双方所在国的法律来制定的，因此受法律保护。当一方毁约时，另一方可循法律程序追回损失的权益。

(二)确认专利权的存在

作为被评估的专利权，应具有明确的、核心的、区别于其他已有技术的实质性内容。证明和鉴定专利权的存在，首先应由企业提供有关专利权的详细说明，特别是关于该专利权先进性和实质性内容的资料，关于专利权的产权界定资料，这些资料包括权利要求书、专利证书、有关法律性文件等。然后，应由有关专家鉴定该项专利权的有效性和可用性。

(三)确定评估方法,搜集相关资料

1. 需要搜集的资料

专利权评估最常用的方法是收益法,有时也会用到成本法。方法的运用不在于其表达形式,更重要的是有关技术指标参数的确定,因此,搜集相关资料并加以选择和整理是一项重要的工作。需要搜集的资料主要有:(1)该项专利权的研制、开发成本。(2)关于该项专利的先进性、适用性与经济合理性的有关权威部门的鉴定与证明文件;(3)技术成熟度和预期寿命;(4)预期在何种生产规模下该专利的应用可能产生的效益;(5)市场预测情况,包括市场需求、占有率、同行业或同类产品的竞争情况,行业平均收益率等;(6)该专利的转让情况,包括转让方式、转让次数、地区等;(7)预期定价范围。

2. 对搜集的资料加以整理和分析

(1)技术状况分析,包括技术先进性确认、技术成熟程度和生命周期分析等。就技术成熟程度而言,一项技术的成长具有四个阶段,即开发、发展、成熟和衰退四个时期。虽然同是被授予专利的技术,但其成熟程度差异很大。有的已经过工业化试验阶段,不需要做进一步的二次开发,有的却不够成熟,仅仅完成了开发,对于批量生产中的许多问题,如原材料来源问题等都尚未考虑到,在运用中风险较大。

生命周期分析即专利权的可能有效利用的年限。尽管专利权按发明专利、外观设计和实用新型规定有不同的法律保护期限,但这一期限在评估时仅供参考。

(2)收益能力分析。收益能力高低是评估专利权价值高低的重要标准。收益能力的分析,应结合未来预测期内的投资量、生产规模、产量、价格、销售额、成本、利润的预测进行。

(3)市场分析,包括应用该项专利技术的产品市场需求总量分析、市场占有率分析、风险分析等。

(4)投资可行性分析。通过分析确定各有关技术参数、指标,最后进行评定、估算,确定评估值。

(四)完成评估报告,并加以详尽说明

评估报告是专利权评估结果的最终反映,但这种结果是建立在各种分析、假设基础之上的。为了说明评估结果的有效性和实用性,评估报告中应详尽说明评估中的各有关内容,这些内容包括:

1. 专利技术成熟度

如该专利技术已经付诸实施,应说明其实施运用情况、技术本身先进程度、有无转让记录、实施中若干问题等;如该专利尚未实施,应说明评估值测定中的依托条件,包括技术本身、受让方条件、市场预测等。

2. 接受方可受度的分析

成熟的专利技术对接受方的要求,即可受度。包括对接受方基础设施、技术素质、投资规模、资金需求等方面的要求和预测。

这些分析有助于说明评估结果的有效性和适用性,也是用以说明报告者承担法律责任和义务的区间,同时也为买卖双方提供分析的数据。

三、专利权的评估方法

专利资产的主要评估方法有收益法、成本法。

(一)收益法

收益法应用于专利权评估，根本的问题还是如何寻找、判断、选择和测算评估中的各项技术指标和参数，即专利权的收益额、折现率和获利期限。

专利权的收益额是指直接由专利权带来的超额收益，超额收益的测算通常可以通过直接测算法和利润分成率法获得。具体做法已在本章第二节相关部分有详细介绍，此处不再赘述。只是需要强调的是，无论哪种方法确定的超额收益，都要在合理确定折现率和收益期限的基础上做折现处理。

【例 5—4】 北京某科技发展公司 5 年前自行开发了一项大功率电热转换器及其处理技术，并获得发明专利证书，专利保护期为 20 年。现在，该公司准备将该专利权出售给京郊某乡镇企业，现需要对该项专利资产进行评估。评估分析和计算过程如下：

(1)评估对象和评估目的。由于北京某科技发展公司拟出售该项专利，因此，评估的是该专利技术的所有权。

(2)确认专利权。该项技术已申请专利，该技术所具备的基本功能可以从专利说明书以及有关专家鉴定书中得到。此外，该项技术已在北京某科技发展公司使用了 5 年，产品已进入市场，并深受消费者欢迎，市场潜力较大。

(3)选择评估方法。该项专利技术具有较强的获利能力，而且，同类型技术在市场上被授权使用的情况较多，分成率容易获得，从而为测算收益额提供了保证。因此，决定采用收益法进行评估。

(4)判断与确定评估参数。根据对该类专利技术的更新周期以及市场上产品更新周期的分析，确定该专利技术的剩余使用期限为 4 年。根据对该类技术的交易实例的分析，以及该技术对产品生产的贡献性分析，采用销售收入的分成率为 3%。根据过去经营绩效以及对未来市场需求的分析，评估人员对未来 4 年的销售收入进行预测，结果如表 5—1 所示。

表 5—1　　预期销售收入测算结果

年　度	销售收入(万元)
第 1 年	600
第 2 年	750
第 3 年	900
第 4 年	900

根据当期的市场投资收益率，确定该专利资产评估中采用的折现率为 10 %。

(5)计算评估值。得出结论见表 5—2 。

表 5—2　　评估值计算表　　单位：万元

年　度	销售收入 ①	分成额 ②=①×3%	税后净额 ③=②×(1−25%)	收益现值 (r=10%)
第 1 年	600	18	13.5	12.27
第 2 年	750	22.5	16.875	13.95
第 3 年	900	27	20.25	15.21
第 4 年	900	27	20.25	13.83
合　计				55.26

（二）成本法

成本法应用于专利资产的评估，重要的在于分析与计算其重置完全成本构成、数额以及相应的贬值率。专利资产分为外购和自创两种，外购专利资产的重置成本确定比较容易。自创专利资产的成本一般由下列因素组成：

1. 研制成本

可以分为直接成本和间接成本两大类。

（1）直接成本，是指研制过程中直接投入发生的费用，一般包括：

①材料费用，即为完成技术研制所耗费的各种材料费用；

②工资费用，即参与研制技术的科研人员和相关人员的费用；

③专用设备费，即为研制开发技术所购置专用设备的摊销；

④资料费，即研制开发技术所需的图书、资料、文献、印刷等费用；

⑤咨询鉴定费，即为完成该项目发生的技术咨询、技术鉴定费用；

⑥协作费，即项目研制开发过程中某些零部件的外加工费以及使用外单位资源的费用；

⑦培训费，即为完成本项目，委派有关人员接受技术培训的各种费用；

⑧差旅费，即为完成本项目发生的差旅费用；

⑨其他费用。

（2）间接成本，是指与研制开发有关的费用，主要包括：

①管理费，即为管理、组织本项目开发所负担的管理费用；

②非专用设备折旧费，即采用通用设备、其他设备所负担的折旧费。

2. 交易成本

发生在交易过程中的费用支出，主要包括：

（1）技术服务费，即卖方为买方提供专家指导、技术培训费；

（2）交易过程中的差旅费及管理费，即谈判人员和管理人员参加技术洽谈会及在交易过程中发生的食宿及交通费等；

（3）手续费，即指有关的公证费、审查注册费、法律咨询费等；

（4）税金，即无形资产交易、转让过程中应缴纳的营业税。

3. 专利费

即为申请和维护专利权所发生的费用，包括专利代理费、专利申请费、实质性审查请求费、维护费、证书费、年费等。

由于评估目的的不同，其成本构成的内涵也不一样，在评估时应视不同情形考虑以上成本的全部或一部分。

下面举例说明成本法用于专利权评估的过程。

【例 5—5】 某实业股份有限公司由于经营管理不善，企业经济效益不佳，亏损严重，将要被同行业的利达股份有限公司兼并，需要对某实业股份有限公司的全部资产进行评估。该公司有一项专利技术（实用新型），两年前自行研制开发并获得专利证书。现需要对该专利权进行评估。

评估分析和计算过程如下：

（1）确定评估对象。该项专利资产系某实业股份有限公司自行研制开发并申请的专利权，该公司对其拥有所有权。被兼并企业资产中包括该项专利技术，因此，确定的评估对象是专利资产的完全产权。

(2)技术功能鉴定。该专利资产的专利权证书与技术检验报告书均齐全。根据专家鉴定和现场勘察，表明该项专利技术应用中对于提高产品质量、降低产品成本均有很大作用，效果良好，与同行业同类技术相比较，处于领先水平。至于企业经济效益不佳、产品滞销的原因在于企业管理人员素质较低、管理混乱。

(3)选择评估方法。由于该公司经济效益欠佳，很难确切地预计该项专利技术的超额收益；同类技术在市场上尚未发现有交易案例，故选用成本法。

(4)各项评估参数的估算。首先，分析与测算其重置完全成本。该项专利技术系自创形成，其开发形成过程中的成本资料可从企业中获得。具体如下：

材料费用	50 000 元
工资费用	20 000 元
专用设备费	5 000 元
资料费	2 000 元
咨询鉴定费	4 000 元
培训费	3 000 元
差旅费	3 500 元
管理费分摊	2 000 元
非专用设备折旧费分摊	9 000 元
专利费用及其他	4 000 元
合计	102 500 元

根据专利技术开发的过程分析，各类消耗仍按过去实际发生定额计算，对其价格可按现行价格计算。根据考察、分析和测算，近两年生产资料价格上涨指数分别为 8%和 10%。因生活资料物价指数难以获得，该专利技术开发中工资费用所占份额很少，因此，可以将全部成本按生产资料价格指数调整，即可估算出重置完全成本。

$$
\begin{aligned}
\text{重置完全成本} &= 102\ 500 \times (1+8\%) \times (1+10\%) \\
&= 121\ 770(\text{元})
\end{aligned}
$$

其次，确定该项专利权的贬值率。该项实用新型的专利技术，法律保护期限为 10 年，但根据专家鉴定、分析和预测，该项专利技术使用期限为 8 年，现已使用了 2 年，剩余使用年限为 6 年，由此可以计算贬值率为：

$$\frac{2}{2+6} \times 100\% = 25\%$$

(5)计算评估值

$$\text{该项专利资产的评估值} = 121\ 770 \times (1-25\%) = 91\ 327.5(\text{元})$$

四、非专利技术的评估

(一)非专利技术的概念及特点

非专利技术又称为专有技术、技术秘密，是指未经公开或未申请专利但能为拥有者带来超额经济利益或竞争优势的知识或技术。主要包括设计资料、技术规范、工艺流程、材料配方、经营诀窍和图纸、数据等技术资料。非专利技术与专利权不同，从法律角度讲，它不是一种法定的权利，而仅仅是一种自然的权利，是一项收益性无形资产。从这一角度来说，进行非专利技术的评估，首先应该鉴定非专利技术，分析、判断其存在的客观性。这一判断要比专利权的判断略显复杂。

非专利技术有如下特点：

1. 实用性

非专利技术的价值取决于其是否能够在生产实践过程中操作，不能应用的技术不能称为非专利技术。

2. 新颖性

非专利技术所要求的新颖性与专利技术的新颖性不同，非专利技术并非要具备独一无二的特性不可，但它也绝不能是任何人都可以随意得到的东西。

3. 获利性

非专利技术必须有价值，表现在它能为企业带来超额利润。价值是非专利技术能够转让的基础。

4. 保密性

保密性是非专利技术的最主要特性。如前所述，非专利技术不是一种法定的权利，其自我保护是通过保密性进行的。

(二)非专利技术与专利技术的区别

(1)非专利技术具有保密性，而专利技术则是在专利法规定的范围内公开的。一项技术一经公开，获取它所耗费的时间与投资远远小于研制它所耗费的时间和投资，必须要有法律手段保护发明者的所有权。而没有专利权又不公开的技术，所有者只有通过保密手段进行自我保护。

(2)非专利技术的内容范围很广，包括设计资料、技术规范、工艺流程、材料配方、经营诀窍和图纸等。

(3)专利技术有明确的法律保护期限，非专利技术没有法律保护期限。

(4)专利技术受《中华人民共和国专利法》的保护，对非专利技术进行保护的法律主要有《中华人民共和国合同法》、《中华人民共和国反不正当竞争法》等。

(三)影响非专利技术价值的因素分析

在非专利技术评估中，应注意研究影响非专利技术评估值的各项因素。这些因素包括：

1. 非专利技术的使用期限

非专利技术依靠保密手段进行自我保护，没有法定保护期限。但是，非专利技术作为一种知识和技巧，会因技术进步、市场变化等原因被先进技术所替代。作为非专利技术本身，一旦成为一项公认的使用技术，它就不存在无形资产价值了。因此，非专利技术的使用期限应由评估者根据本领域的技术发展情况、市场需求情况及技术保密情况进行估算，也可以根据双方合同的规定期限、协议情况估算。

2. 非专利技术的预期获利能力

非专利技术的价值在于非专利技术的使用所能产生的超额获利能力。因此，评估时应充分研究与分析非专利技术的直接和间接获利能力，这是确定非专利技术评估值的关键，也是评估过程中的困难所在。

3. 分析非专利技术的市场情况

技术商品的价格也取决于市场供求情况。市场需求越大，其价格越高，反之则低。从非专利技术本身来说，一项非专利技术的价值高低取决于其技术水平在同类技术中的领先程度。在科学技术高速发展的情况下，技术更新换代的速度加快，无形损耗加大，一项非专利技术很难持久处于领先水平。另外，非专利技术的成熟程度和可靠程度对其价值量也有很大的影响。技术越成熟、可靠，其获利能力越强，风险越小，卖价越高。

4. 非专利技术的开发成本

非专利技术取得的成本，也是影响非专利技术价值的因素。评估中应根据不同技术特点，研究开发成本和其获利能力的关系。

5. 保密措施

对非专利技术的保密措施的核查，是核查非专利技术是否处于保密状态及易于公开的环节。评估中，评估人员可从核心技术人员的流动情况、保密协议及保密制度以及其他相关的保密措施入手核查。

(四)非专利技术的评估方法

非专利技术的评估方法与专利资产评估方法基本相同。下面举例介绍非专利技术评估中成本法的应用。

【例 5－6】 某企业有 10 000 张不同类型的产品设计图纸，已使用 8 年，有 2 000 张仍可以作为有效的非专利技术资产，预计剩余经济使用年限为 2 年，现在每张图纸的重置成本为 300 元。试计算该图纸的价值。

解：该批图纸的重置成本＝2 000×300＝600 000(元)

该批图纸的贬值率＝8/(8＋2)＝80％

该批图纸的评估值＝600 000×(1－80％)＝120 000(元)

第五节 商标权评估

一、商标权评估概述

(一)商标及其分类

商标是商品或服务的标记，是商品生产者或经营者为了把自己的商品或服务区别于他人的同类商品或服务，在商品上或服务中使用的一种特殊标记，包括文字、图形、字母、数字、三维标志、颜色组合和声音等，以及上述要素的组合。

商标的作用表现在以下方面：商标表明商品或服务的来源，说明该商品或服务来自何企业；商标能把一个企业提供的商品或服务与其他企业的同一类商品或服务相区别；商标标志一定的商品或服务的质量；商标反映向市场提供某种商品或服务的特定企业的声誉。

消费者通过商标可以方便其购买，并享受某种特定商标的商品为其带来的愉悦感，企业也可以通过商标宣传自己的商品或服务，提高企业的知名度。从经济学角度来讲，商标的这些作用最终能为企业带来超额收益。从法律角度来说，保护商标也就是保护企业获取超额收益的权利。

商标的种类很多，可以依照不同标准予以分类。

1. 按商标是否具有法律的专用权分类

按商标是否具有法律保护的专用权，可以分为注册商标和未注册商标。我国《商标法》规定："经商标局核准注册的商标为注册商标，商标注册人享有商标专用权，受法律保护。" 我们所说的商标权的评估，指的是注册商标专用权的评估。

2. 按商标的构成分类

按商标的构成，可以划分为文字商标、图形商标、符号商标、文字图形组合商标、色彩商标、三维标志商标、声音商标等。

3. 按商标的不同作用分类

按商标的不同作用，可以分为商品商标、服务商标、集体商标和证明商标等。

（二）商标权中的经济权利

商标权是商标注册后，商标所有者依法享有的权益，它受到法律保护，未注册的商标不受法律保护。商标权是以申请注册的时间先后为审批依据，而不以使用时间先后为审批依据。商标权一般包括排他专用权（或独占权）、转让权、许可使用权、继承权等。排他专用权是指注册商标的所有者享有禁止他人未经其许可而在同一种商品、服务或类似商品、服务上使用其商标的权利。转让权是商标所有者作为商标权人，享有将其拥有的商标转让给他人的权利。我国《商标法》规定："转让注册商标的，转让人和受让人应当签订转让协议，并共同向商标局提出申请。受让人应当保证使用该注册商标的商品质量。""转让注册商标经核准后，予以公告。"许可使用权是指商标权人依法通过商标使用许可合同允许他人使用其注册商标。商标权人通过使用许可合同，转让的是注册商标的使用权。继承权是指商标权人将自己的注册商标交给指定的继承人继承的权利，但对这种继承必须依法办理有关手续。

二、影响商标权价值的因素

商标权作为一种无形资产，其经济价值并非简单地由设计、制作、申请、保护等方面所耗费用而形成的，广告宣传有利于扩大商标的知名度，并需要花费高额费用，但这些费用对商标权价值起影响作用，而不是决定作用。商标权的经济价值体现为它能获得超额收益，不能带来超额收益，商标权也就不具有经济价值。商标带来的超额收益，是它所代表的企业的商品质量、性能、服务等因素的综合性效用，是对企业生产经营的素质，尤其是技术状况、管理状况、营销技能的综合反映。商标资产价值的评估应重点考虑以下几个方面。

（一）商标的法律状态

1. 商标注册情况

我国实行的是"不注册使用与注册使用并行，仅注册才能产生专用权"的商标专用权制度。按照这种制度，只有获得了注册的商标使用人才享有专用权，才有权排斥他人在同类商品上使用相同或相似的商标，也才有权对侵权活动起诉。因而只有注册了的商标才具有经济价值。未注册的商标即便能带来经济效益，其经济价值也得不到确认。

2. 商标权的失效

在我国，注册商标的有效期是10年，10年届满，如果没有申请续展，则商标的注册将被注销，商标权失效。商标权一旦失效，原商标所有人不再享有商标专用权，也就不再具有经济价值。

3. 商标权的续展

商标注册人按期提出续展申请，经商标局核准，商标权可以无限续展。在合法续展的情况下，商标权可成为永久性收益的无形资产，驰名品牌商标权的价值一般与其寿命成正比，寿命越长，价值越高。

4. 商标权的地域性

商标权具有严格的地域性，商标所有者所享有的商标权，只能在授予该项权利的国家领域内受到保护，在其他国家则不发生法律效力。如果需要得到其他国家的法律保护，必须按照该国的法律规定，在该国申请注册，或向世界知识产权组织国际局申请商标国际注册。

5. 商标权在特定的商品范围内有效

商标注册的商品种类及范围影响商标权的价值。商标注册申请采用“一类商品、一个商标、一份申请”的原则。评估商标权价值时，要注意商标注册的商品种类及范围，要考虑商品使用范围是否与注册范围相符合，商标权只有在核定的商品上使用时才受法律保护，对超出注册范围部分所带来的收益不应计入商标权的预期收益中。

（二）商标的知名度

商标的知名度，即商标的驰名度。尽管新商标法禁止将“驰名商标”字样用于商品、商品包装或者容器上，禁止用于广告宣传、展览以及其他商业活动，但商标的知名度越大，其价值就越高。很多国家对驰名商标的保护力度远大于非驰名商标，对驰名商标的认定一般也有着苛刻的条件和复杂的手续。因而一般情况下，同一行业中，驰名商标的价值高于非驰名商标的价值，取得驰名商标认定的商标，其价值高于普通商标的价值。是否完成驰名商标认定影响着商标资产的价值。不同的商标可为商标权人带来不同的收益，同样的商品给企业带来的收益会相差甚远，同样的商品给企业带来的收益会相差甚远。例如，美国耐克与青岛双星运动鞋制造成本只差 3～5 美分，然而两者的市场价格却相差 5 倍左右。驰名商标依照《保护工业产权巴黎公约》、世界贸易组织的《知识产权协议》及多数国家的商标法，都享有受特殊保护的权利，因此，驰名商标的法律地位也会增加它的价值。

（三）商标所依托的商品

商标权是商标所有者享有禁止他人未经许可在同一种商品、劳务或类似商品、劳务上使用其商标的权利。商标权本身不能直接产生收益，其价值大多是依托有形资产来实现的。商标权的经济价值是由商标所带来的效益决定的，带来的效益越大，商标权价值越高。商标所带来的效益是依托相应的商品来体现的。主要与以下因素有关：

1. 商品所处的行业及前景

一种商品离不开其所在的行业，行业的状况直接影响到商品的生产规模、价格、利润率等经济指标，进而影响到商标的价值。另外，一个行业，很难保持长久的繁荣与稳定。总有一些新兴的行业不断产生，一些陈旧的行业不断衰退，甚至消亡。商标所依托的商品所在的行业发展情况，对商标权的价值能产生重大影响。商标权的价值在于其获得超额利润的能力，在销量相同的情况下，新兴行业往往是产品附加值高的行业，其商标权价值也高。

2. 商品的生命周期

商标权的价值与所依附的商品所处的生命周期有关。商品的生命周期一般有四个阶段：研制阶段、发展阶段、成熟阶段、衰退阶段。若有形的商品处于发展或成熟阶段，获得超额利润的能力强，其相应的商标权价值高；若处于衰退阶段，获得超额利润的能力弱，其商标权价值相对较低；若处于研制阶段，要考虑商品是否有市场、单位产品可获得的利润等因素综合确定商标权的价值。

3. 商品的市场占有率、竞争状况

商品的市场占有率标志着商标权的价值范围。商标权的价值体现为获得超额利润的能力。同样的单价，其市场占有率越大，商品销量越大，利润及超额利润也越大，商标权的价值也就越大。竞争状况同样影响着商标权价值，竞争越激烈、其他知名商标越多，商标权价值越小。

4. 商品经营企业的素质

一个商标在有些企业手中，可能是价值连城的无形资产，而在另一些企业手中，也可能变得一文不值。良好的企业经营素质可为企业带来优秀的管理、良好的商品质量和优良的企业信誉等。企业的经营素质同样影响到商标权的价值。

5. 经营业绩

使用商标的商品，历史上的经营业绩的好坏可能影响到未来收益的预测情况。好的经营业绩，预测的未来收益可能大，超额利润才可能更大，商标权价值也更高；反之，商标权价值低。历史上的经营业绩是采用收益法评估商标权价值的基础依据。

（四）宏观经济状况

商标权的价值与宏观经济形势密切相关，在评估基准日宏观经济景气、高涨时，评估值相对较高，低迷时评估值较低。另外，宏观经济政策对商标价值评估也有一定影响，财政政策、货币政策是紧是松，尤其是与所评估商标的行业相关的政策走向，也是商标评估必须考虑的因素。

（五）评估目标

从商标权转让方来说，可分为商标权转让和商标权许可使用。商标权转让是指转让方放弃商标权，归受让方所有，实际上是商标权的出售。商标权许可使用是指拥有商标权的商标权人，在不放弃商标所有权的前提下，特许他人按照许可合同规定的条款使用商标。商标权转让方式不同，评估值也不同。一般来说，商标所有权转让的评估值高于商标权许可使用的评估值。

从股份制企业商标评估情况来说，通常包括以商标权投资入股、商标权许可使用、商标权转让等。根据评估目标的不同，评估出商标权的不同价值。

（六）商标设计

商标的优劣关系到企业的胜败兴衰。一个好商标的设计要求美观、内涵丰富并能展示企业风格，而商标设计的基础则在于商标名称的创意和设计。

（七）商标声誉的维护

商标权的价值与商标声誉的维护有关。商标权维护时间越长，价值越大。但如不维护商标的声誉，商标的价值就会贬值。商标的广告宣传是扩大商标知名度、影响力及维护商标的重要因素。

通过广告宣传使大众熟悉该种产品或服务，刺激和维持消费需求，从而扩大产品销量，为企业带来更多的超额利润。另外，商标的广告宣传费用，也是商标成本的重要组成部分。

（八）其他因素

除上述影响商标价值评估的因素外，还有其他一些情况对商标价值评估也构成影响，例如，商标的注册、使用、购买成本，商标注册时间、有无许可使用等都是影响商标权价值的重要因素。

三、商标权的评估程序

1. 接受委托，明确有关事项。

(1)商标权的评估目的，即商标权即将发生的经济行为。从商标权可能发生的经济行为方式来说，可分为商标权转让和商标权许可使用。

(2)有关情况。一方面是商标的注册、使用等情况，包括商标的文字、图形、字母、数字、三维标志、颜色组合和声音及其说明，商标注册号、注册期限及核准的注册类别；商标的取得，包括原始取得和接受取得以及商标注册、转让和继承程序办理情况；指定使用注册商标的商品或者服务项目；在类似商品或者服务上注册的相同或者近似的商标情况。另一方面是商标拥有方、使用方及评估委托方的情况。

(3)商标评估的范围，包括待评商标的种类、数量及应用的商品种类和地域范围。

(4)确定评估基准日，明确待评商标的价值时点。

(5)可能影响待评商标价值的其他情况。

2. 向商标权人收集有关资料。

需收集的资料包括：

(1)商标注册人的基本情况；

(2)商标和有关权利事项登记情况；

(3)商标权利限制情况，包括在时间、地域方面的限制以及质押、法律诉讼等情况；

(4)公众对商标的知晓程度；

(5)商标使用的持续时间；

(6)商标宣传工作的持续时间、程度和地理范围；

(7)与使用该商标的商品或者服务相关的著作权、专利、专有技术等其他无形资产权利的情况；

(8)宏观经济发展和相关行业政策与商标商品或服务市场发展状况；

(9)商标商品或者服务的使用范围、市场需求、经济寿命、同类商品或者服务的竞争状况；

(10)商标使用、收益的可能性和方式；

(11)类似商标近期的市场交易情况；

(12)商标以往的评估及交易情况；

(13)商标权利维护方面的情况，包括权利维护方式、效果、成本费用等内容。

3. 市场调研和分析。

主要内容包括：

(1)产品市场需求量的调研和分析；

(2)商标现状和前景分析；

(3)商标产品在客户中的信誉、竞争情况的分析；

(4)商标产品市场占有率的分析；

(5)财务状况分析，主要分析与判断商标产品现有获利能力，为未来收益发展趋势提供依据；

(6)市场环境变化的风险分析。

4. 确定评估方法，收集与确定有关参数。

商标权评估大多采用收益法，但也不排斥采用市场法和成本法。根据评估方法的不同，收集与确定有关参数。

5. 计算、分析，得出结论，完成评估报告。

四、商标权评估方法

商标权评估比较常用的是收益法。下面将举例说明收益法在商标权评估中的应用。

(一)商标权转让的评估

【例 5—7】 某企业有一种已经使用 10 年的注册商标。根据历史资料，该企业近 5 年使用这一商标的产品比同类产品的价格每件高 0.7 元，该企业每年生产 100 万件。该商标目前在市场上有良好趋势，产品基本上供不应求。根据预测，如果在生产能力足够的情况下，这种商标产品每年生产 150 万件，每件可获超额利润 0.5 元，预计该商标能够继续获取超额利润的时间是 10 年。前 5 年保持目前超额利润水平，后 5 年每年可获取的超额利润为 32 万元。评估这项商标权的价值。

(1)首先计算其预测期内前 5 年中每年的超额利润：

150×0.5=75(万元)

(2)根据测算，确定其折现率为 10%。

(3)确定该项商标权价值：

$75\times(P/A,10\%,5)+32\times[(P/A,10\%,10)-(P/A,10\%,5)]$

$=75\times3.7907+32\times2.3536$

$=284.3+75.3152$

$=359.6152$ (万元)

(二)商标许可价值评估(商标使用权评估)

【例 5—8】 甲厂将红鸟牌电动车的注册商标使用权通过许可使用合同允许乙厂使用，使用时间为 5 年。双方约定由乙厂每年按使用该商标新增利润的 30%支付给甲厂，作为商标使用费，试评估该商标使用权价值。评估过程如下：

首先，预测使用期限内新增利润总额取决于每辆车的新增利润和预计产量。对于产量的预测，应根据许可合同的有关规定及市场情况进行。如果许可合同中规定有地域界限，在预测时必须予以考虑，否则就可能导致预测量过多，引致评估值失实。评估人员预测，每辆车可新增净利润 100 元，第 1 年至第 5 年生产的电动车分别是 20 万辆、25 万辆、25 万辆、30 万辆和 35 万辆。由此确定每年新增净利润为：

第 1 年：20×100=2 000(万元)

第 2 年：25×100=2 500(万元)

第 3 年：25×100=2 500(万元)

第 4 年：30×100=3 000(万元)

第 5 年：35×100=3 500(万元)

其次，确定分成率。按许可合同中确定的 30%作为分成率。

再次，确定折现率。假设折现率为 14%。

由此，可以计算出每年新增净利润的折现值(见表 5—3)。

表 5—3 每年新增净利润的折现值

年 份	新增净利润额(万元)	折现系数	折现值(万元)
第 1 年	2 000	0.8772	1 754.4
第 2 年	2 500	0.7695	1 923.75
第 3 年	2 500	0.6750	1 687.5
第 4 年	3 000	0.5921	1 776.3
第 5 年	3 500	0.5194	1 817.9
合 计			8 959.85

最后，按30%的分成率计算、确定商标使用权的评估值为：

8 959.85×30%≈2 687.96(万元)

第六节　著作权评估

一、著作权的概念

著作权也称版权，是指著作权人对作品所享有的权利。作品是指文学、艺术和科学领域内具有独创性，并能够以某种有形形式复制的智力创作成果。

我国著作权法所称的作品包括：文字作品、口述作品，音乐、戏剧、曲艺、舞蹈作品，美术、摄影作品，电影、电视、录像作品，工程设计、产品设计图纸及其说明，地图、示意图等图形作品，计算机软件，民间文学艺术作品，法律、行政法规规定的其他作品。著作权人享有的著作权包括著作权中的人身权和著作权中的财产权，具体划分为：发表权，即决定作品是否公之于众的权利；署名权，即表明作者身份，在作品上署名的权利；修改权，即修改或者授权他人修改作品的权利；保护作品完整权，即保护作品不受歪曲、篡改的权利；使用权和获得报酬权，即以复制、表演、播放等方式使用作品的权利，以及许可他人以上述方式使用作品，并由此获得报酬的权利。

著作权中作者的署名权、修改权、保护作品完整权的保护期不受法律限制，永远归作者所有。公民作品的发表权、使用权和获得报酬权的保护期为作者终生至死亡后50年，若为合作作品则至最后死亡的作者死亡后50年。单位作品的发表权、使用权和获得报酬权的保护期为首次发表后50年。电影、电视、录像和摄影作品的发表权、使用权和获得报酬权的保护期为首次发表后50年。

二、著作权的特征

(一)自动保护原则

我国《著作权法》对作品的保护采用自动保护原则，即作品一旦产生，作者便享有著作权，登记与否都受法律保护。随着著作权纠纷越来越多，许多作者要求将自己的作品交著作权管理部门登记备案。

(二)权利的多样性

根据《著作权法》的规定，著作权人享有的权利多达十几项，其中明确规定著作权人享有的经济权利有12项，而且这些权利的行使可以是彼此独立的。

(三)独立性

著作权对保护的内容强调创作的独立性，而不强调新颖性，即思想相同的不同人创作的作品，只要是独立完成的，即分别享有版权。区分抄袭与巧合一般不是直接引用《著作权法》的条款，而是需要对事实进行分析。

(四)使用特性

版权与专利、商标相比，在使用过程中，除了具有共享性外，还具有扩散性。版权的扩散性是指具有版权的作品在使用过程中可以产生新的具有版权的作品。如翻译作品，翻译人对翻译后的作品享有著作权。

三、著作权的价值影响因素

影响著作权价值的因素包括：

(1)作品作者和著作权权利人的基本情况；

(2)作品基本情况，包括作品创作完成时间、首次发表时间、复制、发行、出租、展览、表演、放映、广播、信息网络传播、摄制、改编、翻译、汇编等使用情况；

(3)作品的类别，包括文字作品，口述作品，音乐、戏剧、曲艺、舞蹈、杂技艺术作品，美术、建筑作品，摄影作品，电影作品和以类似摄制电影的方法创作的作品，工程设计图、产品设计图、地图、示意图等图形作品和模型作品，计算机软件，法律、行政法规规定的其他作品；

(4)作品的创作形式，包括原创或者各种形式的改编、翻译、注释、整理等；

(5)作品的题材类型、体裁特征等情况；

(6)著作权和与著作权有关权利的情况及其登记情况；

(7)各种权利限制情况，包括相关财产权利在时间、地域方面的限制以及质押、诉讼等方面的限制；

(8)与作品相关的其他无形资产权利的情况；

(9)作品的创作成本、费用支出；

(10)著作权资产以往的评估和交易情况，包括转让、许可使用以及其他形式的交易情况；

(11)著作权权利维护情况，包括权利维护方式、效果，历史上的维护成本费用支出等；

(12)宏观经济发展和相关行业政策与作品市场发展状况；

(13)作品的使用范围、市场需求、经济寿命、同类产品的竞争状况；

(14)作品使用、收益的可能性和方式；

(15)同类作品近期的市场交易及成交价格情况。

四、著作权的评估方法

一般来说，著作权的制作成本与著作权的价值没有直接的对应关系，因而，采用成本法评估著作权的价值是不合适的。不同的著作权之间实际差别较大，市场法的运用有一定限制。整体而言，收益法是比较适合著作权的评估方法。

资产评估人员执行著作权资产评估业务，应当了解与著作权资产共同发挥作用的其他因素，并重点关注下列情况：

(1)著作权资产与相关有形资产以及其他无形资产共同发挥作用；

(2)原创作品著作权与演绎作品著作权共同发挥作用；

(3)著作权和与著作权有关的权利共同发挥作用。

当存在与评估对象共同发挥作用的其他因素时，应当分析这些因素对著作权资产价值的影响。

运用收益法进行著作权资产评估时，应当根据著作权资产对应作品的运营模式合理估计评估对象的预期收益，并关注运营模式法律上的合规性、技术上的可能性、经济上的可行性。著作权的预期收益通常通过分析计算增量收益、节省许可费和超额收益等途径实现。

执行著作权资产评估业务，应当关注该作品演绎出新产品并产生衍生收益的可能性。当具有充分证据证明该作品在可预见的未来可能会演绎出新作品并产生衍生收益时，注册资产评估师应当谨慎、恰当的考虑这种衍生收益对著作权资产价值的影响。同时，应当合理确定资产的剩余经济寿命。剩余经济寿命需要综合考虑法律保护期限、相关合同约定期限、作品类别、创作完成时间等因素确定。此外，还应当综合考虑评估基准日的利率、资本成本，以及著作权实施过程中的技术、经营、市场、生命周期等方面的风险因素，合理确定折现率。著作权资产折现率应当区别于企业整体资产或者有形资产折现率。著作权资产折现率的口径应当与预期收益的口径保持一致。

第七节　商誉评估

一、商誉及其特点

商誉通常是指企业在一定条件下，能获取高于正常投资报酬率的收益所形成的价值。这是企业由于所处地理位置的优势，或由于经营效率高、管理基础好、生产历史悠久、人员素质高等多种原因，与同行业企业相比较，可获得超额利润。

商誉是指企业所有无形资产扣除各单项可确指无形资产以后的剩余部分。因此，商誉是不可确指的无形资产。

商誉具有如下特性：

(1)商誉不能离开企业而单独存在，不能与企业可确指的资产分开出售。

(2)商誉是多项因素作用形成的结果，但形成商誉的个别因素，不能以任何方法单独计价。

(3)商誉本身不是一项单独的、能产生收益的无形资产，而只是超过企业可确指的各单项资产价值之和的价值。

(4)商誉是企业长期积累起来的一项价值。

二、商誉评估的方法

(一)割差法

割差法是根据企业整体资产评估价值与可确指的各单项资产评估值之和进行比较确定商誉评估值的方法。基本公式是：

商誉的评估价值＝企业资产评估值－企业可确指的各单项资产评估价值之和

企业整体资产评估值可以通过预测企业未来预期收益并进行折现或资本化获取；对于上市公司，也可以按股票市价总额确定。采取上述评估方法的理论依据是，企业价值与企业可确指的各单项资产价值之和是两个不同的概念。如果有两个企业，企业可确指的各单项资产价值之和大体相当，但由于经营业绩悬殊，预期收益悬殊，其企业自然相去甚远。企业中的各项单项资产，包括有形资产和可确指的无形资产，由于其可以独立存在和转让，因此，评估价值在不同企业中趋同。但它们由于不同的组合、不同的使用情况和管理，使之运行效果不同，导致其组合的企业价值不同，使各类资产组合后产生的超过各项单项资产价值之和的价值，即为商誉。

【例5－9】　某企业进行股份制改组，根据企业过去经营情况和未来市场形势，预测其未来5年的净利润分别是130万元、140万元、110万元、120万元和150万元，并假定从第6年开始，以后各年净利润均为150万元。根据银行利率及企业经营风险情况确定的折现率和资本化率均为10%。并且，采用适当的资产评估方法，确定该企业可确指的各单项资产评估之和(包括有形资产和可确指的无形资产)为 900 万元。试确定该企业商誉评估值。

解:企业整体评估值=130×0.9091+140×0.8264+110×0.7513+120×0.6830+150×0.6209+150÷10%×0.6209= 491.617+931.35=1 422.967(万元)

因为该企业各单项资产评估值之和为 900 万元,由此可以确定商誉评估值,即:

商誉的价值=1 422.967−900

=522.967(万元)

(二)超额收益法

将企业未来超额收益作为评估对象进行折现,从而得到商誉评估值的方法称为超额收益法。超额收益法视被评估企业的不同,又可分为超额收益本金化价格法和超额收益折现法两种具体方法。

1. 超额收益本金化价格法

超额收益本金化价格法是把被评估企业的超额收益经本金化还原来确定该企业商誉价值的一种方法。计算公式为:

$$商誉的价值=\frac{企业预测年收益额-行业平均收益率\times该企业的单项资产评估价值之和}{适用资本化率}$$

【例 5−10】 某企业的预期年收益额为 20 万元,该企业的各单项资产的评估值之和为 80 万元,企业所在行业的平均收益率为 20%,并以此作为适用资本化率。

解:商誉的价值=(200 000−800 000×20%)÷20%

=40 000÷20%

=200 000(元)

超额收益本金化价格法主要适用于经营状况一直较好、超额收益比较稳定的企业。如果在预测企业预期收益时,发现企业的超额收益只能维持有限期的若干年,这类企业的商誉评估不宜采用超额收益本金化价格法,而应改按超额收益折现法进行评估。

2. 超额收益折现法

超额收益折现法是把企业可预测的若干年预期超额收益进行折现,把其折现值确定为企业商誉价值的一种方法。其计算公式是:

$$商誉的价值=\sum_{i=1}^{n}\frac{R_i}{(1+r)^i}$$

式中:R_i——第 i 年企业预期超额收益;

i——收益期限序号;

r——折现率;

n——收益期限。

【例 5−11】 某企业预计将在今后 5 年内保持其具有超额收益的经营态势。估计预期年超额收益额保持在 250 000 元的水平上,该企业所在行业的平均收益率为 12%,则:

商誉的价值=250 000×0.8929+250 000×0.7972+250 000×0.7118+250 000×0.6355+250 000×0.5674=901 200 (元)

或 商誉的价值=250 000×$(P/A,12\%,5)$=250 000×3.6048=901 200(元)

三、商誉评估需要注意的几个问题

由于商誉本身的特性,决定了商誉评估的困难性。商誉评估的理论和操作方法争议较大,现在虽然尚难定论，但在商誉评估中，至少对下列问题应予以明确：

(1)不是所有企业都有商誉，商誉只存在于那些长期具有超额收益的企业之中。一个企业在同类型企业中超额收益越高，商誉评估值越大。因此，商誉评估过程中，如果不能对被评估企业所属行业收益水平有全面的了解和掌握，也就无法评估出该企业商誉的价值。

(2)商誉评估必须坚持预期原则。企业是否拥有超额收益是判断企业有无商誉和商誉大小的标志，这里所说的超额收益指的是企业未来的预期超额收益，并不是企业过去或现在的超额收益。在评估过程中，对于目前亏损的企业，经分析与预测，如果其未来超额收益潜力很大，则该企业也会有商誉存在，这在评估时必须加以综合分析和预测。

(3)商誉价值形成既然是建立在企业预期超额收益基础之上的，那么，商誉评估值高低与企业为形成商誉投入的费用和劳务没有直接联系，不会因为企业为形成商誉投资越多，其评估值就越高。尽管所发生投资费用和劳务会影响商誉评估值，但它是通过未来预期收益的增加得以体现的。因此，商誉评估不能采用投入费用累加的方法进行。

(4)商誉是由众多因素共同作用的结果，但形成商誉的个别因素无法单独计量。

(5)企业负债与否、负债规模大小与企业商誉没有直接关系。有观点认为，企业负债累累，不可能有商誉。这种认识显然有失偏颇。市场经济条件下，负债经营是企业融资策略之一。按财务学原理分析，企业负债不影响资产收益率，而影响投资者收益率，即资本收益率。资本收益率与资产收益率的关系可以表述为：

$$资本收益率=\frac{资产收益率}{1-资产负债率}$$

在资产收益率一定且超过负债资金成本的条件下，增大负债比率，可以增加资本收益率，并不直接影响资产收益率。资产收益率高低受制于投资方向、规模以及投资过程中的组织管理措施。商誉评估值取决于预期资产收益率，而非资本收益率。当然，资产负债率应保持一定的限度，负债比例增大会增加企业风险，最终会对资产收益率产生影响。这在商誉评估时应有所考虑，但不能因此得出负债企业就没有商誉的结论。

(6)商誉与商标是有区别的，反映两个不同的价值内涵。企业中拥有某项评估值很高的知名商标，并不意味着该企业一定就有商誉，为了科学地确定商誉的评估值，注意商誉与商标的区别是必要的。

①商标是产品的标志，而商誉则是企业整体声誉的体现。商标与其产品相结合，它所代表的产品质量越好，市场需求越大，商标的信誉越高，据此带来的超额收益越大，其评估值也就越大。而商誉则是与企业密切相关的，企业经营机制完善并且运转效率高，企业的经济效益就高，信誉就好，其商誉评估值也就越大。可见，商标价值来自于产品所具有的超额获利能力，商誉价值则来自于企业所具有的超额获利能力。

②商誉作为不可确指的无形资产，是与企业及其超额获利能力结合在一起的，不能够脱离企业而单独存在。商标则是可确指的无形资产，可以在原组织继续存在的同时，转让给另一个组织。

③商标可以转让其所有权，也可以转让其使用权。而商誉只有随企业行为的发生实现其转移或转让，没有所有权与使用权之分。

尽管商誉与商标的区别可以列举许多，但商誉与商标在许多方面是密切关联的，二者之间有时存在相互包含的因素。例如，与商誉相对应的企业超额收益中包含有商标作用的因素，这也是需要在评估中必须加以分析、确定的。

阅读材料

国宝宣纸制作工艺被窃

宣城位于安徽省东南部，与江苏、浙江接壤，被誉为“中国文房四宝之乡”，尤以宣纸最为出名。

宣纸质地柔韧、洁白平滑、色泽耐久、吸水力强，特别是古代用宣纸所做的书画保持千年而不腐，在国际上有“纸寿千年”的声誉。真正意义上的宣纸，专指泾县一带出产，采用特殊选材和工艺制作而成的书画艺术用纸。由于泾县一带，古属宣州，因此所产的纸张，即取名为“宣纸”了。

公元105年，蔡伦发明造纸术，选用树皮作为原料。相传，东汉建光元年(公元121年)，蔡伦服毒自杀后，他的弟子孔丹为了纪念老师，想造出一种洁白而能持久的纸张，用来绘制蔡伦的画像。一日经过宣州地区，看见一棵青檀树倒卧溪流中，流水冲刷下，露出缕缕长而白的纤维。孔丹从中得到启发，于是选用青檀树皮为原材料，经过反复试验，终于造出宣纸。

宣纸为纸中极品，具有巨大的经济价值。外界对宣纸的制造工艺垂涎已久。外国势力对窃取宣纸生产工艺的努力从未停止过。

英国人白恩首开宣纸窃密之例。清光绪三年(公元1877年)受英国人控制的芜湖海关就派出情报人员到泾县打探宣纸的制作过程。不久以后的光绪九年(公元1883年)，有一个日本人，曾化装潜入泾县探查宣纸制作技艺，回国后写成《清国制纸取调巡回日记》。20世纪初，有一个名叫内山弥左当门的日本人，多次深入产纸地区，特别是泾县小岭，偷盗宣纸生产情报。回国后，于光绪三十二年(1906年)写了一篇名为《中国制纸法》的文章，刊登在《日本工业化学杂志》第九编第98号上。

1937年“七七”卢沟桥事变后，日本利用侵略中国的机会，多次派遣特务深入皖南，搜集了一些泾县的青檀树籽，运回日本精心种植。因气候、土质等条件不尽相同，在日本生长出来的檀皮质量低劣，用之制造不出高质量的宣纸，润墨性差。日本人还曾经绑架了一些当时的宣纸生产工匠，当时的中国工匠宁死不屈，他们以生命保护了中国的宣纸生产技术。

改革开放之初，日本人借着我国地方官员和民众热情迎接外宾、毫无商业保密头脑的机会，去浙江某县造纸厂“参观考察”，而这家纸厂正是在泾县的扶持下建立的，厂里热情接待并陪同参观，对每一道制作工艺详细讲解，有问必答，连蒸煮原材料的碱水浓度这样的细节也言无不尽，临别更赠送檀树皮、长稻草浆和杨桃藤，从而日本人轻而易举地获取了宣纸制造的整个流程，以及“纸药”的配方。此后，日本人志得意满地宣布：世界宣纸，安徽泾县第一，日本第二，浙江第三，台湾第四！

国宝流失，让人扼腕叹息！

练习题

一、单项选择题

1. 对无形资产进行评估时(　　)。

A. 收益法是唯一的方法

B. 收益法、市场法、成本法都可应用

C. 只能采用收益法和市场法

D. 只能采用收益法和成本法

2. 假定某无形资产设计生产能力为 1 000 万件，购买方被许可的无形资产的设计能力为 500 万件，购买方实际运用生产能力为 400 万件，则无形资产的成本分摊率为(　　)。

A. 0.4　　B. 2　　C. 0.5　　D. 1.5

3. 边际分析法和约当投资分成法是用于确定无形资产(　　)的理论依据。

A. 销售收入分成率　　B. 销售成本分成率

C. 利润分成率　　D. 以上均不正确

4. 商标权是以(　　)的先后为审批依据。

A. 申请注册时间　　B. 使用时间　　C. 转让时间　　D. 评估时间

5. 我国专利法规定，发明专利的保护期限与实用新型和外观设计的保护期限分别为(　　)。

A. 10 年、20 年　　B. 20 年、10 年　　C. 10 年、10 年　　D. 20 年、20 年

6. 某企业的预期年收益额为 32 万元，该企业的各单项资产的重估价值之和为 120 万元，企业所在行业的平均收益率为 20%，以此作为资本化率计算出的商誉的价值为(　　)。

A. 40 万元　　B. 80 万元　　C. 100 万元　　D. 160 万元

7. 某企业整体评估的资产价值为 100 万元，该企业各单项资产的重估值之和为 120 万元，则该企业商誉为(　　)。

A. 100 万元　　B. 20 万元　　C. −20 万元　　D. 0

8. 下列各项中不是无形资产损耗的是(　　)。

A. 功能性贬值　　B. 实体性贬值　　C. 经济性贬值　　D. 价值性贬值

9. 无形损耗对无形资产的(　　)产生影响。

A. 价值　　B. 使用价值　　C. 价值和使用价值　　D. 交换价值

10. 某企业的预期年收益额为 16 万元，该企业的各单项资产的重估价值之和为 60 万元，企业所在行业的平均收益率为 20%，以此作为适用资本化率计算出的商誉的价值为(　　)。

A. 10 万元　　B. 20 万元　　C. 30 万元　　D. 40 万元

11. 就所有权转让与使用权转让来说，同一无形资产的所有权转让的评估值(　　)使用权转让的评估值。

A. 低于　　B. 高于　　C. 等于　　D. 不一定

12. 某发明专利权现已使用了 5 年，尚可使用 3 年，目前该无形资产的成新率为(　　)。

A. 25%　　B. 37.5%　　C. 40.5%　　D. 50%

13. 采用收益法评估无形资产时采用的折现率应包括(　　)。

A. 资金利润率、行业平均利润率

B. 无风险利率、风险报酬率和通货膨胀率

C. 超额收益率、通货膨胀率

D. 银行贴现率

14. 下列无形资产中，属于不可确指无形资产的是(　　)。

A. 商标权　　B. 专利权　　C. 商誉　　D. 非专有技术

15. 下列选项中不是无形资产的特性的是(　　)。

A. 无物质实体　　B. 非流动性

C. 单独不能获得收益　　D. 可由多个主体占有

16. 下列选项中不属于无形资产的是(　　)。

A. 债权性质的应收及预付账款　　B. 专利权
C. 计算机软件　　D. 专有技术

二、多项选择题

1. 下列无形资产中，评估值较高的有(　　)。
A. 技术比较成熟的无形资产
B. 运用风险比较小的无形资产
C. 运用风险较大的无形资产
D. 创造成本很高但不为市场所需求的无形资产
E. 收益高的无形资产
2. 预计和确定无形资产的有效期限，通常采用的方法有(　　)。
A. 选择适当的指标体系
B. 按照法定的有效期限与受益年限孰短的原则确定
C. 法律、合同未作规定的按预计受益年限确定
D. 合同或申请书规定有受益年限的，按受益年限确定
E. 按国际惯例确定
3. 专利技术与专有技术在内容上有很大区别，专有技术内容较广，而专利技术一般只包括(　　)。
A. 发明　　B. 外观设计
C. 实用新型　　D. 设计资料与技术规范
E. 工艺流程
4. 影响无形资产评估价值的因素有(　　)。
A. 效益因素　　B. 机会成本　　C. 技术成熟程度　　D. 市场供需状况
E. 转让内容因素
5. 专利权的特点有(　　)。
A. 独占性　　B. 地域性　　C. 通用性　　D. 可转让性
E. 时间性
6. 下列情况会造成无形资产贬值的有(　　)。
A. 无形资产所决定的产品销量骤减，需求大幅下降
B. 传播面逐渐扩大，社会普遍接受和掌握
C. 新的更为先进的无形资产出现
D. 无形资产创造收益的能力下降
E. 无形资产由一个企业转入另一个企业
7. 在商誉的评估中，应明确的问题有(　　)。
A. 不是所有企业都有商誉，商誉只存在于那些长期具有超额收益的企业中
B. 商誉评估中必须坚持预期原则
C. 商誉评估值的高低还与企业为形成商誉而投入的费用与劳务有关
D. 形成商誉的个别因素不能单独计量
E. 企业负债与否、负债规模大小与企业商誉有一定关系
8. 商誉和商标的关系表现在 (　　)。

A. 商誉与企业相联系，商标与商品相联系
B. 企业全部商标的价值之和等于商誉
C. 商誉与商标是相同含义的无形资产
D. 商誉是不可确指资产，商标是可确指资产
E. 商标可以转让其所有权，也可以转让其使用权，而商誉没有所有权与使用权的转让
9. 下列属于商誉的特征的有(　　)。
A. 形成商誉的个别因素可以单独计价
B. 商誉是企业整体价值扣除全部有形资产以后的差额
C. 商誉不能和企业可确指的资产分开销售
D. 商誉是企业长期积累起来的一项价值
E. 商誉属于不可确指的无形资产
10. 下列属于可确指的无形资产的有(　　)。
A. 商誉　　B. 专有技术　　C. 商标权　　D. 专营权
E. 专利权
11. 无形资产的成本特性表现为(　　)。
A. 弱对应性　　B. 虚拟性　　C. 积累性　　D. 共益性
E. 不完整性

三、计算题

1. 甲企业被乙企业兼并，需要对甲企业自创的一套工艺流程方法专利权进行评估。据资料提供的情况如下：该工艺方法已使用3年，专家鉴定该项技术的剩余使用年限为6年。研制时发生原材料费40 000元，辅助材料费10 000元，燃料动力费8 000元；有关人员工资和津贴14 000元，专用设备费9 000元，差旅费1 000元，管理费2 000元，占用固定资产的折旧费30 000元，人员培训费和资料费等5 000元，专利申请费2 000元。近3年生产资料价格上涨指数分别为5%、4%、7%。求该工艺流程方法专利权的重置价格。

2. 甲企业生产某产品，原产量为每年15万件，每件价格120元，成本100元，现拟采用某专利技术，该技术可以提高产品质量，从而使价格上升到130元/件；并且可以扩大销量，使年销售量达17万件；同时可以提高原材料利用率，使成本下降为95元/件。该企业所得税率为25%，预计该专利的经济寿命为5年，假定折现率为10%。根据上述资料确定该项专利的评估值。

3. 某企业进行股份制改组，根据企业过去经营情况和未来市场形势，预测其未来5年的收益额分别是18万元、19万元、16万元、17万元和20万元，并假定从第6年开始，以后各年收益额均为20万元。根据银行利率及企业经营风险情况，确定的折现率和本金化率均为10%。并且，采用单项资产评估方法，评估确定该企业各单项资产评估之和(包括有形资产和可确指的无形资产)为95万元。

试确定该企业商誉评估值。

4. 企业转让洗衣机生产技术，购买方用于改造年产10万台洗衣机的生产线。经对无形资产边际贡献的因素分析，测算在其生命期间各年度分别可带来追加利润100万元、150万元、80万元、75万元，分别占当年利润总额的40%、30%、20%、15%。

试根据上述资料评估无形资产利润分成率(折现率为10%)。

5. 某技术为一项新产品设计及工艺技术，已使用3年，产品比同类产品性能优越。同类产品价格150元/件，该产品价格180元/件，目前该产品年销量2万件，产品寿命还可维持8年，但竞争者会介入。预计该企业将会维持目前的市场占有率，但价格呈下降趋势，今后1～3年维持现价，4～5年降为170/件，6～8年价格降为160元/件，成本变化不大，折现率12%，所得税率15%，求该专利的评估值。

第六章 金融资产评估

第一节 金融资产评估概述

一、金融资产的概念

在现代经济生活中，金融市场是融通资金余缺的场所，对优化资本配置、推动经济发展发挥着至关重要的作用。通过金融市场，资金短缺者筹集到资金以发展自己的业务，资金盈余者寻找到投资对象以期实现保值增值。因此，在资产负债表中适当配置金融资产是一种很自然、很普遍的选择。

金融资产按照期限长短可以划分为货币市场的金融资产和资本市场的金融资产，前者主要包括商业票据、短期公债、银行承兑汇票、可转让大额定期存单、回购协议等；后者主要包括股票、长期债券等。本章主要讨论资本市场的金融资产，如债券、股票、优先股等。

资本市场的金融资产的最大特征是能够在金融资产的存续期内为其所有者带来货币资金的流入，如债券的利息、股票的红利等。因此，金融资产实质上是一种代表未来收益或资产合法要求权的凭证或工具。

二、金融资产评估的特点

1. 金融资产评估是对投资行为及其效果的评估

绝大多数投资者在金融市场上购买股票、债券，只是为了取得投资收益，如债券投资者关心的是利息的高低、债券的流动性及投资的安全性，股票投资者关心的是按期收到股利以及未来股票价格的上升。但稍有些常识的人都应该知道，金融市场风云变幻，金融资产的价格起伏不定，取得投资收益乃至收回投资本金都存在着不确定性。因此，我们可以将金融资产的评估理解为是对投资行为及其效果的评估。

2. 金融资产评估是对被投资者偿债能力和获利能力的评估

投资者最终能否取得投资收益或者取得多少投资收益，都取决于被投资者的获利能力和偿债能力。企业的获利能力和偿债能力与企业自身的管理、经营状况和财务状况紧密相关。

第二节　债券评估

一、债券的概念和特点

1. 债券的概念

债券是政府、银行和企业等债务人为了筹集资金，按照法定程序发行并向债权人承诺于指定日期还本付息的有价证券。根据发行主体不同，债券可以分为政府债券、金融债券和公司债券三种类型。

2. 债券投资的特点

(1)收益相对稳定。债券收益取决于债券面值和票面利率两个因素，而这两个因素在债券发行时就已经确定且不得更改。因此，在债券发行主体不发生大的变故的情况下，债券收益是比较稳定的。

(2)风险相对较低。相对于股权投资，债券投资的风险较小。因为债券必须明确规定还本付息的时间、期限，且到期必须归还。债券的发行必须按国家规定严格执行。政府发行的债券由国家财政担保，银行发行的债券以银行的信誉和资产做后盾，企业债券则要以企业的资产担保。即使发行企业破产清算，债权人分配剩余财产的顺序也排在企业所有者之前。但必须强调的是，一旦进入破产清算环节，债券投资者就可能遭受损失，分配剩余财产的先后顺序有时并没有太多实际意义。

(3)流动性较强。在发行的债券中有相当部分是可流通债券，它们可以随时到金融市场上流通变现。

二、债券的评估

1. 上市债券评估

上市债券是指能够在公开市场以现行市价自由买卖的债券。可上市交易债券的现行价格，一般是以评估基准日的收盘价确定评估值。同时，评估人员应在评估报告中说明所使用的评估方法和结论，并申明该评估结果会随着市场价格变动而予以调整。

债券评估值＝债券数量×评估基准日的收盘价

【例 6－1】 被评估企业持有 2012 年发行的 3 年期债券 1 000 张，每张面值 100 元，年利率 10%。评估基准日该债券市场交易价 105 元，则该债券的评估值为多少？

解：评估值＝1 000×105＝105 000(元)

当证券市场投机严重，债券价格严重扭曲、债券价格与其收益现值严重背离时，对上市债券的评估，可参照非上市债券的评估方法。

2. 非上市债券的评估

对于不能在公开市场上进行交易的债券，无法按市场价格确定其评估值，主要采用收益法进行评估。债券的价值等于截至到期日收取的利息的现值加上到期收回本金的现值。根据非上市债券利息支付和本金偿还的条款，把债券分为定期(年)付息、到期还本和到期一次还本付息两类，并采取不同的评估方法进行计算。

(1)定期(年)付息、到期还本的债券评估

$$V=\sum_{t=1}^{n}\frac{R_t}{(1+r)^t}+\frac{P}{(1+r)^n}$$

式中:V——债券的评估值;

R_t——第 t 年的预期利息收益;

P——债券面值;

r——折现率;

t——评估基准日距收取利息日的期限;

n——评估基准日距到期还本日的期限。

债券评估的折现率由两部分构成,即无风险报酬率和风险报酬率。无风险报酬率通常以同期银行存款利率、国库券利率为准,而风险报酬率的大小则取决于债券发行主体的具体情况。国债、金融债券等有良好的担保条件,风险报酬率一般较低;企业债券应视企业的具体情况而定,如果企业经营业绩好,有还本付息的能力,则风险报酬率较低,反之较高。

【例 6－2】 某被评估企业拥有一批债券,本金 10 万元,期限 3 年,年利率 8%,按年付息,到期还本。评估时债券购入已满一年,而且这一年的利息已经收到并入账。评估时国库券年利率为 4%,考虑到债券为非上市债券,不能随时变现,综合考虑企业财务状况等因素,确定风险报酬率 2%,因此测定这种债券的折现率为 6%。计算该债券的评估值。

解:$V=\frac{100\ 000\times8\%}{(1+6\%)}+\frac{100\ 000\times8\%}{(1+6\%)^2}+\frac{100\ 000}{(1+6\%)^2}$

$=8\ 000\times0.9434+8\ 000\times0.89+100\ 000\times0.89$

$=103\ 667.2$(元)

注:本例题在计算时一定要注意到"评估时债券购入已满一年"这项条件,因为这关系到评估基准日的确定,也关系到计息期和折现期限的确定。

(2)到期一次还本付息债券的评估

这类债券是指平时不支付利息,到期后连本带利一次性支付的债券。评估时,应首先计算债券的本利和,再折现求得评估值。

$$V=\frac{F}{(1+r)^n}$$

式中:V——债券的评估值;

F——债券到期时本金和利息之和;

n——评估基准日距到期还本日的期限;

r——折现率。

债券本利和的计算分为以下两种情况:

①采用单利计息方式,本利和等于:

$F=P(1+i\times n)$

②采用单利计息方式,本利和等于:

$F=P(1+i)^n$

式中:F——债券本利和;

P——债券面值;

i——债券利率;

n——债券存续期限。

【例 6－3】 某被评估企业持有债券面值为 10 万元，票面利率为 8%，5 年期，到期一次还本付息。评估时债券购入已满 2 年。根据评估人员测算，确定折现率为 10%。分别按单利和复利两种方法计算该债券的评估值。

解：(1)按单利计算

$$F=100\ 000\times(1+8\%\times5)=140\ 000(\text{元})$$

$$V=\frac{140\ 000}{(1+10\%)^3}=105\ 182(\text{元})$$

(2)按复利计算

$$F=100\ 000\times(1+8\%)^5=161\ 050(\text{元})$$

$$V=\frac{161\ 050}{(1+10\%)^3}=120\ 996.87(\text{元})$$

第三节 股票评估

一、股票的概念和特点

1. 股票的概念

股票是股份公司公开发行的，用以证明投资者的股东身份和权利，并据以获得股息和红利的凭证。

2. 股票投资的特点

(1)收益起伏不定，投资风险较大。股票是一种无偿还期限的有价证券，股票一经购买，就不能退还本金。股票投资者有可能取得的两类收益都存在着不确定性，首先股票购买者能否取得股息或红利，完全取决于企业的经营状况，利多多分，利少少分，无利不分，承担亏损责任；其次股票投资者通过买卖股票能否取得价差收入，还要考虑证券市场整体运行情况和该股票的市场表现。

(2)流动性强。股票可以在股票市场上方便自由地被买卖，也可以作为抵押品上市交易，具有很强的流动性。这种流动性有利于社会资金的有效配置和高效利用，同时使筹资企业的资本具有长期的稳定性。

(3)具有一定的参与性。参与性是指股票持有人有权参与公司重大决定的特性。股东有权出席股东大会，如果股东持有股份的数量达到一定程度，还可以影响公司的经营决策。

二、股票价格

股票价值按照度量标准的不同，可以有不同的表现形式，主要包括：

1. 票面价格

股票的票面价格是指发行股票时所标明的每股股票的票面金额。

2. 发行价格

股票的发行价格是指企业在发行股票时的出售价格。股票发行可以采用平价发行、溢价发行和折价发行三种，在我国不允许折价发行，且我国多为溢价发行。

3. 账面价格

股票的账面价格又称为股票的净值或每股净资产，它等于净资产减去优先股面值总额，再除以普通股股数。

4. 清算价格

清算价格是指企业清算时，每股股票所代表的真实价格。是公司清算时，公司净资产与公司股票总数的比值。股票的清算价格取决于股票的账面价格、资产出售损益、清算费用高低等因素。

5. 内在价格

内在价格是一种理论价值或模拟市场价值，是根据评估人员对未来收益的预测而折算出来的股票现时价格。股票内在价格的高低，主要取决于公司的发展前景、财务状况、管理水平以及获利风险等因素。

6. 市场价格

市场价格是指证券市场上买卖股票的价格。在证券市场发育完善的条件下，股票的市场价格是市场对公司股票的一种客观评价。

在对股票进行评估时，股票的评估值与上述前三种股票价格的关系不大，只与股票的内在价格、清算价格和市场价格有关。

三、股票的评估

1. 上市股票的评估

上市股票是指企业公开发行的，可以在股票市场上自由交易的股票。在交易正常条件下，股票的市场价格可以作为评估股票的依据，即现行市价法。同时应在评估报告中说明所用方法，并申明该评估结果应随着市场价格的变化而予以调整。其计算公式为：

上市股票的评估值＝股票股数×评估基准日该股票的收盘价

【例6－4】 某企业持有A公司上市股票50 000股，评估基准日该股票的收盘价为15.98元。

股票评估值＝50 000×15.98＝799 000(元)

在股票市场发育不健全、股票交易不正常的情况下，股票的市场价格就不能完全体现股票的价值。此时对股票价值的评估就应以股票的内在价值为依据，结合发行单位的经营状况、财务状况及盈利能力等因素综合分析股票的价值。此类股票价值的评估可参照非上市股票评估的方法。

2. 非上市股票的评估

非上市股票评估需要综合分析股票发行企业的经营业绩、发展状况、财务风险等因素，合理预测股票投资的未来收益，并选择合理的折现率来确定评估值。

非上市股票分为普通股和优先股。由于普通股和优先股的特征不同，需采用不同的方法进行评估。

(1)优先股的评估

优先股是一种兼具普通股的特征和债券的特征的混合证券，优先股在股利分配和剩余财产分配方面与普通股类似，都是税后支付，只是在时间上较普通股优先；优先股在发行时就确定了股息率，并不得改变，所以优先股的股利是固定的，即投资优先股能获得和债券类似的固定收益，但债券的利息是税前支付的，因此优先股被称为“准企业债券”。评估人员可以根据事先确定的股息率，计算优先股的年收益额，然后进行折现或资本化处理，即可得出评估值。其计算公式为：

$$V=\sum_{t=1}^{n}\frac{R_t}{(1+r)^t}=\frac{A}{r}$$

式中：V——优先股的评估值；

R_t——第 i 年的优先股收益；

r——折现率；

A——优先股的等额股息收益。

【例 6－5】 被评估企业持有 A 企业 5 000 股优先股股票，每股面值 2 元，年股息率 6%。评估时，国库券利率为 3%，风险报酬率为 2%。试计算该优先股股票的评估值。

解：$V=\frac{A}{r}=\frac{5\ 000\times 2\times 6\%}{3\%+2\%}=12\ 000$(元)

当非上市优先股有上市的可能，持有人又有转售意向的，此类优先股可按照下列公式评估：

$$V=\sum_{t=1}^{n}\frac{R_r}{(1+r)^t}+\frac{F}{(1+r)^n}$$

V——优先股的评估值；

R_t——持有期第 i 年的优先股收益；

r——折现率；

F——该优先股的转售价。

(2)普通股的评估

普通股是发行量最多的一种股票，其收益额不固定，未来股利收入不仅取决于企业的经营能力，也取决于企业高层关于是否分配股利以及如何分配股利的决策。普通股的股利的分配是在优先股分配之后进行的，实际上是对企业剩余权益的分配。因此，对普通股预期收益的预测，相当于对股票发行企业剩余权益的预测。为了便于普通股的评估，把普通股的评估分为三种类型：固定红利模型、红利增长模型和分段式模型。

①固定红利模型

固定红利模型是主要用于经营比较稳定、红利分配固定的普通股的评估。它根据企业经营及股利分配政策较稳定的特点，假定企业的未来的股利分配将保持在一个固定的水平上，企业的股利分配的过程可以看作一个永续年金。其计算公式为：

$$V=\frac{D_1}{r}$$

式中：V——普通股评估值；

D_1——被评估股票下一年的股利额；

r——折现率或资本化率。

【例 6－6】 被评估企业拥有 A 企业发行的非上市股票 50 000 股，每股面值 2 元。在被评估企业持股期间，每年股票收益率保持在 12%左右。评估人员经过调查与分析，发现 A 企业生产经营稳定，财务状况良好，在可预见的年份中，保持 10%的红利分配水平是可行的。在选用国库券利率 6%的基础上确定风险报酬率为 2%。计算该股票的评估值。

$V=\frac{50\ 000\times 2\times 10\%}{6\%+2\%}=125\ 000$(元)

②红利增长模型

红利增长模型适合于成长型企业股票评估。成长型企业具有发展前景好、潜力大、追加投资能带来较高收益的特点。该模型是假定股票发行企业不把剩余收益全部用作股利分配，而是将剩余收益的一部分用于追加投资，扩大企业再生产规模，增加企业的获利能力，最终增加股东的潜在获利能力，红利呈增长趋势。其计算公式为：

$$V=\frac{D_1}{(r-g)}$$

式中：V——股票的评估值；

D_1——被评估股票下一年的股利额；

r——折现率或资本化率；

g——股利增长比率。

股利增长比率 g 的测定有以下两种方法：第一种是历史数据分析法，该方法是在历年红利分配数据的分析基础上，利用统计方法计算出股票红利历年的平均增长速度，作为增长率 g 的基本依据。第二种是发展趋势分析法，主要是根据股票发行企业的股利分配政策，以企业剩余收益中用于再投资的比例与企业股本利润率的乘积，确定股利增长率 g。

【例 6－7】 A 企业持有 B 企业非上市的普通股 20 万股，每股面值 5 元。A 企业持股期间，每年股票收益率水平保持在 12％左右。B 企业每年将净利润的 70％用于股利发放，另外 30％用于扩大再生产。经过分析，今后几年 B 企业净资产利润率将保持在 15％左右，评估时使用的折现率为 10％。则该股票的评估值为：

$$g=30\%\times15\%=4.5\%$$

$$V=\frac{200\ 000\times5\times12\%}{10\%-4.5\%}=2\ 181\ 818(\text{元})$$

③分段式模型

在现实生活中，不论是固定红利模型还是红利增长模型，都过于极端，因为公司在经营中存在着太多不可控因素，公司的盈利水平和股利分配都是无法固定的。

该模型的基本思路是，先按照评估目的把股票收益期分为两段：第一段是能够被较为客观预测股票收益的期间，在这一阶段股票持有者能连续不断地取得股利；第二段是第一段期末以后的全部收益期，该阶段受到不确定的因素影响较大，股票收益难以客观预测。在评估时，对前段逐年预期收益直接折现，对后段可采用固定红利模型或红利增长模型，最后将两段现值相加，得出评估值。

【例 6－8】 被评估企业持有甲企业非上市普通股 10 万股，每股面值 10 元。持股期间每年股票收益率水平保持在 8％左右。经评估人员调查与分析，认为前 3 年保持 8％的收益率是有把握的，从第 4 年起，收益水平可以提高到 10％，并将保持下去。评估时折现率为 6％，该股票的评估值为：

$$V=100\ 000\times10\times8\%\times(P/A,6\%,3)+\frac{100\ 000\times10\times10\%}{6\%\times(1+6\%)^3}$$

$$=213\ 840+1\ 399\ 333=1\ 613\ 173(\text{元})$$

最后，需要说明的是，股权投资的评估方法与普通股的评估方法类似，可参考执行。股权投资评估是指投资者以现金资产、实物资产或无形资产等直接投入到被投资企业，从而获得被投资企业的股权，获得收益的投资行为。

阅读材料

富可敌国的苹果市值

北京时间2015年2月11日，据《华尔街见闻》报道，周二苹果股价收盘122.02美元，创下拆股调整后股价的历史新高(2015年苹果公司宣布了1拆7的拆股方案，进行了拆细，其复权价为854.14美元，即每股股价折合成人民币约为5 124.84元)。根据最新的股价，苹果公司的市值约为7 100亿美元，成为全球第一家收盘市值突破7 000亿美元门槛的公司，相当于谷歌市值的2倍、美国银行的4倍、麦当劳的8倍、通用汽车的12倍、推特的24倍。

另据《每日电讯报》的报道，苹果坐拥950亿英镑现金储备，居全球公司之首，其现金储备量是英国国库的2倍、德国政府的4倍。

苹果公司为何现金堆积如山？其股价究竟为何能够一骑绝尘？答案非常简单：苹果公司特别能赚钱。据2015年2月市场调研机构Canaccord Genuity的分析，苹果公司一家就占据了整个智能手机行业93%的利润，三星被远远地甩在身后，在整个行业中所占的利润比重下降至9%，93%+9%=102%，也就意味着绝大多数余下的公司都是在赔钱赚吆喝。从根本上来说，美国苹果公司是智能手机行业中唯一赚钱的企业。

练习题

一、单项选择题

1. 上市交易的债券最适合运用(　　)进行评估。

A. 价格指数法　　B. 市场法　　C. 收益法　　D. 成本法

2. 某公司持有10年期债券1 000张，每张面值100元，票面年利率6%，每期付息，到期还本。评估时还有5年到期，市场年利率为5%。该债券上市交易，评估基准日的交易记录显示，当天交易最高价为105.2元，最低价为105.0元，收盘价为105.1元。则该批债券的评估值为(　　)元。

A. 105 200　　B. 105 100　　C. 105 000　　D. 104 330

3. 在股市发育不健全、交易不规范的情况下，股票的评估值应以股票的(　　)为基本依据。

A. 票面价格　　B. 市场价格　　C. 内在价值　　D. 发行价格

4. 被评估债券为4年一次性还本付息的债券100 000元，年利率为18%，不计复利，评估时债券的购入时间已经满2年，当年的国库券利率为10%，该企业的风险报酬率为2%，被评估债券的价值为(　　)元。

A. 137 117　　B. 172 000　　C. 118 000　　D. 153 380

5. 被评估企业拥有甲企业发行的5年期债券100张，每张面值1万元，债券利息率每年为9%，复利计息，到期一次还本付息。评估基准日至债券到期还有两年，若适用折现率为15%，则被评估企业拥有甲企业债券的评估值最接近(　　)万元。

A. 109　　B. 116　　C. 122　　D. 154

6. 某被评估企业拥有A公司面值共90万元的非上市普通股票，从持股期间来看，每年股利分派相当于票面值的10%，评估人员通过调查了解到A公司每年将税后利润的80%用于股利分配，另外20%用于公司扩大再生产，公司有很强的发展后劲，公司股本利润率保持在15%的水平上，折现率设定为12%，如运用红利增长模型评估被评估企业拥有的A公司股票，其评估值最有可能是(　　)。

A. 900 000 元　　B. 1 000 000 元　　C. 750 000 元　　D. 600 000 元

7. 上市公司股票的清算价格是(　　)。

A. 资产总额与总股数的比值　　B. 资产总额与流通股数的比值

C. 净资产与上市流通总股数的比值　　D. 净资产与总股数的比值

8. 非上市债券的风险报酬率主要取决于(　　)。

A. 债券购买方的具体情况　　B. 债券市场的状况

C. 发行主体的具体情况　　D. 股票市场的状况

9. 被评估资产为某一股份公司非上市股票 10 000 股,每股面值 1 元,账面价格为每股 1.5 元。该股票过去每年股息为 0.2 元/股,经评估人员分析,该公司将来可以保持该股利水平不变。评估时银行 1 年期存款利率为 5%,确定风险报酬率为 3%。该批股票的评估价值为(　　)。

A. 40 000 元　　B. 25 000 元　　C. 20 000 元　　D. 15 000 元

10. 某被评估企业拥有债券本金 100 000 元,期限为 3 年,年息 8%,按年付息,到期还本。评估时债券购入已满 2 年,前 2 年的利息已作为投资收益入账。假定折现率为 10%,该被评估债券的评估值最有可能是(　　)。

A. 90 909 元　　B. 98 182 元　　C. 108 000 元　　D. 112 727 元

二、多项选择题

1. 债券评估中的折现率包含(　　)。

A. 风险报酬率　　B. 无风险报酬率　　C. 债券利息　　D. 企业收益率

2. 债券具有(　　)的特点。

A. 投资报酬率高　　B. 投资风险较小　　C. 收益相对稳定　　D. 流动性较强

3. 股票评估的红利增长模型中,股利增长率 g 的计算方法有(　　)。

A. 历史数据分析法　　B. 市场法　　C. 发展趋势分析法　　D. 重置核算法

4. 股票评估与股票的(　　)有关。

A. 内在价值　　B. 账面价值　　C. 市场价值　　D. 清算价格

E. 票面价格

5. 非上市债券的评估类型可以分为(　　)。

A. 固定红利模型　　B. 红利增长模型

C. 每年支付利息,到期还本型　　D. 分段式模型

E. 到期后一次还本型

6. 金融资产评估是对被投资方(　　)。

A. 投资品评估　　B. 偿债能力评估　　C. 获利能力评估　　D. 变现能力评估

E. 全部资产评估

三、计算题

1. 被评估企业持有甲企业 3 年期非上市债券,本金 150 000 元,年利率 12%,每年付息,到期还本。评估时该债券购入已满 1 年,利息已入账。同期的国库券利率为 8%,经测定风险报酬率为 2%,从而确定折现率为 10%。试求该债券的价值。

2. 被评估企业持有A公司发行的优先股10 000股，每股面值10元，年股息率为15%。同期国库券利率为7%，风险报酬率为5%，从而确定折现率为12%。试求该优先股的评估值。

3. 甲企业持有乙企业发行的优先股200股，每股面值500元，股息率为12%。当前的国库券市场利率为8%，乙企业的风险报酬率为2%。甲企业打算3年后将这些优先股出售，预计出售时折现率为12%。试评估该批优先股的价值。

4. 甲评估机构于2005年1月对A公司进行评估，A公司拥有B公司发行的非上市普通股200万股，每股面值1元。经评估人员预测，评估基准日后该股票第一年每股收益率为5%，第二年每股收益率为8%，第三年每股收益率为10%，从第四年起，因生产、销售步入正轨，专利产品进入成熟期，因此每股收益率可达12%，而且从第六年起，B公司每年年终将把税后利润的80%用于股利分配，另外20%用于公司扩大再生产，B公司净资产收益率将保持在15%的水平上。如果无风险报酬率为4%，风险报酬率为6%，评估基准日为2005年1月1日，求A公司所拥有的B公司股票的评估值。（要求：最终结果以万元为单位，小数点后保留两位。）

第七章　流动资产及其他资产评估

第一节　流动资产评估概述

一、流动资产的内容及其特点

（一）流动资产及其构成

流动资产是指企业在生产经营活动中，在一年或超过一年的一个经营周期内变现或耗用的资产。一般包括库存现金、各种银行存款以及其他货币资金、应收及预付款项、存货以及其他流动资产等。

(1)现金是指企业的库存现金，包括企业内部各部门用于周转使用的备用金。各项银行存款是指企业的各种不同类型的银行存款。其他货币资金是指除现金和银行存款以外的其他货币资金，包括外埠存款、银行本票存款、银行汇票存款、存出投资款、信用卡存款、信用证保证金存款等。

(2)应收账款是指企业因销售商品、提供劳务等应向购货单位或受益单位收取的款项，是购货单位所欠的短期债务。预付账款是指企业按照购货合同规定预付给供货单位的购货定金或部分货款。

(3)存货是指企业的原材料、在产品、产成品、周转材料等。

(4)其他流动资产是指除以上资产之外的流动资产，如一年内到期的长期投资。

（二）流动资产的特点

流动资产与固定资产等资产比较，具有如下特点：

1. 循环周转速度快

流动资产在使用中经过一个生产经营周期，便改变了原有形态，其价值也转移到产品价值中，并在产品销售后随之收回。所以，循环周转速度较快是流动资产的一个显著特点，并且周转速度的加快能给企业带来增值。

2. 变现能力强

各种形态的流动资产都可以在较短的时间内出售和变卖，具有较强的变现能力，是企业对外支付和偿还债务的重要保证。变现能力强是企业中流动资产区别于其他资产的重要标志，但各种形态的流动资产，其变现速度是有区别的。变现能力由强到弱的一般顺序是：货币形态的流动资产、短期内出售的存货和近期可变现的债权性资产、生产加工过程中的在产品及准备耗用的物资。一个企业拥有变现能力强的流动资产越多，企业对外支付和偿还债务的能力越强，企业经营的风险性就越小。

3. 占用形态同时并存又相继转化

在企业的再生产过程中，流动资产依次经过购买、生产、销售三个阶段，并分别采取货币资产、储备资产、生产资产和成品资产等形态，不断地循环流动。因此，企业的流动资产是以多种形态并存于企业生产经营过程各个阶段的。同时，各种形态的流动资产又按照生产经营过程的顺序相继转化，如此周而复始地形成流动资金循环和周转过程。

4. 波动性

由于企业的流动资产一般要不断地进行购买和售卖过程，受市场商品供求变化和生产、消费的季节性影响较大。另外，还受到外部经济环境、经济秩序等因素的制约，使其占用总量以及流动资产的不同形态构成比例呈现出波动性。

（三）流动资产的分类

从评估的角度，一般将企业流动资产按其存在形态分为实物类流动资产、货币类流动资产、债权类流动资产三种类型。

1. 实物类流动资产

实物类流动资产是指企业在生产经营过程中为销售或使用而准备的具有实物形态的流动资产，一般包括原材料、在产品、产成品及库存商品、周转材料等。

2. 货币类流动资产

货币类流动资产是指企业持有的货币资金及现金等价物性质的流动资产，一般包括库存现金、银行存款等。

3. 债权类流动资产

债权类流动资产是指企业持有的不具有实物形态的具有债权性质的流动资产，包括应收账款及预付账款的评估、应收票据的评估、待摊费用和预付费用的评估等。

二、流动资产评估的特点

一般而言，由于流动资产的流动性较强，容易变现，其账面价值与现行市场价格较为接近，因此，流动资产的价值评估与其他资产的评估相比，具有如下特点：

（1）流动资产评估主要是单项资产评估。对流动资产的评估主要是以单项资产为对象进行价值评估，因此，一般不需要以其综合获利能力进行综合性价值评估。

（2）合理确定流动资产评估的基准时间对流动资产评估具有非常重要的意义。由于流动资产与其他资产的显著区别在于其资产的流动性和价值的波动性，不同形态的流动资产随时都在变化，而评估则是确定其某一时点上的价值，不可能人为地停止流动资产的周转。因此，评估基准日应尽可能选择在会计期末，并在规定的时点进行资产清查、登记和确定流动资产的数量与账面价值，避免重登和漏登现象的发生。

（3）既要认真进行资产清查，同时又要分清主次，掌握重点。由于流动资产一般具有数量大、种类多的特点，清查工作量大，所以流动资产清查应考虑评估的时间要求和评估成本。对流动资产评估往往需要根据不同企业的生产经营特点和流动资产分布的情况，对流动资产分清主次、重点和一般，选择不同的方法进行清查和评估，做到突出重点、兼顾一般。清查采用的方法有抽查、重点清查和全面清查。当抽查核实中发现原始资料或清查盘点工作可靠性较差时，应扩大抽查面，直至核查全部流动资产。

三、流动资产评估的程序

1. 确定评估对象和评估范围

进行流动资产评估前，首先要确定被评估资产的对象和范围，这是保证评估质量的重要条件之一。被评估对象和评估范围应依据经济活动所涉及的资产范围而定。同时，在实施评估前应做好下列工作：

(1)明确流动资产的评估范围

进行流动资产评估，首先应明确被评估流动资产的范围，必须注意划清流动资产与非流动资产的界限，防止将不属于流动资产的机器设备等作为流动资产，也不得把属于流动资产的低值易耗品等作为非流动资产，以避免重复评估和漏评估。

(2)核查待评估流动资产的产权

企业在进行资产评估前，首先应核实流动资产的产权，如存放在被评估企业的外单位委托加工材料、代为保管的材料物资等，尽管存在于该企业中，但由于其产权不属于被评估单位，故不应将其列入流动资产的评估范围。

(3)对被评估流动资产进行抽查与核实

对被评估流动资产进行抽查与核实，验证基础资料。准确的评估资产清单是正确评估资产价值的基础资料，被评估资产的清单应以实存数量为依据，而不能仅仅以账面记录为准。

2. 对具有实物形态的流动资产进行质量和技术状况调查

对企业需要评估的材料、半成品、产成品等流动资产进行质量和技术状况调查，目的是了解这部分资产的质量状况，以便确定其是否还具有使用价值，并核对其技术情况和等级与被评估资产清单的记录是否一致。对被评估资产进行技术调查是正确评估资产价值的重要基础。特别是对那些时效性较强的存货，如有保鲜期要求的食品，有有效期要求的药品、化学试剂等，对其进行技术调查尤为重要。存货在存放期内质量发生变化，会直接影响其变现能力和市场价格。因此，评估必须考虑各类存货的内在质量因素。对各类存货进行技术质量调查，可与被评估企业的有关技术人员、管理人员与评估人员合作完成，也可以参考独立第三方的专业报告，再由评估人员进行专业判断。

3. 对企业的债权情况进行分析

根据对被评估企业与债务人经济往来活动中的资信情况的调查了解，以及对每项债权资产的经济内容、发生时间的长短及未清理的原因等因素进行核查，综合分析确定各项债权回收的可能性、回收的时间、回收时将要发生的费用等。

4. 合理选择评估方法

评估方法的选择，一是根据评估目的，二是根据不同种类流动资产的特点。流动资产的类型影响评估方法的选择。对于实物类流动资产，可以采用市场法或成本法。对存货类流动资产的评估，如果其价格变动较大，则以市场价格为基础，还要分析最终产品价格是否能够相应提高，或存货本身是否具有按现行市价出售的可能性。对于货币类流动资产，其清查核实后的账面价值本身就是现值，无须采用特殊方法进行评估，只是对外币存款应按评估基准日的汇率进行折算。对于债权类流动资产评估，宜采用可变现净值进行评估。对于其他流动资产，应分别按照不同情况进行，其中有物质实体的流动资产，则应视其价值情形，采用与机器设备等相同或相似的方法进行评估。

5. 评定与估算流动资产，得出评估结论

经过上述评估程序对有关流动资产进行评估后，即可得出相应的评估结论。

第二节 实物类流动资产的评估

实物类流动资产主要包括各种材料、低值易耗品、在产品、产成品、包装物等，实物类流动资产评估是流动资产评估的重要内容。

一、材料的评估

(一)材料价值评估的内容与步骤

企业中的材料，按其存放地点可分为库存材料和在用材料。在用材料在生产过程中已形成产成品或半成品，不再作为单独的材料存在，故材料评估主要是对库存材料进行评估。

库存材料包括原料及主要材料、辅助材料、燃料、修理用备件、外购半成品等。由于低值易耗品和包装物在一定程度上与材料类似，故应采用与材料类似的评估方法。库存材料具有品种多、金额大，而且性质、计量单位、购进时间、自然损耗各不相同等特点。因此，评估时可按下列步骤进行：

1. 进行实物盘点，使其账实相符

在进行材料的价值评估前，首先应进行材料清查，做到账实相符。与此同时，还应查明材料有无霉烂、变质、呆滞、毁损等情况。

2. 根据待估资产的特点和不同评估目的，选择相应的评估方法

在评估方法的选择上，更多的是采用成本法或市场法。因为材料等流动资产的功效高低取决于其自身，而且是生产过程中的"消费性"资产，所以，即使在发生投资行为的情况下，仍可采用成本法或市场法。就这两种方法而言，在某种材料存在活跃市场、供求基本平衡的情况下，成本法和市场法二者可以替代使用。如不具备上述条件，则应分析后使用。

3. 运用存货管理的 ABC 分析法，突出重点

由于企业的材料品种、规格繁多，而且单位价值不等，在实际进行资产评估时，可按照一定的目的和要求，对材料按照 ABC 分析法进行排队，分清主次，突出重点，着重对重点材料进行评估。

(二)库存材料的评估方法

对库存材料进行评估时，可以根据材料购进情况的不同选择相适应的方法。

1. 近期购进库存材料的评估

近期购进的材料库存时间较短，在市场价格变化不大的情况下，其账面价值与现行市价基本接近。评估时，可采用成本法，也可以采用市场法。

【例 7－1】 甲企业中 A 材料系两个月前从外地购进，材料明细账的记载为：数量 5 000 千克，单价 300 元/千克，运杂费为 500 元。根据材料消耗的原始记录和清查盘点，评估时库存尚有 800 千克。根据上述资料，确定该材料的评估值。

解:材料评估值=800×(300+500÷5 000)=240 080(元)

对于购进时发生运杂费的材料,如果是从外地购进的,因运杂费数额较大,评估时应将由被评估材料分担的运杂费计入评估值;如果是从本地购进的,而运杂费数额较小,评估时则可以不考虑运杂费。

2. 购进批次间隔时间长、价格变化较大的库存材料

对这类材料评估时,可以采用最接近市场价格的材料价格或直接以市场价格作为其评估值。

【例 7-2】 乙企业要求对其库存的 B 材料进行价值评估。该材料分两批购进,第一批购进时间为上年 8 月,购进 2 000 吨,单价 3 500 元/吨;第二批购进时间为本年 8 月,数量 1 000 吨,单价 4 000 元/吨。本年 9 月 1 日进行价值评估,经核实,上年购进的该材料尚存 500 吨,本年 8 月购进的尚未使用。因此,需评估 B 材料的数量是 1 500 吨,经过分析,第二批购进材料的价格能够反映市场正常情况,可直接采用市场价格 4 000 元计算。请确定库存的 B 材料的评估值。

解:B 材料的评估值=(500+1 000)×4 000=6 000 000(元)

本例中,因评估基准日 9 月 1 日与本年 8 月购进时间较近,因而直接采用 8 月份购进材料的价格作为评估值。如果近期内该材料价格变动很大,或者评估基准日与最近一次购进时间间隔期较长,其价格变动较大时,应采用评估基准日的市价。另外,由于材料是分期购进的,且购进价格各不相同,企业采用的存货计价方法不同,如先进先出法、后进先出法、加权平均法等,其账面余额也就不一样。但需要特别注意的是:存货计价方法的差异不应影响评估结果。评估时关键是核查库存材料的实际数量,并按最接近市场的价格计算、确定其评估值。

3. 缺乏准确现行市价库存材料的评估

企业库存的某些材料可能购进的时间早,市场已经脱销,目前无明确的市价可供参考或使用。对这类材料的评估,可以通过寻找替代品的价格变动资料来修正材料价格;也可以在分析市场供需的基础上,确定该项材料的供需关系,并以此修正材料价格;还可以通过市场同类商品的平均物价指数进行评估。

【例 7-3】 某企业 2014 年元月购进原材料甲共 1 000 吨,单价为 5 000 元/吨,由于该材料存在明显的季节性,购买时价格较高,2014 年 8 月进行评估时,该材料在市场上已脱销。经清查核实,该材料的库存尚有 100 吨,因保管等原因造成的减值占材料原值的 3%。根据以下三种情况分别确定甲材料的评估值。

(1)市场上有另一种材料乙与甲材料的功能相似,可作为替代品,材料乙的现行市价为 2 000元/吨,根据历史数据可知材料乙与材料甲的价格之比是 0.4∶1,则:

甲材料的评估值=100×2 000×1/0.4-100×5 000×3%=485 000(元)

(2)通过分析市场供求趋势,材料甲的价格目前基本稳定,但需求略有下降,价格被拉低了 2%左右,则:

甲材料的评估值=100×5 000×(1-2%)-100×5 000×3%=475 000(元)

(3)按照同类商品的物价指数进行评估。同类商品的物价指数 2014 年 1 月为 100%,2014 年 8 月为 101%,即价格上涨了 1%,则:

甲材料的评估值=100×5 000×101%-100×5 000×3%=490 000(元)

4. 呆滞材料价值的评估

呆滞材料是指从企业库存材料中清理出来,需要进行处理的材料。由于这类材料长期积

压，可能会因为自然力作用或保管不善等原因造成使用价值下降。对这类资产的评估，首先应对其数量和质量进行核实和鉴定，然后区别不同情况进行评估。对其中失效、变质、残损、报废、无用的，应通过分析、计算，扣除相应的贬值数额后，确定其评估值。

在库存材料评估过程中，可能还存在盘盈、盘亏的情况，评估应以有无实物存在为原则进行，并选用相适应的评估方法。

二、低值易耗品的评估

低值易耗品是指不构成固定资产的劳动工具。不同行业对固定资产和低值易耗品的划分标准是不完全相同的。比如，服装行业的缝纫机，虽然其单位价值较小，但它是该行业的主要劳动工具，应作为固定资产核算和管理。但在其他行业，一般情况下，则把缝纫机作为低值易耗品处理。因此，在评估过程中判断劳动资料是否为低值易耗品，原则上视其在企业中的作用而定，一般可尊重企业原来的划分标准。同时，低值易耗品又是特殊流动资产，与典型流动资产相比，它具有周转时间长、不构成产品实体等特点。掌握低值易耗品的特点，是做好低值易耗品评估的前提。低值易耗品种类较多，为了准确评估其价值，可以对其进行必要的分类。一般按照其用途和使用情况分类。

1. 按低值易耗品的用途分类。低值易耗品按其用途可以分为一般工具、专用工具、替换设备、管理用具、劳动保护用品、其他低值易耗品等类别。

2. 按低值易耗品的使用情况分类。低值易耗品按其使用状况可分为在库低值易耗品和在用低值易耗品两种类别。

上述第一种分类的目的，在于可以按大类进行评估，以简化评估工作；第二种分类，则是考虑了低值易耗品使用的具体情况，直接影响评估方法的选用。

在库低值易耗品的评估，可以根据具体情况，采用与库存材料评估相同的方法。

在用低值易耗品的评估，可以采用成本法进行。计算公式为：

$$\text{在用低值易耗品评估值}=\text{全新低值易耗品的重置价值}\times\text{成新率}$$

对于全新低值易耗品的评估价值，可以直接采用其账面价值(价格变动不大的情况下)，也可以采用现行市场价格，还可以在账面价值基础上乘以其物价变动指数确定。

在对低值易耗品评估时，由于其使用期限短于固定资产，一般不考虑其功能性损耗和经济性损耗。其成新率计算公式为：

$$\text{成新率}=1-\frac{\text{低值易耗品实际已使用月数}}{\text{低值易耗品可使用总月数}}$$

由于对低值易耗品采用摊销的方式将其价值转入成本、费用，而摊销的目的是在于计算成本、费用。但是，低值易耗品的摊销在会计上采用了较为简化的方法，并不完全反映低值易耗品的实际损耗程度。因此，评估者在确定低值易耗品成新率时，应根据其实际损耗程度确定，而不能完全按照其摊销方法确定。

【例 7－4】 某企业 A 低值易耗品，原价 1 000 元，预计使用 1 年，现已使用 6 个月。该低值易耗品的现行市价为 1 200 元。请确定 A 的评估值。

解：A 低值易耗品评估值＝1 200×(1－6÷12)＝600(元)

三、在产品的评估

在产品包括生产过程中尚未加工完毕的在制品、已加工完毕但不能单独对外销售的半成品(可直接对外销售的半成品视同产品评估)。对这部分资产,一般可采用成本法或市场法进行评估。

(一)成本法在在产品评估中的应用

成本法是根据技术鉴定和质量检测的结果,按评估时的相关市场价格及费用水平重置同等级在制品及半成品所需合理的料工费计算评估值。这种评估方法只适用于生产周期较长的在产品的评估。对生产周期较短的在产品,主要以其实际发生的成本作为价值评估依据,在没有变现风险的情况下,可根据其账面价值进行调整。具体方法有以下几种可以选择使用:

1. 根据价格变动系数调整原成本

此种方法主要适用于生产经营正常、会计核算水平较高企业的在产品的评估。可参照实际发生的原始成本,根据评估基准日的市场价格变动情况,调整成重置成本。具体评估方法和步骤是:

(1)对被评估在产品进行技术了解,将其中不合格在产品的成本从总成本中剔除;

(2)分析原成本的构成,将不合理的费用从总成本中剔除;

(3)分析原成本构成中材料成本从其生产准备开始到评估基准日止市场价格变动情况,并测算出价格变动系数;

(4)分析原成本中的工资、燃料、动力费用以及制造费用从开始生产到评估基准日有无大的变动,是否需要进行调整,如需调整,测算出调整系数;

(5)根据技术鉴定、原始成本构成的分析及价值变动系数的测算,调整成本,确定评估值,必要时,从变现的角度修正评估值。评估价值计算的基本公式如下:

在产品的评估价值=原合理材料成本×(1+价格变动系数)+原合理工资、费用×(1+合理工资、费用变动系数)

2. 按社会平均消耗定额和现行市价计算评估值

采用此法即按重置同类资产的社会平均成本确定被评估资产的价值。用此方法对在产品进行评估需要掌握以下资料:

(1)被评估在产品的完工程度;

(2)被评估在产品有关工序的工艺定额;

(3)被评估在产品耗用物料的近期市场价格;

(4)被评估在产品的合理工时及单位工时的取费标准,而且合理的工时及其取费标准应按正常生产经营情况进行测算。

对于工艺定额的选取,如果有行业的平均物料消耗标准的,可按行业标准计算;没有行业统一标准的,按企业现行的工艺定额计算。

在产品的评估价值=在产品实有数量×(该工序单件材料定额×单位材料现行市价+该工序单件工时定额×正常工资费用)

【例 7—5】 某企业处于某一生产步骤的在产品 500 件,已知每件在产品消耗钢材量为 100 千克,单价为 4 500 元/吨,在产品累计单位工时定额为 20 小时,每小时工资及费用定额合计为 30 元。根据以上资料评估该在产品价值。

解:原材料成本=500×100×4 500/1 000=225 000(元)

工资及费用合计=500×30×20=300 000(元)

该在产品评估值=225 000+300 000=525 000(元)

3. 按在产品的完工程度计算评估值

因为在产品的最高形式为产成品，因此，计算确定在产品评估值，可以在计算产成品重置成本的基础上，按在产品完工程度计算、确定在产品评估值。计算公式为：

在产品评估值＝单件产成品重置成本×在产品约当产量

在产品约当产量＝在产品数量×在产品完工率

在产品约当产量、在产品完工率可以根据其完成工序与全部工序比例、生产完成时间与生产周期比例确定。当然，确定时应分析完成工序、完成时间与其成本耗费的关系。

【例7－6】 某企业有甲在产品1 000件，该在产品的材料已投入100%，完工程度为60%，该在产品的单位材料定额为200元，工资定额为100元，费用定额为80元。试计算甲在产品的评估值。

解：在产品材料的约当产量＝1 000×100%＝1 000（件）

在产品工资和费用约当产量＝1 000×60%＝600（件）

甲产品的评估值＝1 000×200＋600×（100＋80）＝308 000（元）

（二）市场法在在产品评估中的应用

采用这种方法是按同类在产品和半成品的市价，扣除销售过程中预计发生的费用后计算评估值。一般来说，被评估资产通用性好，能够作为产成品的部件，或用于维修等，其评估的价值就较高。对不能继续生产，又无法通过市场调剂出去的专用配件等只能按废料回收价格进行评估。

对此类在产品计算评估值的基本公式为：

在产品评估值＝该种在产品实有数量×市场可接受的不含税单价－预计销售过程中发生的费用

如果在调剂过程中有一定的变现风险，还要考虑设立一个风险调整系数，计算可变现评估值。

对既不能继续用于生产，又无法通过市场调剂出去的专用配件等，则只能按废料回收价格进行评估。对此类在产品的计算公式为：

在产品评估值＝可回收废料的重量×单位重量现行的回收价格

【例7－7】 L企业因产品技术落后而全面停产，现准备与M公司合并，有关在产品的资料如下：

在产品原账面记录的成本为150万元。按其状态及通用性分为三类：

第一类：各部门已从仓库中领出，但尚未进行加工的原料；

第二类：各车间已加工成部件，可通过市场销售且流动性较好的在产品；

第三类：加工成的部件无法销售，又不能继续加工，只能报废处理的在产品。

对于第一类，可按实有数量、技术鉴定情况、现行市场价格计算评估值；对于第二类在产品，可根据市场可接受的现行价格、调剂过程中的费用、调剂的风险确定评估值；对于第三类在产品，只能按废料的回收价格计算评估值。

解：根据评估资料可以确定评估结果，如表7－1、表7－2和表7－3所示。

表7－1 车间已领用尚未加工的原材料 单位：元

材料名称	编号	单位	数量	现行市价	按市价计算的资产价值
甲材料	A001	吨	800	500	400 000
乙材料	A002	吨	300	800	240 000

续表

材料名称	编号	单位	数量	现行市价	按市价计算的资产价值
丙材料	A003	吨	700	1 200	840 000
合　计					1 480 000

表 7—2　　车间已加工成部件并可直接销售的在产品　　单位:元

部件名称	编号	单位	实有数量	现行市价	按市价计算的资产价值
A	B001	件	1 500	100	150 000
B	B002	件	2 000	80	160 000
C	B003	件	800	150	120 000
D	B004	件	700	600	420 000
合　计					850 000

表 7—3　　报废在产品　　单位:元

在产品名称	单位	数量	可收回废料(千克/件)	可收回数量(千克)	单价	评估值
E	件	800	5	4 000	0.8	3 200
F	件	300	10	3 000	1.2	3 600
合　计						6 800

该企业在产品的评估值=1 480 000+850 000+6 800=2 336 800(元)

四、产成品及库存商品的评估

产成品及库存商品是指已完工入库和已完工并经过质量检验但尚未办理入库手续的产成品以及商品流通企业的库存商品等。对此类存货应依据其变现能力和市场可接受的价格进行评估,适用的方法有成本法和市场法。

(一)成本法在产成品及库存商品的评估中的应用

采用成本法对生产及加工企业的产成品评估,主要根据生产、制造该项产成品全过程发生的成本费用确定评估值。具体应用过程中,可分以下两种情况进行:

1. 评估基准日与产成品完工时间接近

当评估基准日与产成品完工时间较接近、成本变化不大时,可以直接按产成品的账面成本确定其评估值。计算公式为:

产成品评估值=产成品数量×产成品单位成本

2. 评估基准日与产成品完工时间间隔较长

当评估基准日与产成品完工时间相距较远,产成品的成本费用变化较大时,产成品评估值可按下列两种方法计算:

方法一:以合理的消耗定额和料、工、费的现行市价计算。

产成品评估值=产成品实有数量×(合理材料工艺定额×单位材料现行价格+合理工时定额×单位小时合理工时工资、费用)

方法二：以物价变动系数对实际成本进行调整。

产成品评估值＝产成品实际成本×(材料成本比例×材料综合调整系数＋工资、费用成本比例×工资、费用综合调整系数)

【例7－8】 某资产评估公司对W企业进行资产评估。经核查，该企业产成品实有数量为1 500件，根据该企业的成本资料，结合同行业成本耗用资料分析，合理材料工艺定额为300千克/件，合理工时定额为10小时。评估时，由于生产该产成品的材料价格上涨，由原来的50元/千克涨至65元/千克，单位小时合理工时工资、费用不变，仍为30元/小时。根据上述分析和有关资料，确定该企业产成品的评估值。

解：产成品评估值＝1 500×(300×65＋10×30)

＝29 700 000(元)

【例7－9】 某企业的产成品实有数量为100台，每台实际成本500元，根据会计核算资料，生产该产品的材料费用与工资、其他费用的比例为70∶30，根据目前价格变动情况和其他相关资料，确定材料综合调整系数为1.03，工资、费用综合调整系数为1.05。请计算该产成品的评估值。

解：产成品评估值＝100×500×(70％×1.03＋30％×1.05)

＝51 800(元)

(二)市场法在产成品及库存商品的评估中的应用

应用市场法评估产成品的价值，在选择市场价格时应注意考虑下面几项因素：

1. 产成品的使用价值。根据对产品本身的技术水平和内在质量的技术鉴定，确定产品是否具有使用价值以及产品的实际等级，以便选择合理的市场价格。

2. 分析市场供求关系和被评估产成品的前景。

3. 所选择的价格应是在公开市场上所形成的近期交易价格，非正常交易价格不能作为评估的依据。

4. 对于产品技术水平先进，但产成品外表存有不同程度的残缺的，可根据其损坏程度，通过调整系数予以调整。

采用市场法评估产成品时，现行市价中包含了成本、税金和利润的因素，如何处理待实现的利润和税金，是一个不可忽视的问题。对这一问题应作具体分析，应视产成品评估的特定目的和评估的性质而定。

第三节 货币类债权类流动资产及其他资产的评估

一、现金和各项银行存款的评估

众所周知，货币性资产不会因时间的变化而发生差异。因此，对于现金和各项银行存款的评估，实际上是对现金的盘点，并与现金日记账和现金总账核对，实现账实相符；是对各项银行存款的清查与确认，核实各项银行存款的实有数额；最后，以核实后的实有额作为评估值，如有外币存款，应按评估基准日的汇率折算成等值人民币。

二、应收账款及预付账款的评估

企业的应收账款和预付款主要是指企业在经营过程中由于赊销等原因形成的尚未收回的款项以及企业根据合同规定预付给供货单位的货款等。由于应收款项存在一定的回收风险，因此，在对这些资产估算时，一般应从两方面进行：一是清查、核实应收账款数额；二是估计可能的坏账损失。应收账款评估价值计算的基本公式为：

应收账款评估值＝应收账款账面价值－已确定的坏账损失－预计可能发生的坏账损失

具体进行应收账款的评估时，其基本程序如下：

1. 确定应收账款账面价值

在进行应收账款的评估时，除了进行账证核对、账表核对外，应要求按客户名单发函核对，查明每项应收账款发生的时间、金额、债务人单位的基本情况，并进行详细记录，作为评估时预计坏账损失的重要依据。需要特别注意的是：对机构内部独立核算单位之间的往来必须进行双向核对，以避免重计、漏计。

2. 确定已发生的坏账损失

已发生的坏账损失是指评估时债务人已经死亡或破产，以及有明显证据证明确实无法收回的应收账款。对于已确认的坏账损失，在评估其价值时，应该从应收账款价值中扣除。

3. 预计可能发生的坏账损失

对于被评估企业的应收账款，应根据应收账款收回的可能性进行判断。一般可以根据企业与债务人的业务往来和债务人的信用情况将应收账款分为几类，并按不同类别估计坏账损失发生的可能性及其数额。应收账款的分类情况如下：

(1)业务往来较多，债务人结算信用好。这类应收账款一般能够如期全部收回。

(2)业务往来少，债务人结算信用一般。该类应收账款收回的可能性很大，但收回时间不能完全确定。

(3)偶然发生业务往来，债务人信用状况未能调查清楚。这类应收账款可能只收回一部分。

(4)有业务往来，但债务人信用状况较差，有长期拖欠货款的记录。这类应收账款可能无法收回。

上述分类方法，既是对应收账款坏账损失可能性的判断过程，也是对预计坏账损失定量分析的准备过程。对预计坏账损失的估计方法主要有如下几种：

1. 坏账比例法

此法是按坏账占全部应收账款的比例来判断不可收回的应收款，从而确定坏账损失的数额。坏账比例的确定，可以根据被评估企业在评估前若干年(一般为 3～5 年)的实际坏账损失额与其应收账款发生额的比例确定。计算公式为：

坏账比例＝评估前若干年发生的坏账数额/评估前若干年应收账款余额×100％

预计坏账损失额＝评估基准日应收账款账面余额×坏账比例

当然，如果一个企业的应收账款多年未清理，账面找不到处理坏账的数额，也就无法推算出坏账损失率，在这种情况下就不能采用这种方法。

【例 7－10】 对某企业进行整体资产评估，经核实，截至评估基准日，应收账款的账面余额为 120 万元，前 5 年的应收账款发生情况及坏账损失情况如表 7－4 所示。

表 7—4　　坏账损失情况　　单位:万元

年　度	应收账款余额	处理坏账额	备　注
1	100	3	
2	180	5.2	
3	300	3.5	
4	270	3.8	
5	200	5.5	
合　计	1 050	21	

根据上述资料,计算前 5 年坏账占应收账款的百分比。

解:21÷1 050×100%=2%

预计坏账损失额=120×2%=2.4(万元)

需要特别说明的是:确定坏账损失比例时,还应该分析因特殊原因造成的坏账损失。在计算坏账损失比例时,应将因特殊原因造成的坏账从中剔除,不能直接作为预计未来坏账损失的依据。

2. 账龄分析法

此法是根据应收账款账龄的长短,分析应收账款预计可收回的金额及其产生坏账的可能性。一般来说,应收账款账龄越长,产生坏账损失的可能性就越大。因此,可将应收账款按账龄长短分成不同的组别,按不同组别估计坏账损失的可能性,进而估计坏账损失的金额。

【例 7—11】 在对某企业进行评估时,经核实,该企业应收账款实有额为 643 500 元,具体发生情况以及由此确定的坏账损失情况如表 7—5 所示。

表 7—5　　应收账款账龄分析　　单位:元

欠款时间	应收金额	预计坏账率	坏账金额
未到期	180 000	1%	1 800
半年	120 000	3%	3 600
一年	80 000	5%	4 000
两年	56 000	8%	4 480
三年	205 000	10%	20 500
三年以上	2 500	30%	750
合　计	643 500		35 130

解:根据表 7—5 计算的应收账款评估值=643 500—35 130=608 370(元)

应收账款的评估应该考虑相应的费用。而且,评估以后,"坏账准备"科目应按零值计算。因为"坏账准备"科目是应收账款的备抵账户,是企业根据坏账损失发生的可能性采用一定的方法计提的。对应收账款评估时,是按照实际可收回的可能性进行的。因此,应收账款评估值就不必再考虑坏账准备数额。

三、应收票据的评估

应收票据是由付款人或收款人签发、由付款人承兑、到期无条件付款的一种书面凭证。应收票据按承兑人不同可分为商业承兑汇票和银行承兑汇票；按其是否带息可分为带息商业汇票和不带息商业汇票。商业汇票可依法背书转让，也可以向银行申请贴现。由于商业汇票有带息和不带息之分，带息票据的评估值等于本金(票据金额)加利息。

不带息票据的评估值是其票面金额的贴现值。应收票据的评估可采用下列两种方法进行：

(一)按票据的本利和计算

应收票据的评估价值为票据的面值加上应计的利息。其计算公式为：

应收票据评估值＝本金×(1＋利息率×时间)

【例 7－12】 某企业拥有一张期限为 6 个月的商业汇票，本金 100 万元，月息为 1% ，评估基准日离付款期尚差 3 个月的时间，请确定评估值。

解：应收票据的评估值＝1 000 000×(1＋1%×3)

＝1 030 000(元)

(二)按应收票据的贴现值计算

应收票据的评估价值为按评估基准日到银行申请贴现的贴现值。其计算公式为：

应收票据评估值＝票据到期价值－贴现息

贴现息＝票据到期价值×贴现率×贴现期

【例 7－13】 某企业向甲企业出售一批材料，价款 100 万元，商定 6 个月收款，采取商业汇票结算。该企业于 5 月 1 日开出汇票，并经甲企业承兑，汇票到期日为 11 月 1 日。评估基准日为 6 月 1 日，贴现率按月息 1%计算。求评估值。

解：贴现息＝100×1%×5＝5(万元)

应收票据评估值＝100－5＝95(万元)

与应收账款类似，如果被评估的应收票据系在规定的时间尚未收回的票据，由于会计处理上将不能如期收回的应收票据转入应收账款账户，此时，按应收账款的评估方法进行价值评估。

四、待摊费用和预付费用的评估

(一)待摊费用的评估

待摊费用是指企业已经支付或发生，但应由本月和以后月份负担的费用。待摊费用本身不是资产，它是已耗用资产的反映。因此，对于待摊费用的评估，原则上应按其形成的具体资产价值来确定。

例如，某企业待摊费用中，发生的待摊修理费用 1 万元，而在机器设备评估时，由于发生大修理费用会延长机器设备的寿命或增加其功能，使机器设备评估值增大，因此，待摊费用 1 万元已在机器设备价值中得以实现，这部分反映在待摊费用中的价值不应体现。

(二)预付费用的评估

预付费用与待摊费用类似，只是这类费用在评估基准日之前企业已经支出，但在评估基准日之后才可能产生效益，如预付的报纸、杂志费，预付保险金，预付租金等。因而，可将这类预付费用看作是未来取得服务的权利。预付费用的评估依据其未来可产生效益的时间。如果预付费用的效益已在评估基准日前全部体现，只因发生的数额过大而采用分期摊销的办法，那么这种预付费用不应在评估中作价。只有那些在评估基准日之后仍将发挥作用的预付费用，才具有相应的评估价值。

【例 7—14】 某企业对预付费用进行评估，评估基准日为 2009 年 10 月 1 日，其中预付房租 48 万元，合同规定租期从 2009 年 8 月 1 日到 2010 年 8 月 1 日。请确定该企业预付费用(房租)的评估值。

解：48－48/12×2＝40(万元)

五、其他资产的评估

其他资产的评估主要是对以固定资产大修理支出和租入固定资产改良为主的长期待摊费用的评估。其他资产能否构成被评估企业的资产，并不取决于它在评估基准日之前所支付数额的多少，而取决于它在评估基准日之后能为新的产权主体带来利益的大小。界定其他资产能否成为资产评估的对象时，一方面要分析其预期的经济效益，只有当企业账面上的其他资产能为新的产权主体带来经济利益的时候，才构成资产评估的对象；另一方面要注意与其他相关资产之间的协调，认真检查与核实，了解费用支出摊销和结余情况，了解新形成的资产和权利的尚存情况，以确保所评估的其他资产存在合理性和有效性，比如经过大修、装修、改良的固定资产，因修理、装修、改良所增加的市场价值已经在固定资产的评估值中得到体现，则对于该部分其他资产就不应再做重复评估。对其他资产评估的主要依据是其他资产未来可产生效益的时间、单位时间(年、月)可产生的效益额或节约的支出额，以及货币的时间价值因素。货币的时间价值因素根据受益时间长短而定。一般情况下，一年内的不予考虑，超过一年时间的要根据具体内容、市场行情的变化趋势予以处理。

练习题

一、单项选择题

1. 将外币存款折算为人民币时，一般应按评估基准日(　　)折算。

A. 当日外汇牌价　　B. 当月平均外汇牌价

C. 当年平均外汇牌价　　D. 当年最低外汇牌价

2. 评估人员对某企业的库存甲材料进行评估，被评估甲材料共分三批购入。第一批购入100 吨，材料价款共计 320 000 元，运输费用 1 500 元；第二批购入 100 吨，材料价款共计350 000元，运输费用 2 000 元；第三批于评估基准日当天购入，数量为 150 吨，材料价款510 000元，运输费用 3 300 元。经清查，评估基准日企业库存甲材料 200 吨且保存完好，则该企业甲材料的评估值最接近于(　　)元。

A. 677 219　　B. 684 400　　C. 689 300　　D. 691 340

3. 甲企业中某材料系 1 个月前从外地购入，数量为 2 000 千克，单价为 200 元/千克，运杂费为 400 元。根据盘点情况，评估时库存尚余 800 千克。根据上述资料，确定的该材料的评估值为(　　)元。

A. 160 160　　B. 235 000　　C. 87 500　　D. 124 660

4. 对于购进批次间隔时间长、价格变化较大的库存材料的评估最宜采用(　　)作为评估值。

A. 经过修正后的材料价格　　B. 扣除贬值后的净额

C. 成本法估算金额　　D. 最接近市场价格的材料价格

5. A企业在产品评估基准日的账面总成本为300万元，经评估人员核查，发现其中有100件产品为超过正常范围的废品，其账面成本为1万元，估计可回收的废料价值为0.2万元，另外，还将前期漏转的费用5万元，计入了本期成本，该企业在产品的评估值接近(　　)万元。

A. 294.2　　B. 197　　C. 295　　D. 299.2

6. 某公司在2002年1月租赁一临街房屋，租期4年，租金4万元(假定这里不考虑货币时间价值)。2004年1月该公司又向保险公司交付火灾保险费240元。2004年6月30日，该公司账簿上的房租已经摊销3万元。该公司经房主同意，愿意在2004年7月转租房屋。若市场租金自2002年以来没有发生变动，其转租的客观租金应为(　　)元。

A. 15 120　　B. 12 150　　C. 20 120　　D. 20 220

7. 某企业拥有一张期限为6个月的商业汇票，本金80万元，月息8‰，截至评估基准日离付款期尚差2.5个月的时间，由此确定评估值为(　　)元。

A. 522 500　　B. 176 434　　C. 822 400　　D. 665 450

8. 采用成本法对在用低值易耗品评估时，成新率应根据(　　)确定，而不能完全按照其摊销方法确定。

A. 实际损耗程度　　B. 已使用月数　　C. 尚未摊销数额　　D. 已摊销数额

9. 某在用低值易耗品的原价为2 000元，摊销后的账面余额为1 800元，该低值易耗品的使用寿命是1年，截止到评估基准日已经使用了8个月，该低值易耗品的现行市价为1 400元，则评估该低值易耗品的价值约为(　　)元。

A. 1 000　　B. 800　　C. 1 400　　D. 466.67

10. 评估流动资产时有时会考虑其(　　)。

A. 经济性贬值　　B. 功能性贬值　　C. 实体性损耗　　D. 各种贬值

11. 在用低值易耗品的评估一般采用(　　)。

A. 成本法　　B. 市场法　　C. 收益法　　D. 清算价格法

12. 被评估企业已经正常营业3年，长期待摊费用账面余额为120万元，其中包括固定资产大修理费85万元，办公室装修费15万元，产品销售部房租20万元。经查，其中20万元的房租费为租期5年的租金总额，至评估基准日已经租用1年，企业尚未摊销，而大修理费和装修费均为按10年摊销的余额，则该长期待摊费用的评估值为(　　)万元。

A. 16　　B. 20　　C. 35　　D. 116

13. 某低值易耗品原价700元，预计可使用1年，现已使用6个月。据调查，该低值易耗品的现行市价为1 100元，则其评估值为(　　)元。

A. 1 100　　B. 1 000　　C. 800　　D. 550

14. 某企业截至评估基准日止，经核实的应收账款余额为200万元，前5年有关资料如下：

年　份	应收账款余额(万元)	坏账金额(万元)
第1年	30	0.25
第2年	35	0.5

续表

年　份	应收账款余额(万元)	坏账金额(万元)
第3年	60	0.8
第4年	90	8
第5年	105	20

根据上述资料,该企业应收账款的评估值应为(　　)元。

A. 200　　B. 190.45　　C. 181.6　　D. 175.5

二、多项选择题

1. 在对应收账款评估时,对预计坏账损失的估计方法主要有(　　)。

A. 坏账比例法　　B. 预计坏账法　　C. 账龄分析法　　D. 坏账损失率法

E. 直接估测法

2. 流动资产与固定资产相比,具有如下特点:(　　)。

A. 循环周转速度快　　B. 变现能力强　　C. 变现能力弱　　D. 波动性

E. 占用形态同时并存又相继转化

3. 流动资产的实体性贬值可能会出现在(　　)。

A. 应收账款　　B. 在用低值易耗品　　C. 在产品　　D. 呆滞、积压物资

E. 预付账款

4. 对产成品或库存商品的评估,一般可采用(　　)。

A. 成本法　　B. 市场法　　C. 收益法　　D. 分段法

E. 年金法

5. 流动资产具有(　　)特点。

A. 周转速度快　　B. 变现能力强　　C. 形态多样化　　D. 占用数量的固定性

E. 固定性

6. 在产品的评估一般可以采用(　　)。

A. 成本法　　B. 市场法　　C. 收益法　　D. 清算价格法

E. 完工百分比法

7. 对低值易耗品进行评估时,应考虑的因素主要有(　　)。

A. 市场价格　　B. 实体性损耗　　C. 功能性损耗　　D. 经济性损耗

E. 完整性

8. 关于流动资产的评估,下列说法中正确的有(　　)。

A. 实物类流动资产的评估方法通常采用市场法和成本法

B. 通常情况下,货币类流动资产以账面原值作为评估值最为合理

C. 债权类流动资产按可变现净值进行评估

D. 评估流动资产一般不需考虑资产的功能性贬值因素

E. 流动资产评估时只需从账面复核即可

三、计算题

1. 现对某企业的在产品进行评估,资料如下:该在产品账面总成本为600万元,经评估人

员质量检查和技术鉴定后，发现该系列产品中A类在产品有500件废品，账面单位成本为50元，估计可回收的废料价值共计3 000元。该系列在产品的成本中，材料成本占70%，生产所用材料的价格自生产准备日起到评估基准日止上涨了12%。试计算该系列在产品的价值。

2. 企业中某材料是两个月以前从外地购进，数量为300千克，单价为150元，当时支付的运杂费为1 500元。根据原始记录和清查盘点，评估时库存尚有100千克这种材料。试评估该材料的价值。

3. 某企业要对其库存的某种钢材进行评估。该种钢材是分两批购进的，第一批购进时间是去年10月，购进1 000吨，每吨3 800元；第二批是今年4月购进的，数量100吨，每吨4 500元。今年5月1日评估时，经核实去年购进的此种钢材尚存500吨，今年4月购进的尚未使用。因此，需评估的钢材数量是600吨，价格可采用每吨4 500元计算。试计算其评估值。

4. 某企业向甲企业出售材料，价款1 000万元，商议9个月后收款，采取商业承兑汇票结算，该企业于3月10日开出汇票并向甲企业承兑。汇票到期日为12月10日。现对该企业进行评估，评估基准日为6月10日。贴现率为月利息6‰。试评估该汇票的价值。

第八章　资源资产评估

第一节　资源资产概述

一、自然资源及其分类

资源是人类赖以生存和发展的基础，是可供人类利用的宝贵财富。资源资产是在现有科学技术水平下，通过开发利用，能够为产权主体带来一定经济利益的自然资源。广义的资源包括自然资源、经济资源和人文社会资源等，狭义的资源是指自然资源，包括矿产资源、森林资源、土地资源、水资源等。本章中的资源资产是指狭义的自然资源转化而成的资产。

根据不同的标准，自然资源又可以分为以下几类：

(一)按能否再生分类

根据自然资源在开发过程中能否再生，可划分为耗竭性资源和非耗竭性资源。

耗竭性资源的主体是矿产资源，是经过漫长的地质过程形成的，随着人类的开发利用，其绝对数量在不断地下降之中，是不可再生资源。

非耗竭性资源基本上是由环境要素构成的，在合理开发利用的限度内，人类可以永续利用。非耗竭性资源可分为三种：

(1)恒定的非耗竭性资源。不受或基本不受人为因素的影响，具有恒定特性，如气候资源和海洋动力资源。

(2)可再生的非耗竭性资源。在人为因素的干预下发生增减变化，虽然数量减少，但可以恢复，如生物资源。森林资源只要适度采伐，就可以不断更新，不会导致资源枯竭。

(3)不可再生的非耗竭性资源。土地资源只要合理利用，就可永续使用，如果不合理开发，就会造成沙化、盐碱化、荒漠化。

具体分类参见图8－1。

(二)按资源的性质分类

从自然资源与人类的经济关系出发，按照资源的性质，可划分为环境资源、生物资源、土地

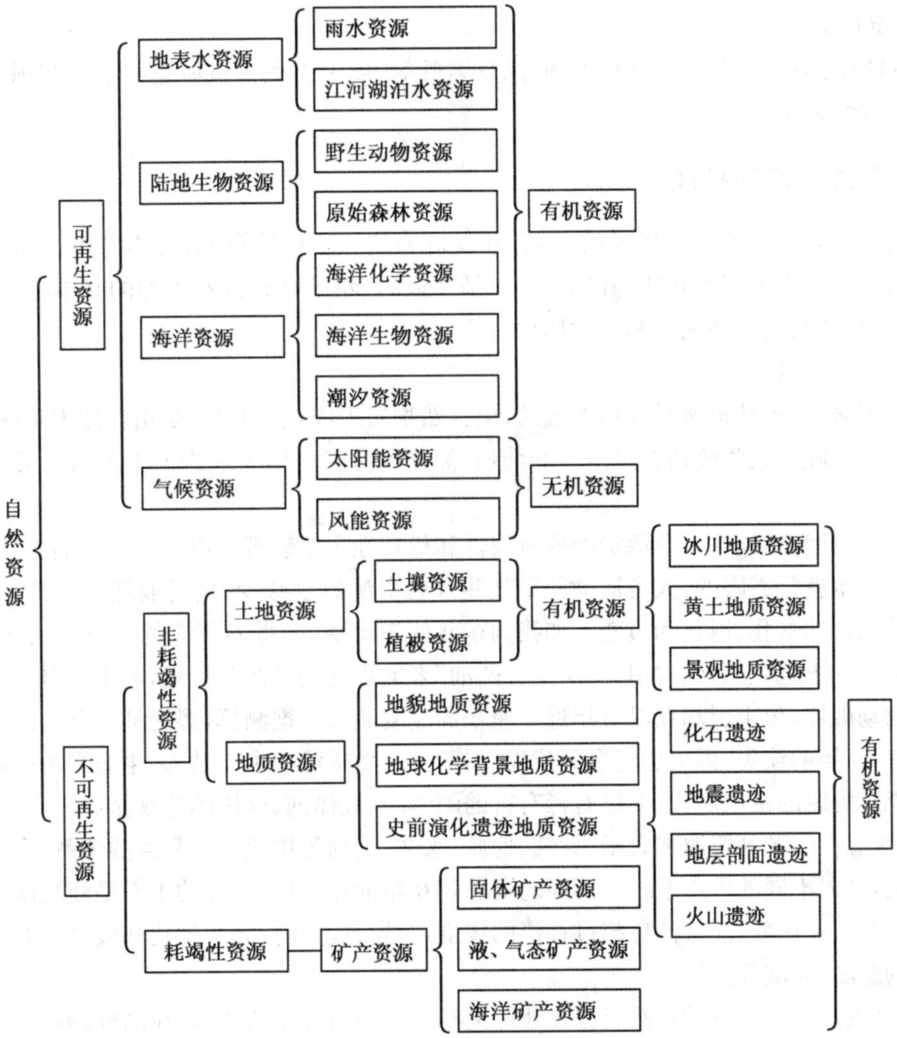

图 8—1　自然资源的分类

资源、矿产资源和景观资源等。

(1)环境资源，包括阳光、地热、空气和天然水等，这类资源比较稳定，一般不会因人类的开发利用而明显减少，为非耗竭性资源。

(2)生物资源，包括森林资源、牧草资源、动物资源和海洋生物资源等。生物资源吸收了流动的太阳能和水资源，消耗土壤的养分。在太阳能量一定、生物繁殖能力一定以及人类合理利用和保护的条件下，生物资源是可以再生的。

(3)土地资源，是由地形、土壤、植被、岩石、水文和气候等因素组成的一个独立的自然综合体。土地一般是指地球陆地的表面部分，包括滩涂和内陆水域。土地可以划分为农用地、建设用地和未利用地。农用地主要包括耕地、林地、草地、农田水利用地、养殖水面等。

(4)矿产资源，是经过一定的地质过程形成的，存在于地壳或地壳上的固体、液态或气态物质，包括各种能源和各种矿物等。矿产资源包括陆地矿产资源和海洋矿产资源。陆地矿产资源包括金属矿产资源、能源矿产资源和非金属矿产资源;海洋矿产资源包括滨海砂矿、陆架油气、深海沉积矿床等。

(5)景观资源,主要是指自然景物、风景名胜等,能为人民提供游览、观光、知识、乐趣、度假、探险、考察研究等作用。

二、资源资产的特性

资源资产是由自然因素形成的、具有开发价值的一切经济资源,它由特定主体占用或控制。资源资产与自然资源相比,其物质内涵是一致的,除了具有自然资源的基本特性外,根据资产的含义,还具有经济属性和法律属性。

(一)自然属性

(1)天然性。自然资源是天然形成的,由自然物质组成,最初完全是由自然因素形成的,处于自然状态。随着人类改造自然能力的加强,部分资源资产则表现为人工投入和天然生长的共生性。

(2)有限性和稀缺性。资源资产的有限性和稀缺性主要表现为以下三个方面。其一,资源资产的数量本就是有限的,人类活动使得某些自然资源数量减少、枯竭或耗尽。其二,自然资源和自然条件的贫化、退化和质变。如我国东北的黑土地,全世界仅有的三块黑土地之一,是中国最肥沃的土地,老百姓常用“一两土二两油”来形容它的肥沃与珍贵,但由于自然因素制约和人为活动破坏,黑土层却在以每年近1厘米的速度流失。据测算,黑土地现有的部分耕地再经过40～50年的流失,黑土层将全部流失。其三,自然资源的生态结构、生态平衡被破坏。如人类对森林资源的乱砍滥伐,大量有毒有害的固体的、液体的、气体的违规排放。

(3)生态性。各种资源如太阳、大气、地质、水文、生物等构成一个复杂的体系,形成特定的生态结构,构成不同的生态系统。不同的资源间互相依存,具有一定的生态平衡规律。如果肆无忌惮地开采和获取,使其消耗超过补偿的速度,会导致这些资源的劣化和毁灭。如近年来频繁出现的蓝藻、赤潮等。

(4)区域性。任何一种自然资源在地球上都不是均衡分布的,它们在品种、数量、质量等方面都存在明显的地区差异,具有明显的地域性。

(二)经济属性

(1)自然资源具有使用价值,是经济发展的必备物质条件。由于自然资源具有使用价值和物质效用,自然资源能够转化为经济资源,成为人类的生活资料和生产资料。经济增长与经济发展必然要耗费一定的资源,所以自然资源是人类发展的物质基础,全部物质财富必须以自然资源为物质基础,资源的相对丰度影响着经济发展速度。

(2)资源资产能够以货币计量。资源资产除了能够用实物单位计量外,还可以用价值量表示,这是资源资产评估的基础。对于无法用货币计量的自然资源,如空气、阳光等就不能成为资产。

(3)资源资产具有获益性。只有具有经济价值的自然资源才能成为资产。没有经济价值或在当今知识与技术条件下尚不能确定其有经济利用价值的资源不能成为资产。

(4)资源资产经营的风险较大。资源资产的经营往往需要大量的初始资金投入,且投资周期较长,容易形成较大的沉没成本,另外还会受到经济形势是否景气的影响,这些往往会使投资主体陷于收入水平下降、资金周转困难的局面。

（三）法律属性

（1）资源资产必须能够为特定的产权主体所拥有和控制。资源资产产权在法律上具有独立性。

（2）资源资产的使用权可以依法交易。我国实行资源资产的所有权和使用权相分离的制度，法律不允许资源资产的所有权转让，但是所有权可以依法交易。

三、资源资产评估及其特点

资源资产评估就是运用合理、适当的方法对资源资产的价值进行估算。评估机构及人员接受委托进行资源性资产评估时，必须要求委托方提供国家法律文件和有资格的部门对经济行为的批准文件，并在资产评估报告书中予以说明。资源资产评估不仅为国民经济资源价值核算服务，还可以在资源资产产权的出让、转让、资产经营、抵押、环保等经济活动中为有关权益各方包括国家和企业等提供专业服务。资源资产评估的基本方法有三种，即收益法、成本法、市场法，但在具体运用以及参数确定上，不同类型的资源资产具有派生的、适合各类资源资产评估的特定方法。由于资源资产具有独特的自然、经济和法律属性，资源资产的评估与其他资产评估相比具有一定的特点：

（一）资源资产价值是自然资源的使用权价格

我国的自然资源大部分属于国家所有，只有一部分属于集体所有，如矿产资源属于国家所有，大部分森林资源属于国家所有，并实行所有权和使用权相分离的制度。由于法律不允许资源资产的所有权转让，因此在我国，资源资产的价格是指使用权价格。

（二）资源资产价值一般受资源的区位影响较大

由于资源资产的有限性、稀缺性和区域性，资源资产价值受自然资源所在区位影响很大。

（三）资源资产评估须遵循自然资源形成和变化的客观规律

资源条件包括资源的质量品位、资源的赋存开采条件及产地到销地的运输距离和运输条件（运输工具和地貌等）。资源资产的类别多种多样，不同资产其资源条件、经营方式、市场供求等都不相同。如矿产资源是经过一定的地质过程形成的，森林资源是一种生物资源，因此，矿山企业的矿产资源开发利用、矿业权的经营，森工企业营林生产过程等都有自身的客观规律。在资产评估中，要充分了解资源资产实体和资产使用权的特点，以合理评估资源资产的价值。

（四）资源资产质和量的确定需经过相关领域专家的协同配合

资源资产因其性状特征不同，其质和量的确定需要借助各种专业指标，如矿产资源中的开采条件、储量、品位等，再如森林资源中的林分、林相、林龄、疏密度等，这些指标的确定无不需要相关领域专家的现场勘查和丰富的工作经验作为支撑。

四、资源资产评估原则

除了资产评估的基本原则外，资源资产评估还应遵守以下原则：

（一）坚持国家所有权原则

根据我国法律的规定，资源资产属于国家所有，法律规定的属于集体所有的除外。虽然资源资产评估的对象是资产的使用权、经营权，但这些权利不能脱离自然资源的国家所有权而独立存在。评估时必须坚持国家所有权的原则，分清所有者和使用者在资源资产收益分配上的经济利益。

（二）最佳使用原则

资源资产的用途具有多样性，利用方式不同，获得的收益也不同。资源资产的权利人都期望获得最大的收益，这一目的指导着资源资产的利用方式。所以，资源资产评估也应以最大地发挥效用的方式为前提，确定预期的最大收益。

（三）价值递增原则

资源资产的价值递增原则是指在评估资源资产价值时，必须充分考虑自然资源的稀缺性。自然资源的价值递增原则的基本含义是评估时序越靠后的资源价格越高。坚持这一原则的主要依据是：一方面，由于长期开采，会导致资源在全国或全世界范围内的拥有量不断下降；另一方面，由于社会经济的发展，人们的需求不断增加，于是供给与需求的矛盾日益尖锐。这一矛盾往往无法通过人力方式扩大自然资源的拥有量来解决。这一矛盾反映在资源评估上就是通过不断提高资源的价格，鼓励人们节约资源，尽可能减少对自然资源的需求和依赖。

第二节 矿产资源资产评估

一、矿产资源资产概述

矿产资源是自然资源的重要组成部分，是人类社会发展的主要物质基础。我国的矿产资源属于国家所有，由国务院行使矿产资源的所有权，矿产资源的物质实体及其所有权属于国家。国家实行探矿权、采矿权有偿取得制度，矿产资源的探矿权和采矿权可以依法出让和转让。勘察和开采矿产资源必须依法分别申请，经批准取得探矿权和采矿权并办理登记。所以一般矿产资源的资产评估范围包括矿产资源实物资产、矿业权、地质勘查成果专有权，而主要评估对象为矿业权。矿业权分为探矿权、采矿权、矿产发现权。

（1）探矿权和采矿权。探矿权、采矿权是矿产资源资产所有权派生出来的他物权，是所有者特许勘查出资人勘查矿产资源的权利。勘查出资人成为矿业权人，其法律文件是勘查许可证、采矿许可证。勘查许可证、采矿许可证又是行为产权，当矿业权发生租赁、抵押行为时，勘查许可证、采矿许可证成为独立的评估对象。探矿权和采矿权评估必须依托矿产资源实物资产，而矿产资源实物资产评估在特定的评估目的下，可以不依托矿业权，成为独立的评估对象。

（2）矿产发现权。矿产发现权属于知识产权。地质勘查是对地质规律和地质科学的具体运用，其发现对象可能是某种矿产，或者是某种成因类型的矿床，或者是某个成矿区带。这些对象都是客观自然现象的具体体现。所以对发现主体应给予矿产发现权的权益，从而使矿产发现权成为独立的评估对象。

二、影响矿产资源资产价值的因素

（一）矿产品的供求状况

供求状况也是影响矿产品价值的主要因素之一，它决定矿产品价值的实现程度，决定何种等级的矿产资源将被投入到生产过程当中，从而决定矿产资源的价格水平。

（二）矿产资源本身的稀缺程度和可替代程度

在我国不同的矿种，资源的稀缺程度差别很大。在市场需求一定的情况下，占有和经营质量好、使用价值高的矿产资源，往往能够获得更多的超额利润。同时，由于国家一般对稀缺资源实行保护性开发政策，稀缺的矿产资源一般具有更高的价值。一般而言，资源的稀缺程度越高，其可替代性往往越低，凡是可替代程度低的矿产资源，其资产价值也较高。

（三）矿床的自然丰富程度和地理位置

矿床的自然丰富程度是通过矿体规模、形态、产状、品位、埋深、厚薄等一系列指标综合反映的。在一定的技术经济条件下，矿床的自然丰富程度越高，开采所需投入的成本越低，企业的超额利润越大，矿产资源资产价值也就越大。金属矿石的选冶性能、矿床含有的有益伴生组分以及矿床地质构造的复杂程度等，都会直接影响矿产品的产出率和企业的利润率。地理位置对于矿产的价值也是一个很重要的影响因素。矿产距离加工地和消费地的远近程度以及运输条件的优劣，会影响企业的生产成本。

（四）科技进步

科技进步对矿产资源资产价值的影响主要有以下几个方面：

(1)会使一些原来没有被利用的或者被认为无法利用的伴生元素或者矿物质得到开发和利用，从而使矿产资源总规模扩大，市场供给增加。

(2)可以发现已被使用的矿产资源新的或更有效的利用价值，从而改变和增加矿产资源资产的价值。

(3)可以发现和创造对矿产资源开发、利用更有效的方法，使采掘企业的技术经济指标发生显著变化，例如采矿损失率、矿石贫化率等降低，采矿回采率、选矿回收率、综合利用率、尾矿处理水平等上升，降低了矿产资源的耗减速度，使采矿企业的收益增加，也使矿产资源资产的价值上升。

(4)可以发现和创造更加有效和现代化的找矿方法，是矿产资源普查与详查的成本和风险降低，环境治理的费用水平下降，从而改变矿产资源资产的价格构成和价格水平。

（五）资本化率

投资矿产资源的开采是要面临一定的风险的，投资者会要求相应的回报作为补偿。资本化率的高低反映潜在投资者向矿山资源资产投资所要求的回报率，以及矿产资源资产投资风险的大小。

三、矿产资源的主要评估方法

根据不同的评估对象和评估目的，矿产资源资产评估有多种评估方法。采矿权评估主要采用贴现现金流量法、贴现剩余现金流量法和可比销售法。对于探矿权应根据矿产勘察工作的预查、普查、详查和勘探四个阶段，采取不同的评估方法。详查和勘探阶段，勘察精度高，主要采用约当投资——贴现现金流量法、重置成本法和地勘加和法；预查、普查阶段，勘察精度低，主要采用地质要素评序法、联合风险勘察协议法和粗估法。

（一）贴现现金流量法

贴现现金流量法，即DCF(discounted cash flow)，属于资产评估三大基本方法之一的收益法，是将矿产资源勘查、开发作为现金流量系统，将评估计算年限内各年的净现金流量，以与净现金流量口径相匹配的折现率加以折现，计算现值之和，作为矿业权评估值。

$$V=\sum_{t=1}^{n}\frac{(CI-CO)_t}{(1+r)^t}$$

式中：V——矿业权评估值；

CI——年现金流入量；

CO——年现金流出量；

t——年序号($t=1,2,3,\cdots,n$)；

r——折现率；

n——评估计算年限。

（二）贴现剩余现金流量法

贴现剩余现金流量法，即DRCF(discounted remain cash flow)，属于资产评估三大基本方法之一的收益法，是将评估计算年限内各年的净现金流量逐年扣除与矿产资源开发有关的合理报酬后的剩余净现金流量视为"超额收益"，以与剩余净现金流量口径相匹配的折现率，计算现值之和，作为矿业权评估值。

$$V=\sum_{t=1}^{n}\frac{(CI-CO-I_p)_t}{(1+r)^t}$$

式中：V——矿业权评估值；

CI——年现金流入量；

CO——年现金流出量；

I_p——与矿产资源开发有关的合理报酬；

t——年序号($t=1,2,3,\cdots,n$)；

r——折现率；

n——评估计算年限。

（三）可比销售法

可比销售法属于资产评估三大基本方法之一的市场法，是通过选用已知转让的采矿权成交价及可比的技术经济手段，与被评估采矿权相对应的参数进行对比，经过差异因素调整，估算待评估的采矿权价格的方法。

$$V=P_X\times a\times b\times c\times d$$

式中，V——采矿权价值；

P_X——参照的采矿权成交价格；

a——规模调整系数；

b——品位调整系数；

c——价格调整系数；

d——差异调整系数。

采矿权差异要素包括矿产资源的交通条件、自然条件、经济环境和地质采选条件等，具体的差异要素见表8－1。

表8－1　　采矿权差异要素参考表

交通条件	距国道距离
	公路类型
	距火车站距离
	距市中心距离
	距公共设施距离

续表

经济环境	所在地国民收入
	劳动力状况
	农业状况
	地方经济政策
	供电、供水状况
地质采选条件	埋藏深度
	矿床工业类型
	矿石选冶性能
	水文、工程地质条件
	开采方式
	采选规模
自然条件	地形环境
	气候环境
	土地状况
	水源状况

应用可比销售法时，要对参照的采矿权价格进行矿床规模差异调整、品位调整、矿产品价格调整、采矿权差异要素调整。其中：

$$规模调整系数=\frac{被评估的采矿权探明储量}{参照的采矿权探明储量}$$

$$品位调整系数=\frac{被评估的采矿权精矿平均品位}{参照的采矿权精矿平均品位}$$

$$矿产品价格调整系数=\frac{被评估的采矿权采用的矿产品价格}{参照的采矿权采用的矿产品价格}$$

$$采矿权差异要素调整=\frac{被评估的采矿权差异要素评判总值}{参照的采矿权差异要素评判总值}$$

（四）约当投资——贴现现金流量法

采用约当投资——贴现现金流量法评估探矿权价值，是通过对新探矿权人未来开采投入的全部资产的未来预期收益现值进行估算，按原探矿权人和新探矿权人投资的比例对预期收益现值进行分割后，以原探矿权人分割所得的预期收益现值来确定探矿权的评估价值。因此，约当投资——贴现现金流量法并不是直接对探矿权资产的未来预期收益进行估算，该方法的应用需具备较详细的地勘投资财务资料。

第一步：根据贴现现金流量法的计算原理，计算新探矿权的资产收益现值。

$$W=\sum_{t=1}^{n}\frac{W_t}{(1+r)^t}$$

式中：W——资产收益现值；

W_t——第 t 年的收益额；

r——折现率或资本化率；

n——计算年限。

W_t＝年销售收入－年经营成本－年资源补偿费－资源税费－其他税费

第二步：计算原探矿权人、新探矿权人的投资现值。原探矿权人的投资现值 T_y 可采用重置成本法计算，新探矿权人的投资现值 T_x 可采用贴现法计算。

$$T_x=\sum_{t=1}^{n}\frac{T_t}{(1+r)^t}$$

式中：T_x——新探矿权人的投资现值；

T_t——第 t 年的投资值；

r——折现率或资本化率；

n——投资年限。

第三步：计算探矿权评估价值，计算公式为：

$$P=\frac{T_y}{T_y+T_x}\times W$$

式中：P——探矿权评估值；

T_y——原探矿权人的投资现值；

T_x——新探矿权人的投资现值。

(五)重置成本法

重置成本法是在现行技术条件下，采用新的价格费用标准获得的与被评估的探矿权具有相同勘探效果的探矿权重置成本，扣除技术性贬值来评估探矿权净值的方法。计算公式为：

$$\begin{aligned}P&=P_b\times(1+a)\times(1-b)\\&=\sum_{i=1}^{n}[U_{bi}\times P_{vi}]\times(1+c)\times(1+a)\times(1-b)\end{aligned}$$

式中：P——探矿权评估值；

P_b——探矿权资产重置成本；

a——地勘风险系数；

b——技术性贬值系数；

U_{bi}——各类地勘实物工作量；

P_{vi}——相对应的各类地勘实物工作量现行市价；

n——地勘实物工作量项数；

c——其他地质工作、综合研究及编写报告、岩矿实验、土地建筑四项费用分摊系数。

四项费用分摊系数是根据行业(部门)多年的资料初步统计出来的。在地勘工作中，这四项费用一般是由几个地勘项目共同耗费的，难以计算出单个项目耗费的具体数额，所以通常用分摊的办法处理。

技术性贬值是指由于地质勘查技术的原因，导致探矿权所依托的地勘成果质量出现问题，或者由于其他技术原因引起的已探明矿产储量的损失，从而影响探矿权的持续使用，降低其获利能力。在评估时需要考虑技术性贬值对评估值的影响。

重置成本法的使用条件包括：

(1)具备地质勘查报告；

(2)具备详细的各类勘查实物工作量原始记录；

(3)具备各项勘查实物工作量的费用标准；

(4)各类勘查实物工作量要有明确的使用背景和目标,以及详细的地质状况和各项技术指标描述;

(5)可以不具备矿产储量。

(六)地勘加和法

地勘加和法利用地勘投入的重置成本加上以地勘投入所分配的超额利润来确定探矿权价值,是重置成本法和贴现现金流量法相结合的一种评估方法。该方法既考虑了探矿权投入的成本,也考虑了探矿权未来的获利能力。

(七)地质要素评序法

地质要素评序法是以基础购置成本为基数,通过对地勘成果进行综合评价,将定性的地质要素转化为定量的价值调整系数,对基础购置成本进行调整后确定探矿权价值的方法。基础购置成本包括国家规定交纳的探矿权使用费和矿业权人承诺履行的地质基本支出或者已经形成的原始地质勘察费。主要的地质要素包括:成矿显示、异常显示、品位显示、蕴藏规模显示和前景显示,将每种显示划分为若干级,并赋予相应的价值指数。评估时,针对被评估矿业权的具体情况,确定其地质要素的价值调整系数。

(八)联合风险勘察协议法

联合风险勘察协议法是根据该勘察区已经签订的联合风险经营协议的条款,或类似勘查区签订的协议条款,按照合作公司所承诺的勘察投资及其所获得的相应的股权,评估探矿权价值的方法。

(九)粗估法

粗估法是在低勘察精度阶段采用的一种近似方法,它主要是根据公开上市公司的地质信息报告或定期披露的地质资料以及矿业股票市场和财务市场走势的长期分析资料,如价格与收益比、价格与现金流量比等指标来计算探矿权价值的方法。国外常用的有资源品级价值粗估法和以单位国土面积资源价值为基础的粗估法。

第三节　森林资源资产评估

一、森林资源资产概述

森林资源是一种可再生的自然资源,包括森林、林木以及依托森林、林木、林地生存的野生动物、植物和微生物。森林资源资产是以森林资源为物质财富内涵的资产,森林资源是一种特殊的资产,除具有一般资产的属性外,还具有可再生性、生长周期长、受自然因素影响大以及兼具生态、社会和经济效益于一体的特性。现阶段,由于野生动植物及微生物资源、森林生态资源等的价值暂时难以计量,森林资源资产主要包括由投资及投资收益所形成的人工林以及依法认定的天然林、林地、森林景观资产等。因此,森林资源资产评估通常是对林地资产、林木资产和森林景观资产的评估。

(1)林木资产。林木资产是指林地内所有的林木,包括幼龄林、中龄林和未成林造林地上的幼树;按林木的用途又分为用材林、经济林、薪炭林、防护林、特种用途林和竹林。人工林和天然林统一纳入林木资产内评估。

(2)林地资产。林地资产是森林生长的承载体,它是指国家法律确认的用于林业用地中具有货币表现属性的资产，包括林地、疏林地、未成林造林地、灌木林地、采伐迹地、火烧迹地、苗圃地和国家规划的宜林地。

(3)森林景观资产。森林景观资产是指风景林(含森林公园)、森林游览地、部分名胜古迹和革命纪念林、古树名木等。

二、森林资源资产价格构成的主要因素

森林资源资产价格的影响因素，包括市场供求因素及所投入的必要的劳动量因素等。

1. 营林的生产成本

营林生产成本是确定森林价格的基础。营林生产成本应以能够提供商品材的劣等宜林地的营林生产成本作为依据。

2. 资金的时间价值

由于培育森林资源的长期性，森林资源的生产周期长，从栽种到采伐往往需要几年、十几年或几十年的时间。在营林生产过程中，需不断投入资金，因此，森林资源资产价格的评估应充分考虑资金时间价值对树木价值的影响，充分考虑资金占用的利息，营林生产成本应以复利计算。同时，林木在不同的时间有不同的价值，同一树种在不同年龄时的林木价值不同，形成森林的时序成本和时序价格。

3. 利润

森林资源资产的价格中应当包括营林利润。在森林资源资产评估中，营林利润率的确定，可以以社会平均资本利润率为基础，同时考虑营林生产周期长、风险大，以及林木生产的实际情况，进行适当的调整。

4. 税金

税金是指森林资源资产经营过程中应缴纳的各种税费。

5. 林木生产中的损失

在漫长的林木培育过程中，林木可能会遭受各种各样的自然灾害，如火、风、雷、水、病虫害等，会带来一定的经济损失。在评估中，必须对林木生产过程中的这些意外损失做出合理的估计。

6. 地租

在我国，林地所有权和使用权相分离，森林资源资产的价格中应包括绝对地租和级差地租，地租量应根据不同林地、不同树种、不同经营水平等因素确定，如气候条件、土地肥沃程度、交通条件等因素。

7. 地区差价和树种差价

林木是在一定的自然地理条件下，经过人类劳动而生产出来的。因此，林木的成本与价格，既受自然条件的制约，又受林木本身生态特征的影响，形成了林木的地区差价和树种差价。

三、森林资源资产评估

(一)森林资源资产的核查

森林资源资产的实物量是价值评估的基础，评估机构在评估森林资源资产的价值时，应先由林业专业技术人员进行实地核查。具体核查项目包括：

(1)林地：所有权、使用权、地类、面积、立地质量等级、地利等级等。

(2)林木：树种权属、树种组成、林龄、平均胸径、平均树高、幼龄林的单位面积株数、中龄林

单位面积活立木蓄积，近熟林、成熟林、过熟林的立木蓄积，材种出材率等级、经济林的单位面积产量、薪炭林的单位面积立木蓄积量，未成林造林地上的幼树的造林成活率、造林保存率，竹林的立竹度、均匀度、整齐度、产笋率等。

（3）其他与评估有关的内容。

森林资源资产实物量大，资产清查非常困难。评估时一般采用森林调查资料和资源档案，采用抽样核查的方法来确定资产数量，核查的方法主要有：抽样控制法、小班抽查法、全面核查法。

（二）森林资源资产评估的主要方法

森林资源资产评估的对象主要是林木资产、林地资产和森林景观资产。森林资产评估的基本方法主要是市场法、收益法和成本法，针对林木资产、林地资产和森林景观资产，又有相对应的评估方法。其中林地资产评估主要是林地使用权评估，其评估方法与土地使用权的评估方法原理相同，在此主要介绍林木资产评估的方法。

在进行林木资产评估时，要根据不同的树种，选择适用的评估方法，根据林分质量调整系数进行评定估算。目前主要的评估方法有市场法、剩余法、收益法和成本法等。在林木资产评估中，对于林分质量调整系数的确定，要综合考虑林分的生长状况、立地质量和经济质量等。

1. 收益法

收益法又称为收益净现值法，是将被评估林木资产在未来经营期内各年的净收益按照一定的折现率折现为现值，然后累计求和得出林木资产评估价值的方法。

$$V=\sum_{t=1}^{n}\frac{A_t-B_t}{(1+r)^t}$$

式中：V——林木资产评估值；

A_t——第 t 年的年收入；

B_t——第 t 年的营林生产成本；

n——经营期限；

r——折现率或资本化率。

2. 市场法

市场法是在以相同或者相似的林木资产在现行市场上的交易价格作为评估的基础，再考虑一些参数的调整，从而确定林木资产价格的评估方法。

$$V=G\times Q\times K\times K_b$$

式中：V——林木资产评估值；

G——参照物单位蓄积量的交易价格；

Q——被评估林木资产的蓄积量；

K——林分质量调整系数；

K_b——价格指数调整系数。

林分是指内部特征大体一致而与邻近有明显区别的一片林子。一个林区的森林可以根据树种组成、森林起源、林相、林龄、疏密度、地位级、林型及其他因素的不同，划分成不同的林分。不同的林分，常要求采取不同的森林经营策略。

3. 成本法

成本法是按现时工价及生产水平，重新营造一块与被评估林木资产类似的林分所需的成本费用，作为被评估林木资产价值的评估方法。

$$V = K \times \sum_{i=1}^{n} C_t \times (1+i)^{n-t}$$

式中：V——林木资产评估值；

K——林分质量调整系数；

C_t——过去第 t 年以现时工价及生产水平为标准计算的生产成本，主要包括各年投入的工资、物质消耗、地租等；

i——折现率；

n——林分年龄。

4. 剩余法

剩余法又称为市场价倒算法，是用被评估林木采伐后所得的木材市场销售总收入，扣除木材经营所消耗的成本（含有关税费）及合理利润后的剩余部分再加上林木资源的再生价值，作为林木资产评估价值。

$$V = W - C - F + S$$

式中：V——林木资产评估值；

W——销售总收入；

C——木材经营成本；

F——木材经营合理利润；

S——林木资源的再生价值（指林木被砍伐后重新生长所产生的价值）。

上述四种方法分别适用于不同的对象和场合，其中收益法适用于有经常性收益的林木资产的评估，如经济林资产、竹林资产、实验林资产、母树林资产等，运用收益法的难点在于收益和成本支出预测的准确性，以及折现率的确定；市场法从理论上讲是适用于各种有交易的森林资源资产评估的方法，采用该方法时，至少应选取三个以上参照物进行评估，同时由于森林资产之间较大的差异性，评估时必须对参照物资产和被评估资产的差异进行调整；成本法通常适用于幼龄林的评估；市场价倒算法特别适用于成熟龄林木资产的评估，运用这种方法要准确确定木材的出材率、合理确定木材价格、合理计算生产成本及费用和税金。

第四节　旅游资源资产评估

一、旅游资源资产概述

随着我国经济的不断发展、老百姓收入水平的提高，旅游已经成为亿万民众拓展视野、舒缓压力的一种重要的生活方式，每年“大小长假”期间各旅游景点人山人海的壮观场面就是最好的明证。伴随着旅游人数的激增，旅游业对于增加景区群众收入、促进国民经济发展的作用日益显现，受到越来越多的重视和支持。

我国历史悠久、疆域辽阔，无论是历史古迹，还是自然风光，无论是气候地理，还是风土人情，可谓是异彩纷呈，让人流连忘返，我国旅游资源资产的开发和利用是大有可为的。

二、旅游资源资产评估方法的探讨

我国现行的评估方法主要有成本法、市场法和收益法。相较而言，使用收益法评估旅游资源资产相对比较合适。

(1)从旅游资源评估的特殊性来看,成本法基本不适用。旅游资源一般是自然生成和历史遗留的,自然生成的景物是大自然所赐予的,是不可再生的,而历史遗留的景物则是不可复制的。

(2)市场法也不适用于旅游资源资产的评估。虽然旅游资源具有创收能力,可体现出其市场价格,但这种价格具有强烈的个性特征,即在市场上难以找到适当的参照物。即使找到了相类似的旅游资产,也很难判断两者的区位条件、知名度及其地区在经济环境上的差异,很难做出让人信服的差异调整,很难对各地不同的旅游资源的价值进行科学、公正、合理的评估。

(3)使用收益法评估旅游资源资产相对比较合适,因为旅游资源资产的价值归根结底取决于游客对其肯定程度,取决于旅游资源资产创造收入的能力。试想某旅游资源风景奇绝,历史底蕴深厚,知名度高,必然游人如织,收益可观。

但要注意与其他资产的收益法评估的不同之处。其一,用收益法评估时,旅游资源的时间韵律性和所受的宏观影响或时效性可能更强;其二,对于旅游资源收益的计算具有相当的复杂性,在评估时,要注意排除由于旅游景点经营管理不善对收益造成的影响;其三,旅游资源特征以及开发的社会经济条件本身是在不断变化和发展的,这就要求在评估时必须用动态的眼光来看待其变化趋势。

总之,旅游资源的评估具有特殊性,评估工作必须全面系统、符合客观实际,并明确和尊重其自身的特殊性。

阅读材料

浙江丽水林权抵押贷款

丽水地处浙江省西南部,下辖1区1市7县,全市土地总面积173万公顷,其中林业用地面积146.24万公顷,林木蓄积量5 899.78万立方米,森林覆盖率80.79%,林木绿化率81.62%。全市有集体林136.7万公顷,占林业用地的93.5%,素有"浙南林海"之称。

山林是当地农民最大的资源。虽然历经山林权属确定、完善生产责任制、延长承包期等改革,但由于缺乏配套机制,这片绿色资产长期处于单家独户低效经营状态——这片"绿色资产"长期沉睡着,没有钱开发,也难以规模经营。砍树、挖竹笋、种坚果,基本上就成了村民利用竹山资源的主要方式。

自2006年在全国率先启动林权抵押贷款改革以来,丽水由政府牵头,探索创新贷款模式、担保方式,优化林权评估、登记、交易服务,成立了县级林权管理中心、林权交易中心、森林资源收储中心和森林资源资产评估机构,完善风险防范控制、财政贴息等措施,贷款规模连续快速增长,不断演绎着"活树变活钱""生态变资产""青山变金山"的故事,让占浙江1/3的林木蓄积量真正"活"了起来。

最近浙江龙泉上垟镇林业大户郑自友就凭一本《林地经营权流转证》,用自己从村民手中流转来的2 000亩山林,从银行抵押贷款300多万元。钱到账后,他兴奋地说:"马上将这笔资金,投入生态农业和观光林业发展,建设一个四季有水果,处处可采摘、钓鱼的农庄!"

到2014年10月底,丽水市林权抵押累计发放贷款首次突破100亿元大关,达到12.44万笔111.45亿元。截至目前,该市林权抵押贷款余额3.4万笔42.15亿元,占浙江省一半以上份额,居全国第一,惠及林农20余万。

练习题

一、单项选择题

1. 以下属于耗竭性资源的是(　　)。

A. 矿产资源　B. 经济资源　C. 人文社会资源　D. 以上都不是

2. 矿产、地质资源属于(　　)。

A. 可再生资源　B. 经济资源　C. 不可再生资源　D. 人文社会资源

3. 营林的生产成本通常是以(　　)营林成本作为依据。

A. 优等宜林地　B. 劣等宜林地　C. 中等宜林地　D. 任意宜林地

4. 森林资源属于(　　)。

A. 耗竭性资源　B. 可再生非耗竭性资源

C. 恒定的非耗竭性资源　D. 人文社会资源

5. 以下属于影响资源性资产评估价值的重要因素的是(　　)。

A. 资源的性质　B. 资源的品牌　C. 资源的区位　D. 资源的本质

6. 采用市场法评估林木资产的价值时,不需要考虑的因素是(　　)。

A. 物价指数调整系数　B. 林木资源的再生价值

C. 林分质量调整系数　D. 被评估林木资产的蓄积量

7. 在村民张某的房屋下埋藏着某种稀有金属矿产,则该矿产的所有权属于(　　)。

A. 张某　B. 国家

C. 张某所在的村庄　D. 张某所在的镇政府集体所有

8. 资源资产评估的是资源的(　　)。

A. 经济价值　B. 生态价值　C. 社会效益　D. 综合价值

9. 收益折现思路下的贴现资金流量法适用于(　　)的评估。

A. 勘察精度高的详查和勘探阶段的矿业权评估

B. 勘察精度低的勘探初级阶段的矿业权评估

C. 各勘察阶段的矿业权评估

D. 仅用于采矿权的评估

二、多项选择题

1. 以下属于恒定的非耗竭性资源的有(　　)。

A. 气候资源　B. 海洋动力资源

C. 矿产资源　D. 森林资源

2. 影响矿产资源资产价值的因素主要包括(　　)。

A. 科技进步　B. 矿床自然丰度

C. 矿产的稀缺程度和替代程度　D. 矿床的地理位置

3. 从矿产资源与人类的经济关系的角度划分,资源可分为(　　)。

A. 环境资源　B. 非耗竭性资源

C. 恒定资源　D. 景观资源

4. 资源资产的特征包括(　　)。

A. 有用性　B. 稀缺性　C. 有限性　D. 生态型

5. 森林资源资产评估主要包括(　　)的评估。

A. 林木资产　　B. 林地资产

C. 森林景观资产　　D. 森林微生物资产

6. 资源资产评估的目的有(　　)。

A. 使用权转让　　C. 融资

D. 所有权转让　　D. 企业兼并

7. 采用收益法评估森林资源时主要适用于(　　)资产。

A. 经济林　　D. 实验林　　C. 竹林　　D. 防护林

8. 采用可比销售法评估采矿权时,需要对已知采矿权转让中的市场成交价进行若干系数的调整,这些系数包括(　　)。

A. 品位调整系数　　B. 规模调整系数

C. 价格调整系数　　D. 差异调整系数

9. 一个林区的森林,可以根据(　　)等因素的不同,划分成不同的林分。

A. 树种组成　　B. 森林起源　　C. 林相　　D. 林龄

10. 矿业权包括(　　)。

A. 探矿权　　B. 采矿权

C. 所有权　　D. 政府规定的其他权利

第九章 企业价值评估

第一节 企业价值评估概述

企业是以营利为目的,按照法律程序建立的经济实体,形式上体现为由各种要素资产组成并具有持续经营能力的自负盈亏的经济实体。

企业价值评估是将企业作为一个有机整体,依据其拥有或占有的全部资产状况和整体获利能力,充分考虑影响企业获利能力的各种因素,结合企业所处的宏观经济环境及行业背景,对企业整体价值进行的综合性评估。

一、评估对象载体是由多个或多种单项资产组成的资产综合体

企业是以营利为目的,按照法律程序建立的经济实体,形式上体现为由多种要素资产组成并具有获利能力的自负盈亏的经济实体。进一步说,企业是由各个要素资产围绕着一个系统目标,发挥各自特定功能,共同构成一个有机的生产经营能力和获利能力的载体及其相关权益的集合或总称。企业价值评估的具体对象是被评估企业所拥有的固定资产、流动资产、无形资产等按照特定生产工艺或经营目标有机结合的资产综合体,而非孤立的多种单项资产。因此,无论是企业整体价值评估、股东全部权益价值评估,还是股东部分权益价值评估,评估的对象均是由多个或多种单项资产组成的资产综合体。

二、决定企业价值高低的关键因素是企业的整体获利能力

影响企业价值高低的因素有很多,既包括外在的宏观经济环境和行业发展状况,又包括内在的企业自身经营能力和竞争能力等,但决定企业价值高低的核心因素是其整体获利能力。企业价值本质上是以企业未来的收益能力为标准的内在价值。因此,评估人员在评估企业价值的过程中要考虑其未来的整体获利能力。企业的获利能力通常是指企业在一定时期内获取利润或现金流量的能力,是企业营销能力、收取现金的能力、降低成本的能力以及回避风险等能力的综合体。从企业的角度来看,企业从事经营活动,其直接目的是最大限度地获取利润或

现金流量并维持企业持续稳定地发展，而企业未来所能获取的利润和现金流量将直接影响到企业的现时价值。

企业在不同的获利水平状态下价值的表现形式不同。当企业处于严重亏损、即将破产或已破产时，企业不能补偿已消耗资产的价值。这时企业价值就只能体现在有形资产的破产清算价值上；当企业处于轻度亏损或微利状态时，企业创造的价值仅能弥补所消耗资产的价值，生产经营处于勉强维持状态，这时企业价值的构成是其有形资产的重置成本价值；当企业的获利水平较高但没有达到行业平均水平时，企业创造的价值不仅能补偿资产的耗费，而且能积累并进行扩大再生产，形成投入、产出的良性循环，这时企业价值的构成既包括有形资产的最佳使用价值，也包括专有技术等可确指无形资产的价值；当企业获利水平很高，超过行业平均水平时，企业不仅能够形成自我更新、自我发展的良性循环，而且能够依其良好的经营管理状况或其他因素的作用而获得超额利润，这时企业价值既来源于有形资产的最佳使用价值和可确指无形资产的价值，还包括不可确指资产的价值，如商誉。所有上述情况均是假设企业获利与企业价值之间的关系是精确固定的。但是，对于那些新成立的企业，不能说因其没有盈利就没有价值，这也是强调“获利能力”而不是“实际获利”的原因。因此，评估人员在进行企业价值评估时，要充分分析企业的历史经营状况、企业的产品、经营的外部环境等因素，判断企业的整体获利能力水平，选择合适的评估方法进行评估。

三、企业价值评估是一种整体性评估

国内评估界一般将企业价值评估称为“整体资产评估”“整体企业资产评估”或“企业整体资产评估”。整体性成为企业价值评估与其他资产评估的本质区别。企业价值评估是将企业作为一个经营整体并依据其未来获利能力来评估。其评估对象是企业的全部资产，所反映的是其生产经营能力和持续获利能力。因此，企业价值评估强调的是从整体上计量企业全部资产形成的整体价值，而不是简单估计单项资产的收益或者估计单项资产的价值。换言之，企业价值不是企业各单项资产的简单相加，企业单项资产的价值之和也并不一定是企业价值。构成企业的各个要素资产虽然具有不同性能，但只有在服从特定系统目标的前提下，以恰当的方式形成有机联系构成企业整体，其要素资产的功能才能充分发挥。企业是整体与部分的统一，部分只有在整体中才能体现出其价值。因此，整体性是企业价值评估区别于其他资产评估的一个重要特征，企业价值评估就是一种整体性评估。

第二节 企业价值评估中的行业分析

一、行业与产业

行业是指从事国民经济活动中同质的生产或其他经济社会活动的经营单位和个体等构成的组织结构体系，如林业、汽车业、银行业等。产业是对各类行业在社会生产力布局中发挥不同作用的称谓。行业划分的着眼点是生产力的技术特点这一微观领域，产业划分的着眼点是生产力布局的宏观领域。

国家统计局将国民经济各行业明确划分为三大产业。第一产业是指农、林、牧、渔业（不含农、林、牧、渔服务业）。第二产业是指采矿业（不含开采辅助活动），制造业（不含金属制品、机

械和设备修理业)，电力、热力、燃气及水生产和供应业，建筑业。第三产业即服务业，是指除第一产业、第二产业以外的其他行业。第三产业包括：批发和零售业，交通运输、仓储和邮政业，住宿和餐饮业，信息传输、软件和信息技术服务业，金融业，房地产业，租赁和商务服务业，科学研究和技术服务业，水利、环境和公共设施管理业，居民服务、修理和其他服务业，教育，卫生和社会工作，文化、体育和娱乐业，公共管理、社会保障和社会组织，国际组织以及农、林、牧、渔业中的农、林、牧、渔服务业，采矿业中的开采辅助活动，制造业中的金属制品、机械和设备修理业。其中，第三产业的内涵非常丰富，而且随着生产力发展，第三产业的细分行业也不断增多。

二、行业分析的主要内容

行业分析是指对行业市场结构、行业生命周期、行业景气分析等特征的分析和预测。

(一)行业市场结构

市场结构就是市场竞争或垄断的程度。根据各行业拥有的企业数量、产品性质、企业控制价格的能力、新企业进入行业的难易程度、是否存在非价格竞争等因素，市场结构可以分为四个类型：

1. 完全竞争型行业

完全竞争型行业的特点是：生产者众多，各种生产资料可以完全流动；产品无论是有形还是无形的，都是同质、无差别的；没有一个企业能够影响产品的价格；企业永远是价格的接受者，不是价格的制定者；企业的盈利基本上由市场对产品的需求来决定；消费者和生产者对市场情况非常了解，并可自由进入或退出市场。在现实生活中，完全竞争的市场类型是很少见的。

2. 完全垄断型行业

完全垄断型行业的特点是：由于市场被独家企业所控制，产品又没有或缺少合适的替代品，因此垄断者能够根据市场的供求情况制定理想的价格和产量，以获取最大的利润，而消费者只能被动接受垄断企业制定的价格。在现实生活中，公用事业和某些资本、技术高度密集型或稀有金属矿藏的开采等行业属于这种完全垄断的市场类型。

3. 垄断竞争型行业

垄断竞争型行业的特点是：生产者众多，各种生产资料可以流动；生产的产品同种但不同质，即产品之间存在差异，产品的差异性是指各种产品之间存在着实际或想象上的差异；由于产品差异性的存在，生产者可以树立自己产品的信誉，从而对其产品的价格有一定的控制力。在国民经济各行业中，制成品的市场类型一般属于这种类型。

4. 寡头垄断型行业

寡头垄断型行业的特点是：在这一行业中，少数几家大企业占据了该行业绝大部分的市场份额并对产品的市场价格和交易具有一定的垄断能力。由于各寡头垄断企业的实力都比较强，要想通过降低产品价格来获取较大市场份额难度很大，而且还会招致对手的报复，结果很可能造成两败俱伤。一些资本密集型、技术密集型行业都属于此种类型。

(二)行业生命周期

行业生命周期理论认为，通常情况下，每个行业都会经历一个由成长到衰退的发展演变过程。这个过程一般可以分为四个阶段，即幼稚期、成长期、成熟期和衰退期(见图 9－1)。

评估人员在执行企业价值评估业务时，可以综合以下几个指标判断被评估企业所属行业处于何种发展阶段。

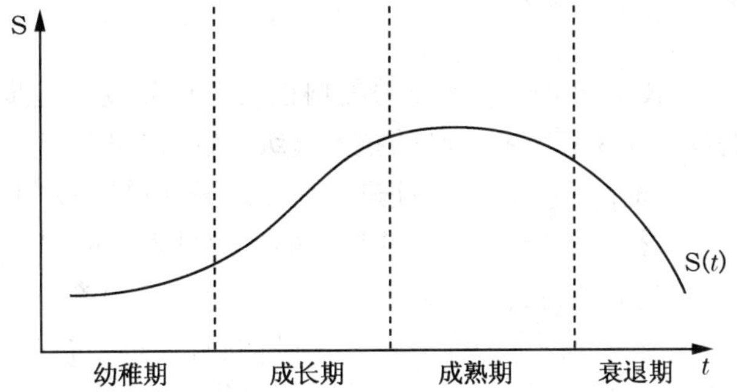

图 9—1　行业生命周期

1. 行业规模

行业规模可以用行业销售额、行业资产规模等指标来衡量。在幼稚期，行业规模较小；在成长期，行业规模增长较快；在成熟期，行业规模达到顶峰，增长放缓；在衰退期，行业规模逐渐萎缩。

2. 产出增长率

产出增长率在成长期较高，在成熟期以后降低，经验数据一般以 15%为界。到了衰退阶段，行业处于低速运行状态，有时甚至处于负增长状态。

3. 利润率

幼稚期的行业往往利润率较低，甚至出现亏损；进入成长期后，利润率开始迅速上升；成熟期的行业由于垄断的存在，一般有比较高的利润率，并且比较稳定；进入衰退期后，行业利润率逐渐下降，直至严重亏损。

4. 技术成熟度

行业技术成熟度与行业的研发能力密切相关。处于幼稚期的行业，研发活动刚刚展开，成果较少，相关的标准、流程等还未确定，因此技术成熟度较低；进入成长期后，企业研发能力逐渐增强，技术也趋于成熟；成熟期的行业由于垄断利润的存在，企业创新的动力不足，研发活动逐渐减少；进入衰退期后，行业技术逐渐落后。

5. 资本进退

处于幼稚期的行业由于风险较高，仅有少量创业资本进入；处于成长期的行业，由于原有企业规模扩大及新进入者增加，会有大量资本涌入行业；进入成熟期以后，原有企业经营情况比较稳定，新进入企业会面临较高的门槛，此时进入行业的资本较少，资本进退会处于一个平衡的状态；行业开始衰退后，大量企业会缩小规模、破产或转产，使得资本逐渐退出行业。

(三)行业景气分析

1. 政府行业政策

政府对行业兴衰的影响主要是通过行业政策和管制政策来实现的。在行业政策中政府对以新兴技术为基础的行业以及一些国民经济的“瓶颈”行业会采取鼓励措施。例如，通过降低税收、扩大信贷和实施补贴等手段来激励它们发展。对那些耗费较多、环境污染严重的行业以及一些国民经济的长线行业会采取抑制的政策。因此，政府的行业政策在相当程度上会影响行业的兴衰。政府的经济管制政策主要有价格管制政策、行业准入政策和反垄断政策。对于一些关系到国计民生的行业，如公用事业、交通运输业等，政府通常实行限价政策。政府限价政策的力度势必会影响这些行业的发展。

2. 行业技术环境

行业技术环境、行业技术的进步对行业的影响很大。行业技术进步的效应主要分为两个方面：一方面，技术进步推动现有行业产品的技术升级，从而使现有产品的成本和价格下降，社会需求扩大，生产增长，并促使行业由初创期进入快速成长期；另一方面，技术进步将创造新产品，开拓新市场，从而使新行业不断出现，一些落后的行业进入衰退期。例如，IT技术的发展，E-mail通信方式被广泛采用，使得传统的邮政通信行业进入衰退期。在科学技术飞速发展的时代，技术进步不仅为经济发展提供强大的技术基础，而且促进了行业结构的调整，一些以新兴技术为基础的行业进入快速成长期，而那些落后于时代的行业则被淘汰。

3. 社会习惯因素

对于一个行业来说，随着时间的变化，企业所生存的社会环境里，行业面临的利益相关者会产生变化，包括生活水平、政策目标、文化素质、消费心理、消费偏好、文明程度等。由于是生存在社会中，行业必须对社会习惯做出反应。正是由于社会习惯的变化，许多行业面临着各自不同的兴衰命运。

三、行业分析对企业价值评估的作用与意义

行业分析对企业价值评估的作用与意义具体体现为以下两个方面。

1. 有利于明确行业环境和基本面

(1)行业发展的外部因素。行业的盈利状况与成长性受到多重外部因素的制约，如政府的宏观调控(政府产业政策对行业发展有着直接影响)、社会因素(收入水平、消费习惯的改变会影响行业产品的需求)、技术因素(技术创新而形成的新行业可能会替代原有行业)及国际因素(经济全球化、国际分工调整等)。

(2)行业利润状况分析。分析行业利润状况，实际上就是要分析行业供给和需求状况。通过供给与需求的分析和预测，我们可以预测和判断行业的未来利润。一般而言，如果行业产品的供给和需求同时增长，行业的收入和利润就处于增长趋势；而如果同时下降，则行业的收入就应处于下降趋势。

一般而言，行业会在很大程度上依赖于一些关键的投入要素，这些要素价格往往是行业产品成本的主要构成因素，而要素价格的变化将会对行业产品的生产成本和利润产生重大影响。有时全行业可通过提高产品价格来抵消因这些要素价格提高所造成的成本增加，而更多的时候则是迫于竞争的压力而保持原来价格，进而造成全行业收入和利润下降。因此，行业内关键投入要素价格的变化，是影响行业价格和利润的重要因素，也是行业获利能力及行业分析重要的内容。

2. 为进一步分析被评估企业的竞争能力提供基础

企业价值的大小一般会受到企业竞争能力的制约。行业分析一般通过两方面的内容考察企业的竞争能力。

(1)产业价值链。产业价值链由美国哈佛大学教授迈克尔·波特提出。他认为，企业可以被视为一个由管理、设计、采购、生产、销售等一系列活动组成的链条式集合体，每一项活动都会为企业带来增值，将企业价值链根据企业与供给方和需求方的关系，分别向前向后延伸就形成了产业价值链。从产业价值链的角度考察被评估企业的竞争能力，实际上就是将某一产业价值链进行分解，通过区分和界定处于产业价值链上的不同企业在某一特定产业内的各种活动，比较各个环节的价值和变化，从而明确被评估企业的竞争优势。

(2)行业竞争结构。可以运用波特五力模型对行业竞争结构进行分析。“五力”是指被评估企业所在行业存在五种竞争力量,即上游供应商、下游买方、潜在进入者、替代品及现有同业竞争对手。以上五种竞争力量的强弱会影响被评估企业的竞争能力,最终影响被评估企业的未来收益与价值。

第三节　企业价值评估的收益法

一、收益法的计算公式

(一)企业永续经营假设前提下的收益法

1. 年金法

年金法是评价企业价值的一种具体技术方法,适用于预期收益相对稳定、所在行业发展相对稳定的企业价值评估。

年金法的计算公式为:

$$P=A/r$$

式中:P——企业评估价值;

A——企业每年的年金收益;

r——折现率或资本化率。

由于企业预期收益并不能表现为年金形式,评估人员如果要运用年金法评估企业价值,还需要对被评估企业的预期收益进行综合分析,确定被评估企业的预期年金收益。将企业未来若干年的预期收益进行年金化处理而得到企业年金是若干种分析测算企业年金收益方法中的一种。如果采用将企业未来若干年的预期收益进行年金化处理而得到企业年金的方法,年金法的公式又可以写成:

$$P=\sum_{i=1}^{n}[R_i\times(1+r)^{-i}]\div\sum_{i=1}^{n}[(1+r)^{-i}]\div r$$

式中:$\sum_{i=1}^{n}[R_i\times(1+r)^{-i}]$—— 企业前 n 年预期收益折现值之和;

$\sum_{i=1}^{n}[(1+r)^{-i}]$—— 年金现值系数之和;

R_i—— 第 i 年度的预期收益额;

r—— 折现率或资本化率。

用于企业价值评估的年金法,是将已处于均衡状态、其未来收益具有充分的稳定性和可预测性的企业未来若干年的预期收益进行年金化处理,然后再把已年金化的企业预期收益进行收益资本化,估测企业的价值。将企业相对稳定的、可预测的未来若干年预期收益进行年金化处理,仅仅是评估人员分析判断企业未来预期收益的一种方式。如果评估人员认为通过将企业未来若干年的预期收益进行年金化处理而得到的这个企业年金,足以反映被评估企业未来预期收益能力和水平,这个企业年金就可以作为评价企业价值的收益额。如果评估人员并不能确信通过年金化处理而得到的这个企业年金可以反映被评估企业未来预期收益能力和水平,这个企业年金就不可以直接作为企业价值评估的收益额,而需要通过其他方法估测适合于被评估企业的收益额。

【例 9－1】 待估企业预计未来 5 年的预期收益额为 100 万元、130 万元、120 万元、130 万元和 140 万元，假定企业永续经营，不改变经营方向、经营模式和管理模式，折现率及资本化率均为 10％，运用年金法估测该企业的持续经营价值。

解：

$$P=\sum_{i=1}^{n}[R_i\times(1+r)^{-i}]\div\sum_{i=1}^{n}[(1+r)^{-i}]\div r$$
$$=(100\times0.9091+130\times0.8264+120\times0.7513+130\times0.6830+140\times0.6209)\div(0.9091+0.8264+0.7513+0.6830+0.6209)\div10\%$$
$$=(91+107+90+89+87)\div3.7909\div10\%$$
$$=437\div3.7907\div10\%=1\ 224(万元)$$

2. 分段法

分段法是将永续经营的企业的收益预测分为前后两段。将企业的收益预测分为前后两段的理由在于：在企业发展的某一个期间，企业的生产经营可能处于不稳定状态，因此企业的收益也是不稳定的。而在这个不稳定期间之后，企业的生产经营可能会达到某种均衡状态，其收益是稳定的或按某种规律进行变化。对于不稳定阶段企业的预期收益，采取逐年预测并折现累加的方法。而对于稳定阶段的企业收益，则可以根据企业预期收益稳定程度，按企业年金收益，或按企业的收益变化规律所对应的企业预期收益形式进行折现和资本化处理。将企业前后两段收益现值加在一起便构成企业的评估价值。

假设企业评估基准日后第二段收益取得了年金收益形式，分段法的公式可写成：

$$P=\sum_{i=1}^{n}[R_i\times(1+r)^{-i}]+\frac{R_{n+1}}{r}\times(1+r)^{-n}$$

假设从$(n+1)$年起的后段，企业预期年收益将按一固定比率(g)增长，则分段法的公式可写成：

$$P=\sum_{i=1}^{n}[R_i\times(1+r)^{-i}]+\frac{R_n(1+g)}{r-g}\times(1+r)^{-n}$$

【例 9－2】 待估企业预计未来 5 年的预期收益额为 100 万元、120 万元、130 万元、160 万元和 200 万元，并根据企业的实际情况推断，从第 6 年开始，企业的年收益额将维持在 200 万元水平上，假定资本化率为 10％，使用分段法估测企业的价值。

解：

运用公式：

$$P=\sum_{i=1}^{n}[R_i\times(1+r)^{-i}]+\frac{R_n}{r}\times(1+r)^{-n}$$
$$=(100\times0.9091+120\times0.8264+130\times0.7513+160\times0.683+200\times0.6209)+200\div10\%\times0.6209$$
$$=521+2\ 000\times0.6209=1\ 763(万元)$$

承上例资料，假如评估人员根据企业的实际情况推断，企业从第 6 年起，收益额将在第 5 年的水平上以 2％的增长率保持增长，其他条件不变，试估测待估企业的价值。

运用公式：

$$P=\sum_{i=1}^{n}[R_i\times(1+r)^{-i}]+\frac{R_n(1+g)}{r-g}\times(1+r)^{-n}$$

$=(100\times0.9091+120\times0.8264+130\times0.7513+160\times0.683+200\times0.6209)+200\times(1+2\%)\div(10\%-2\%)\times0.6209$

$=521+204\div8\%\times0.6209$

$=521+2\ 550\times0.6209$

$=521+1\ 583=2\ 104$(万元)

(二)企业有限持续经营假设前提下的收益法

(1)关于企业有限持续经营假设的适用。对企业而言,它的价值在于其所具有的持续营利能力,一般而言,对企业价值的评估应该在持续经营前提下进行。只有在特殊的情况下,才能在有限持续经营假设前提下对企业价值进行评估。如企业章程已对企业经营期限做出规定,而企业的所有者无意逾期继续经营企业,则可在该假设前提下对企业进行价值评估。评估人员在运用该假设对企业价值进行评估时,应对企业能否适用该假设做出合理判断。

(2)企业有限持续经营假设是从最有利于回收企业投资的角度,争取在不追加资本性投资的前提下,充分利用企业现有的资源,最大限度地获取投资收益,直至企业无法持续经营为止。

(3)对于有限持续经营假设前提下企业价值评估的收益法,其评估思路与分段法类似。

首先,将企业在可预期的经营期限内的收益加以估测并折现;其次,将企业在经营期限后的残余资产的价值加以估测及折现;最后,将两者相加。其公式为:

$$P=\sum_{i=1}^{n}[R_i\times(1+r)^{-i}]+P_n\times(1+r)^{-n}$$

式中:P_n——第 n 年时企业资产的变现值;其他符号的含义同前。

在企业价值评估中应用收益法的具体技术思路和方法还有许多,评估人员可以参考本教材关于评估途径和方法的有关章节的内容,在遵循收益法基本原理的基础上,依据被评估企业的具体情况设计具体的评估技术思路和方法,这里不做过多的介绍。

二、企业收益及其预测

(一)企业收益的界定

在对企业收益进行具体界定时,应首先注意以下两个方面:

(1)从性质上讲,即从企业价值决定因素的角度上讲,企业创造的不归企业权益主体所有的收入,不能作为企业价值评估中的企业收益。如税收,不论是流转税还是所得税,都不能视为企业收益。

(2)凡是归企业权益主体所有的企业收支净额,都可视为企业的收益。无论是营业收支、资产收支,还是投资收支,只要形成净现金流入量,就可视为企业收益。

企业的收益有两种基本表现形式:企业净利润和企业净现金流量(净现金流量=净利润+折旧及摊销-追加资本性支出)。而选择净利润还是净现金流量作为企业价值评估的收益基础对企业的最终评估值存在一定的影响。因此,评估人员在对企业的收益进行具体界定时,除了需要对企业创造的收入是否归企业所有进行确认之外,还要对企业的收益形式进行明确的界定。一般而言,应选择企业的净现金流量作为用收益法进行企业价值评估的收益基础。就企业价值与收益额的关系而言,实证研究表明,企业的利润虽然与企业价值高度相关,但企业价值最终由其现金流量决定而非由其利润决定。就反映企业价值的可靠性而言,企业的净现金流量是企业实际收支的差额,不容易被更改,而企业的利润则要通过一系列复杂的会计程序进行确定,而且可能由于企业管理当局的利益而被更改。因而在国际收益法评估实践中,收益常用净现金流量来表示。

从理论上讲,净现金流量比净利润更能反映资产的收益,但目前我国企业评估实务中常见的是以企业净利润为企业收益进行评估,主要原因是我国企业现金流量表的编制历史较短,企业对现金流量的预测较难把握,评估中净现金流量预测的基础比较薄弱。尽管如此,收益用净利润代替仅是一种过渡期的替代办法,具有很大的局限性,条件成熟后,必然会用净现金流量取代净利润来测量未来收益。

(二)企业收益预测

在企业价值评估中,评估人员应当充分分析被评估企业的资本结构、经营状况、历史业绩、发展前景,考虑宏观和区域经济因素、所在行业现状与发展前景对企业价值的影响,对委托方或相关当事方提供的企业未来收益预测进行必要的分析、判断和调整,在考虑未来各种可能性及其影响的基础上合理确定评估假设,形成对企业未来收益的预测。

1. 对企业收益的历史与现状进行分析和判断

通过对企业收益的历史及现状的分析,判断企业的正常营利能力,首先要根据企业的具体情况确定分析的重点。对于已有较长经营历史且收益稳定的企业,应着重对其历史收益进行分析,并在该企业历史收益的平均趋势的基础上判断企业的营利能力。而对于发展历史不长的企业,就要着重对其现状进行分析,并主要在分析该企业未来发展机会的基础上判断企业的营利能力。其次,还要对财务数据并结合企业的实际生产经营情况加以综合分析。可以作为分析、判断企业营利能力参考依据的财务指标有:企业资金利润率、投资资本利润率、净资产利润率、成本利润率、销售收入利润率、企业资金收益率、投资资本收益率、净资产收益率、成本收益率、销售收入收益率等。

为较为客观地判断企业的正常营利能力,还必须结合影响企业营利能力的内部及外部因素进行分析。首先,要对影响企业营利能力的关键因素进行分析与判断。评估人员应通过与企业管理人员的充分交流和自身的分析、判断,对企业的核心竞争力有一个较为清晰的认识。其次,要对企业所处的产业及市场地位有一个客观认识。企业所处产业的发展前景、企业在该产业及市场中的地位、企业的主要竞争对手的情况等都是评估人员应该了解和掌握的。再次,对影响企业发展的可以预见的宏观因素,评估人员也应该加以分析和考虑。如对某家污染严重的企业价值进行评估时,评估人员就应该考虑国家的环境政策对企业未来盈利的影响,总之,只有结合企业内部与外部的因素进行分析,才能对企业的正常营利能力做出正确的判断。

2. 企业收益预测的基本步骤

(1)评估基准日审计后企业收益的调整

评估基准日审计后企业收益的调整包括两部分工作:其一是对审计后的财务报表进行非正常因素调整,主要是损益表和现金流量表的调整。将一次性、偶发性,或以后不再发生的收入或费用进行剔除,把企业评估基准日的利润和现金流量调整到正常状态下的数量,为企业预期收益的趋势分析打好基础。其二是研究审计后报表的附注和相关揭示,对在相关报表中揭示的影响企业预期收益的非财务因素进行分析,并在该分析的基础上对企业的收益进行调整,使之能反映企业的正常营利能力。

(2)企业预期收益趋势的总体分析和判断

企业预期收益趋势的总体分析和判断,是在对企业评估基准日审计后实际收益调整的基础上,结合企业管理层提供的预期收益预测数据或预算和评估机构调查收集到的有关信息的资料进行的。这里需要强调指出:第一,对企业评估基准日审计后的调整财务报表,尤其是客观收益的调整，仅作为评估人员进行企业预期收益预测的参考依据，不能用于其他目的。第二，企业提供的关于预期收益的预测是评估人员预测企业未来预期收益的重要参考资料。但是，评估人员不能仅仅凭企业提供的收益预测作为对企业未来预期收益预测的唯一根据，而应在自身专业知识和所收集的其他资料的基础上做出客观、独立的判断。第三，尽管对企业在评估基准日的财务报表进行了必要的调整，并掌握了企业提供的收益预测，评估人员还必须深入到企业现场进行实地考察和现场调研，与企业的核心管理层进行充分的交流，了解企业的生产工艺过程、设备状况、生产能力和经营管理水平，再辅之以其他数据资料对企业未来收益趋势做出合乎逻辑的总体判断。

(3)企业预期收益的预测

在一般情况下，企业的收益预测分为两个时间段。对于已进入稳定期的企业而言，一是企业未来3～5年收益的预测；二是企业未来3～5年后各年收益的预测。而对于仍处于发展期、收益尚不稳定的企业，应首先判断出企业将在何时步入稳定期、收益开始呈现稳定性。而后将其步入稳定期的前一年作为收益预测分段的时点。这需要评估人员与企业管理人员充分沟通，在汇总大量资料并加以理性分析后进行。

企业未来3～5年的收益预测是在评估基准日调整的企业收益或企业历史收益的平均趋势的基础上，结合影响企业收益实现的主要因素在未来预期变化的情况，采用适当的方法进行的。不论采用何种预测方法，首先都应科学合理地进行预测前提条件的设定，然后着手对企业未来3～5年的预期收益进行预测。预测的主要内容有：影响被评估企业及所属行业的特定经济及竞争因素的估计；未来3～5年市场上产品或服务的需求量或被评估企业市场占有份额的估计；未来3～5年销售收入的估计；未来3～5年成本费用及税金的估计；完成上述生产经营目标需追加的投资及技术、设备更新改造因素的估计；未来3～5年预期收益的估计等。关于企业的收益预测，评估人员应以企业或其他机构提供的有关资料作为参考，根据可收集到的数据资料，在经过充分分析与论证的基础上做出独立的预测与判断。

运用损益表或现金流量表的形式表现预期企业收益的结果通俗易懂，便于理解和掌握。需要说明的是，用企业损益表或现金流量表来表现企业预期收益的结果，并不等于说企业预期收益预测就相当于企业损益表或现金流量表的编制。企业收益预测的过程是一个比较具体、需要大量数据并运用科学方法的分析运作过程。用损益表或现金流量表表现的仅仅是该过程的结果。所以，企业的收益预测不能简单地等同于企业损益表或现金流量表的编制，而是利用损益表或现金流量表的已有栏目或项目，通过对影响企业收益的各种因素变动情况的分析，在评估基准日企业收益水平的基础上，对应表内各项目(栏目)进行合理的测算、汇总分析，得到所测年份的各年企业收益。

企业收益预测表(见表9－1)是一张可供借鉴的收益预测表。如测算的收益层次和口径与本表有差异，可在本表的基础上进行适当的调整。如采用其他方式测算企业收益，评估人员可自行设计企业收益预测表。

表9－1　　企业20××年至20××年收益预测　　单位：万元

年份 项目	20××	20××	20××	20××
一、产品销售收入				
减：产品销售税金				

续表

年份 项目	20××	20××	20××	20××
产品销售成本				
其中:折旧				
二、产品销售利润				
加:其他业务利润				
减:管理费用				
财务费用				
三、营业利润				
加:投资收益				
营业外收入				
减:营业外支出				
四、利润总额				
减:所得税				
五、净利润				
加:折旧和无形资产摊销				
减:追加资本性支出				
六、净现金流量				

企业未来前若干年的预期收益测算可以通过一些具体的方法进行。而对于企业未来更久远的年份的预测收益,则难以具体地进行测算。可行的方法是在企业未来前若干年预算收益测算的基础上,从中找出企业收益变化的取向和趋势,并借助某些手段,诸如采用假设的方式把握企业未来长期收益的变化区间和趋势。比较常用的假设是保持假设,即假定企业未来若干年以后各年的收益水平维持在一个相对稳定的水平上不变。当然也可以根据企业的具体情况,假定企业收益在未来若干年以后将在某个收益水平上,每年保持一个递增比率等。但是,不论采用何种假设,都必须建立在合乎逻辑、符合客观实际的基础上,以保证企业预期收益预测的相对合理性和准确性。

由于对企业预期收益的预测存在较多难以准确把握的因素和易受评估人员主观的影响,而该预测又直接影响企业的最终评估值,因此,评估人员在对企业的预期收益预测基本完成之后,应该对所做预测进行严格检验,以判断所做预测的合理性。检验可以从以下几个方面进行:第一,将预测与企业历史收益的平均趋势进行比较,如预测的结果与企业历史收益的平均趋势明显不符,或出现较大变化,又无充分理由加以支持,则该预测的合理性值得质疑。第二,对影响企业价值评估的敏感性因素加以严格的检验。在这里,敏感性因素具有两方面的特征:一是该类因素未来存在多种变化,二是其变化能对企业的评估值产生较大影响。如对销售收入的预测,评估人员可能基于对企业所处市场前景的不同假设而会对企业的销售收入做出不同的预测,并分析不同的预测结果可能对企业评估价值产生的影响。在此情况下,评估人员就应对销售收入的预测进行严格的检验,对决定销售收入预测的各种假设反复推敲。第三,对所预测的企业收入与成本费用的变化的一致性进行检验。企业收入的变化与其成本费用的变化存在较强的一致性,如预测企业的收入变化而成本费用不进行相应变化,则该预测值得质疑。第四,企业预期收益的预测应与评估结果的价值类型联系起来,以保证收益预测相对合理。

三、折现率和资本化率及其估测

折现率是将未来有限期收益还原或转换为现值的比率。资本化率是指将未来永续期收益转换成现值的比率。资本化率在资产评估业务中有着不同的称谓,如资本化率、本金化率、还原利率等。折现率和资本化率在本质上是相同的,都属于投资报酬率。作为投资报酬率,通常由两部分组成:一是无风险报酬率(正常投资报酬率),二是风险投资报酬率。正常报酬率亦称为无风险报酬率、安全利率。它取决于资金的机会成本,即正常的投资报酬率不能低于该投资的机会成本。这个机会成本通常以政府发行的国库券利率和银行储蓄利率作为参照依据。风险报酬率的高低主要取决于投资的风险大小,风险大的投资,要求的风险报酬率就高。从理论上讲,折现率与资本化率并不一定是一个恒等不变的量,它们既可以相等也可以不相等,这取决于评估师对企业未来有限经营期与永续经营期的风险的判断。因此,必须强调折现率与资本化率并不一定恒等。

累加法、资本资产定价模型和加权平均资本成本模型是测算企业价值评估中的折现率及资本化率较为常用的方法。

1. 累加法

累加法是采用无风险报酬率加风险报酬率的方式确定折现率或资本化率。累加法测算折现率的公式如下:

$$R=R_f+R_r$$

式中:R——企业价值评估中的折现率;

R_f——无风险报酬率;

R_r——风险报酬率。

2. 资本资产定价模型

资本资产定价模型是用来测算权益资本折现率的一种工具,其公式是:

$$R=R_f+(R_m-R_f)\times\beta\times\alpha$$

式中:R——企业价值评估中的折现率;

R_f——无风险报酬率;

R_m——市场期望报酬率历史平均值;

β——被评估企业所在行业权益系统风险系数;

a——企业特定风险调整系数。

3. 加权平均资本成本模型

加权平均资本成本模型是以企业的所有者权益和企业负债所构成的全部资本以及全部资本所需求的回报率,经加权平均计算来获得企业评估所需折现率的一种数学模型。其公式为:

$$R=E/(D+E)\times K_e+D/(D+E)\times(1-T)\times K_d$$

式中:R——企业价值评估中的折现率;

$E/(D+E)$——权益资本占全部资本的权重;

$D/(D+E)$——债务资本占全部资本的权重;

K_e——权益资本要求的投资回报率(权益资本成本);

K_d——债务资本要求的回报率(债务资本成本);

T——被评估企业适用的所得税税率。

加权平均资本成本模型作为一种工具,有时也可以利用其他参数测算评估人员需要求取的资本成本或投资回报率。例如,使用企业的权益资本与长期负债所构成的投资资本以及投资资本组成要素各自要求的回报率和它们各自的权重,经加权平均获得企业投资资本价值评估所需要的折现率。用数学公式表示为:

企业投资资本要求的折现率=长期负债占投资资本的比重×长期负债成本
+权益资本占投资资本的比重×权益资本成本

其中:

权益资本要求的回报率=无风险报酬率+风险报酬率

负债成本是指扣除了所得税后的长期负债成本。

确定各种资本权数的方法一般有三种:(1)以企业资产负债表中(账面价值)各种资本的比重为权数;(2)以占企业外发证券市场价值(市场价值)的现有比重为权数;(3)以在企业的目标资本构成中应该保持的比重为权数。

第四节 企业价值评估的市场法

一、市场法的基本原理

资产评估的市场法又称市场比较法,是建立在替代原理基础上的资产评估方法。替代原理认为在公开且充分竞争的市场上,相同或相似的资产应该拥有相同或相似的交易价格。

根据上述原理,市场法就是在现实公开交易市场上寻找相同或相似资产作为可比对象,收集、分析这些可比对象的交易价格或合理报价,从而通过比较、分析这些价格来分析、确定被评估资产的价值。

具体来说就是通过可比对象的市场交易数据,估算其市场价值与一个财务数据或一个非财务数据之比,然后将这种价值比率应用到被评估资产中,以获得被评估资产的评估价值。

价值比率是可比对象市场价值与一个财务数据或一个非财务数据之比,价值比率的测算方法用下列公式表示:

$$\frac{V_1}{X_1}=\frac{V_2}{X_2}$$

即:

$$V_1=X_1\times\frac{V_2}{X_2}$$

式中:V_1——被评估企业价值;

V_2——参照可比企业价值;

X_1——被评估企业与企业价值相关的可比指标;

X_2——参照可比企业与企业价值相关的可比指标。

V/X 通常称为可比价值倍数。式中 X 参数通常选用以下财务变量:利息、折旧和税前利润,即 EBIDT;无负债净现金流量,即企业自由现金流量;净现金流量,即股权自由现金流量;净利润;销售收入;净资产;账面价值等。

运用市场法确定价值比率的关键主要包括以下几点：

1. 可比对象相关数据信息来源及可靠性

市场法评估主要是依赖可比对象的价值数据与财务等相关数据分析、确定被评估企业的价值，因此可比对象相关数据的可获得性就决定了市场法的有效性，可比对象相关数据的来源及可靠性就决定了市场法评估结论的可靠性。因此可比对象的数据首先要具有可获得性，如果没有可获得性，则市场法无法适用。其次，还必须要保证数据的获取渠道合法、有效，信息数据全面可靠并且满足一定的数量要求。

2. 可比对象的可比标准的确定

选择可比对象是采用市场法评估的基础。同时，可比对象选择的质量或者说可比对象与被评估的目标企业之间的可比性是市场法评估结论可靠性的重要保证，因此可比对象的选择无疑是市场法应用的关键。

可比对象的选择关键就是要确定可比对象的选择标准。这里的标准实际就是可比对象与被评估资产的"可比"性标准。用市场法评估要求可比对象要与被评估企业相同或相似。相同或相似的含义应该至少包括以下内容：

(1)企业生产的产品或提供的服务相同或相似，或者企业的产品或服务都受相同经济因素的影响。

(2)企业的规模或能力相当。由于我们可以采用"单位价值"的概念进行对比分析，因此我们可以不要求资产的规模或能力完全一致，但由于资产的规模或能力相距太大，也会造成一定程度上的不可比，因此可比一般也要求资产的规模或能力尽量相当。

(3)未来成长性相同或相似，即可比对象与被评估资产的未来成长性越相同或相似，则可比性越高。

3. 可比对象的选择数量与评估结论相关性分析

运用市场法评估主要包括两类，即上市公司比较法和交易案例比较法。上市公司比较法主要采用上市公司作为可比对象。上市公司各方面数据，特别是相关财务数据比较容易获得，便于进行相关财务分析和修正，因此对于选择的可比对象数量不需要太多，但需要选择最可比的可比对象，选择可比的标准制定得越严格，则可能选择出的可比对象数量就会越少；反之，标准制定相对宽松，则可以选择出更多的可比对象。可比对象的数量与可比性是对立统一的，数量多，则可比性相对较低；数量少，则可比性就会增加。但另一方面，考虑到股票市场会受到无效性因素的干扰影响，个别股票价格可能会有一些非正常的异动，为了稀释个别股票价格的异动，一定数量的可比对象仍是必要的。因此现实中需要评估人员根据被评估企业实际情况和可比对象股票波动情况妥善处理好数量与质量之间的矛盾。

与采用上市公司比较法不同，用交易案例比较法选择可比对象时更侧重于数量。由于对比交易案例都是非上市公司的交易案例，其信息通常不是公开的。鉴于目前国内的相关实际情况，评估人员可以了解到的关于可比对象的信息十分有限。通常我们可能无法了解可比对象的完整财务数据，不能有效地避免非上市公司的并购交易可能存在一些特殊交易因素情况，如内部关联交易或者是有其他特殊交易安排，因此需要选择足够多的交易案例来稀释这些干扰因素所可能产生的影响，否则，可能会使评估结果失真。

4. 价值比率的选择与适用性分析

价值比率是市场法对比分析的基础，对评估结论的可靠性有重大影响。价值比率存在适用性的问题，需要评估人员根据不同的评估对象做出恰当的选择。

评估人员在选择价值比率时一般需要考虑以下原则:(1)对于亏损性企业选择资产基础价值比率比选择收益基础值比率的效果可能更好;(2)对于可比对象与目标企业资本结构存在重大差异的,则一般应该选择全投资口径的价值比率;(3)对于一些高科技行业或有形资产较少但无形资产较多的企业,收益基础价值比率可能比资产基础价值比率的效果好;(4)如果企业的各类成本比较稳定,销售利润水平也比较稳定,则选择销售收入价值比率可能比较好;(5)如果可比对象与目标企业税收政策存在较大差异,则选择税后收益的价值比率比选择税前收益的价值比率可能要好。

由于各类价值比率都有自身的长处,同时也会存在一些不足,因此通常应该需要选用多类、多个价值比率分别进行计算,然后综合对比、分析、判断,才可以更好地选择出最适用的价值比率,避免选择单一价值比率的情况。

另外,在选择价值比率时还需要注意价值比率的分子、分母的"口径"问题,价值比率的分子、分母口径必须保持一致。

二、市场法的应用举例

【例 9—3】 被评估甲公司为一家非上市的生物制药企业,因股权出售委托乙评估机构对甲公司股东全部权益价值进行评估。评估基准日为 2011 年 12 月 31 日。乙评估机构通过调查了解收集了甲公司的基本情况:甲公司在评估基准日之前各年均盈利,2011 年 12 月 31 日的有关财务数据如下:销售收入为 240 000 万元,账面净资产为 300 000 万元,净利润为 29 600 万元。乙评估机构了解到,目前上市公司中与甲公司生产经营相同或类似的生物制药公司有许多,甲公司的股权价值评估可以采用市场法中的上市公司比较法进行。乙评估机构经过筛选,选择了现已上市的且与甲公司相同或接近的 A、B、C、D 四家生物制药企业作为参照公司,通过参照公司与甲公司可比性分析和相关因素调整,获得了 A、B、C、D 四家公司的可比相关财务数据,利用 A、B、C、D 四家公司的股价和相关财务数据计算相应的价值比率,再利用这四家上市公司的价值比率的均值以及甲公司的相关财务指标评估甲公司的股东全部权益价值。A、B、C、D 四家上市公司的股价和相关财务数据如表 9—2 所示。

表 9—2 **参照公司的相关数据** 单位:万元

项目/公司	A 公司	B 公司	C 公司	D 公司
销售收入	100 000	150 000	300 000	300 000
账面净资产	100 000	196 000	400 000	360 000
净利润	10 000	18 000	36 000	40 000
股份总额	20 000	30 000	40 000	50 000
每股市价(元)	10	15	20	16

根据以上相关信息评估甲公司的过程如下:

1. 根据收集的 A、B、C、D 参照公司相关财务数据计算各个参照公司市价销售收入比率(P/S,市销率)、市价账面净资产比率(P/B,市净率)和市价净利润比率(P/E,市盈率):

A 参照公司:

市价销售收入比率=10/(100 000/20 000)=2

市价账面及资产比率=10/(100 000/20 000)=2.0

市价净利润比率＝10/(10 000/20 000)＝20

B参照公司：

市价销售收入比率＝15/(150 000/30 000)＝3

市价账面净资产比率＝15/(196 000/30 000)＝2.3

市价净利润比率＝15/(18 000/30 000)＝25

C参照公司：

市价销售收入比率＝20/(300 000/40 000)＝2.7

市价账面净资产比率＝20/(400 000/40 000)＝2.0

市价净利润比率＝20/(36 000/40 000)＝22

D参照公司：

市价销售收入比率＝16/(300 000/50 000)＝2.7

市价账面净资产比率＝16/(360 000/50 000)＝2.2

市价净利润比率＝16/(40 000/50 000)＝20

2. 计算参照公司的相关价值比率的均值(算术平均)，计算结果参见表9－3。

表9－3　　参照公司价值比率汇总

项目/公司	A公司	B公司	C公司	D公司	平均
市价/销售收入	2	3	2.7	2.7	2.6
市价/账面净资产	2.0	2.3	2.0	2.2	2.13
市价/净利润	20	25	22	20	21.8

3. 根据参照公司相关价值比率均值和甲公司的相应财务数据算出甲公司按照不同价值比率计算出的价值，并以这些价值的算数平均值作为甲司的初步评估结果(见表9－4)。

表9－4　　甲公司初步评估结果计算　　单位：万元

项目/公司	甲公司	参照公司平均比率	甲公司指标价值
销售收入	240 000	2.6	624 000
账面净资产	300 000	2.13	639 000
净利润	29 600	21.8	645 280
甲公司平均价值			636 093

4. 甲公司评估价值计算

由于甲公司是一个非上市公司，而整个评估过程是参照了同类上市公司的股价和相关财务数据计算的价值比率进行的，就甲公司与上述参照公司相比较而言，甲公司缺少流动性，而以上市公司股价计算的各种价值比率值只反映了少数股权交易的市场情况。因此，需要对甲公司做缺少流动性折扣和控股权溢价处理，乙评估机构根据资本市场数据经实证和相关分析获知生物制药行业缺少流动性贬值的贬值率为25％，通过非上市公司交易案例的统计分析得到股权转让中的控股权溢价率为15％、缺少控制权贬值率为10％等相关数据，计算甲公司的评估价值如下：

636 093×25％＝159 023(万元)

(636 093－159 023)×(1＋15％)＝548 631(万元)

第五节　企业价值评估的资产基础法

一、资产基础法的基本原理

企业价值评估中的成本法实际上是我国资产评估行业中的一种习惯性称谓。严格来讲，企业价值评估中应用的所谓“成本法”，应该称作“资产基础法”。资产基础法具体是指在合理评估企业各项资产价值和负债的基础上确定企业价值的评估方法。

资产基础法实际上是通过对企业账面价值的调整得到企业价值。其理论基础也是“替代原则”，即任何一个精明的潜在投资者，在购置一项资产时所愿意支付的价格不会超过建造一项与所购资产具有相同用途的替代品所需的成本。资产基础法是以企业要素资产的再建为出发点，有忽视企业的获利能力的可能性，而且在评估中很难考虑那些未在财务报表上出现的资产，如企业的管理效率、自创商誉、销售网络等。因此，以持续经营为前提对企业进行评估时，资产基础法一般不应当作为唯一使用的评估方法。

在运用资产基础法评估企业价值之前，应对企业的营利能力以及相匹配的单项资产进行认定，以便在委托方委托的评估范围基础上，进一步界定纳入企业营利能力范围内的资产和闲置资产的界限，明确评估对象的作用空间和评估前提。作为一项原则，评估人员在对构成企业的各个单项资产进行评估时，应该首先明确各项资产的评估前提，即持续经营假设前提和非持续经营假设前提，在不同的假设前提下，运用成本法评估出的企业价值是有区别的，对于持续经营假设前提下的各个单项资产的评估，应按贡献原则评估其价值，而对于非持续经营假设前提下的单项资产的评估，则按变现原则进行。

在持续经营假设前提下，评估人员一般不宜单独运用资产基础法对企业价值进行评估。因为运用资产基础法评估企业价值，是通过分别估测构成企业的所有可确指资产价值后加和而成的。此种方法无法把握持续经营企业价值的整体性，亦难以把握各个单项资产对企业的贡献。对企业各单项资产间的工艺匹配和有机组合因素产生出的整合效应，即不可确指的无形资产，很难进行有效衡量。因此，在一般情况下，评估人员不宜单独运用成本法评估一个在持续经营假设前提下的企业价值。在特殊情况下，评估人员采用成本法对持续经营企业价值进行评估，应予以充分地说明。

评估人员在运用资产基础法评估持续经营企业时，在对构成企业的各单项资产进行评估时，应考虑各个单项资产之间的匹配情况以及各个单项资产对于整体企业的贡献；另外，还要充分考虑在持续经营前提下，当企业的单项资产有了评估溢价或升值时的税收因素，才可以客观地反映企业价值。

资产基础法在有些国外的文献资料中也被称为成本途径法或资产负债表调整法。根据会计原理和会计准则，企业的资产负债表记录了企业的资产和负债，将企业资产扣除负债后的净资产，就是企业所有者的权益。因此当评估师将企业的全部资产的价值逐一评估出来，然后再扣除企业全部负债的价值，就可以得到一个净资产的价值。这个净资产的价值实际就是企业所有者所能享受的权益价值。但是由于企业的资产负债表中的账面价值大多是企业拥有的资产和负债的历史成本，而非现实的市场价值，也就是说企业的历史成本或许不能恰当地反映其现实的市场价值,因此需要将企业资产和负债的历史成本调整为现实价值,这就是资产基础法评估的基本原理。

资产基础法实质是一种以估算获得标的资产的现实成本途径来进行估价的方法。从经济学的角度看,资产评估的成本途径是建立在古典经济学派的价值理论之上的。亚当·斯密在《国富论》(1776 年)中认为价值是一种客观现象。一件物品的自然价格反映了该物品所耗费的成本。古典经济学派将价值归因于生产成本。资产评估成本途径就是建立在这个价值理论基础之上的。

二、单项资产评估的前提假设及选择

资产基础法实质是将企业拥有的各项资产的现实价值或成本逐一评估出来然后扣除负债得到净资产的价值,以评估企业股权价值。在评估时由于企业的各单项资产已经作为企业生产经营环节中的一项组成部分,它的价值与一项游离的资产价值还是不完全一样的。主要的差异表现在,作为企业生产经营要素的单项资产已经完成了从资产生产厂家到使用地点的运输,同时也完成了正常的安装调试工作。因此作为企业生产经营要素的单项资产的重置成本与一项游离的资产相比,其成本的组成要素是不一样的。作为企业生产要素的资产的重置成本组成包括:

重置成本=资产的购置成本+资产的运输成本+资产的安装调试成本

因此为了采用一种专业的方式表述在各种不同状态下企业各单项资产重置成本估算需要考虑的要素,在进行单项资产评估时通常需要确定单项资产评估的状态假设前提,或者称之为资产评估的价值前提。

目前比较常见的假设前提包括:最佳使用前提、现状(持续)使用前提、原地续用前提、异地使用前提、有序变现前提和强制变现前提等。

(一)最佳使用前提

最佳使用是指市场参与者实现一项资产的价值最大化时该资产的用途。具体是指如果一项资产存在多种用途,其中必定存在一种用途能使该资产价值最大化。最佳使用是特指该资产能使其价值最大化的用途。

在使用最佳使用前提时需要考虑资产在确定其最佳用途时的限定因素,这些限定因素包括法律上允许、技术上可能、经济上可行。所谓法律上允许,是指资产的该种用途不违反法律、法规的规定,不侵害社会公众利益。

所谓技术上可能,是指资产的这种使用在目前社会技术状态下是可能的,不存在暂时无法克服的技术障碍。经济上可行是指对于资产的这种用途,经济上的投入是合理的、可以承受的。

(二)现状(持续)使用前提

现状使用是指资产按照其目前的使用目的、使用状态持续下去,在可预见的未来不会改变。

在评估实务中,现状使用通常是指标的资产按照评估基准日,该资产在企业中的使用目的、状态持续下去,这种前提是评估实务中最为常见的前提之一。

(三)原地续用前提

原地续用是指资产还会在原地继续被使用,但是使用的目的、状态等可能发生变化。这种前提经常发生在一个企业要收购另一个企业的部分资产,收购后可能还会继续使用该资产,但是使用目的、状态和方式等会有所变化的情况下。

（四）异地使用前提

所谓异地使用，是指标的资产可能还会被使用，不会被报废，但是需要将其从原安装的地点转移到一个新的地点使用。

（五）有序变现前提

有序变现是指相关企业不再使用标的资产，需要将该资产转让给其他方，并且这种转让是在资产所有者控制下，在公开市场上有序进行的。

（六）强制变现前提

与有序变现相比，强制变现的不同点在于这个资产的变现过程资产所有者无法实际控制，通常是由法院或者债权人等实际控制。这个变现过程通常有时间限制，因此有时也称之为快速变现。

在用资产基础法评估各单项资产时，通常需要根据评估目的以及相关法律、法规的规定，如在进行财务报告目的的评估时，需要考虑相关会计准则的规定，恰当选择资产评估的假设前提。

三、资产清查和估算的具体方法

企业的资产通常包括流动资产、固定资产和无形资产等。评估人员在具体评估的操作过程中所采用的具体方式和方法也会有所不同。

根据资产基础法的原理，该方法的基本操作程序应该包括以下六个步骤：

第一，要获得以成本为基础的资产负债表。评估人员的评估首先从企业的历史成本资产负债表开始。此资产负债表若是在评估基准日编制的最为理想，如果不能获得评估基准日期的资产负债表时，也可以采取委托方的会计师编制的评估基准日的历史成本资产负债表，或自己根据资料编制评估基准日的资产负债表，或依赖距评估基准日之前最近的财务核算期限已结束的资产负债表进行评估调整等。

第二，确定以成本为基础的资产负债表上需要重新估价的资产与负债。评估人员将慎重地分析和了解所评估企业每一项实质性的在账资产和负债。评估人员的目的是根据所选择的适用于所评估企业价值标准、决定需要评估的资产与负债。如我们可以设定市场价值为企业评估时适当的价值类型，这样，评估人员将在此程序中按照评估市场价值的要求，分析企业每一项实质性的在账资产项目和负债项目是否需要进行评估。

第三，确定以成本为基础的资产负债表之外的需要确认的资产。评估分析人员将确定在评估结果的资产负债表中需要确认的目前没有入账的（有时称为资产负债表之外的）资产。例如，无形资产经常没有记入编制的资产负债表中，而这些资产往往是小型高新技术企业和许多传媒文化产业以及第三产业服务机构里经济价值最大的组成部分。评估人员应寻找这些没有在账上体现的有形资产和无形资产。

第四，确定资产负债表之外需要确认的或有负债。评估人员需要确定在评估结果的资产负债表中需要确认的、但目前没有入账的实质性的或有负债。如果或有负债中存在潜在的未解决的环境污染问题，则可能需要聘请专家做出判断。在一般公允会计准则的规定中，或有负债是不记入以历史成本为基础编制的资产负债表中的。但在审计和财务报表的审核中，重要的或有负债需要在其附注中予以披露。或有负债的确定和评估在资产基础法中，相对来说是不经常应用的程序。对于那些存在未予以判决的经济起诉、所得税或资产税方面的争议或环境治理要求等情形的企业，或有负债对企业的经营风险是有重要影响的(通常可以量化)。因此，或有负债对此企业的评估价值也将有重要的影响。

第五，对以上确定的资产和负债项目进行评估。在账面的资产与负债分析之后和账外的资产与负债确定之后，评估人员将开始企业每一项资产评估的定量分析程序，如有必要，还将进行企业每一项负债的定量分析。在典型的企业价值评估项目中，评估人员进行的是各类资产的评估分析。对于某些类型的资产评估，可能需要使用专门的评估人员。

第六，编制评估后的资产负债表。在得出企业的所有有形资产和无形资产的价值以及企业所有的账面和或有负债之后，评估分析人员可以编制一份经过评估的、日期为评估基准日的资产负债表。在这份以评估结果为基础的(不同于以历史成本为基础的)资产负债表中，评估分析人员直接以算术程序，从企业(有形和无形的)资产价值减去企业(账面和或有的)负债的价值，得出以企业权益价值衡量的所有者权益。

四、资产基础法的适用性和局限性及注意事项

资产基础法的理论基础是成本价值论。但是对于投资者而言，更关注的是投资未来的收益，未来收益与成本实际并没有必然联系，这是资产基础法评估最大的理论缺陷。有可能会出现的一种情况是某种财产购置或构建的成本很高，但是该财产预计未来不能产生收益，按照会计学上的定义，甚至不能称其为资产。因此在采用资产基础法评估时实际应该先确认纳入评估范围内的资产，全部应该是对于企业经营业务具有重要作用的资产，也就是预计能为企业产生收益的资产。

另一方面，在评估实务中也存在这样一种情况，企业拥有的一项要素预计可以为企业产生预期收益，对企业价值具有重大影响，但是由于存在法律、法规方面的限制，这些价值要素不能单独转让，或者对其取得的成本无法准确计量。如目前中国较为普遍的从事特定行业的准入资质、行政许可等，对于具有重大的这样“资产”的企业，采用资产基础法评估就受到限制，或者说资产基础法不适用于这样的企业评估。

下面列举了对企业某些单项资产评估时应注意的问题：

1. 现金。评估人员除对现金进行点钞核数外，还要通过对现金及企业运营的分析，判断企业的资金流动能力和短期偿债能力。

2. 应收账款及预付款。从企业财务的角度，应收账款及预付款都构成企业的资产。而从企业资金周转的角度，企业的应收账款应当保持一个合理比例。企业应收账款占销售收入的比例以及账龄的长短大致可以反映一个企业的销售情况、企业产品的市场需求及企业的经营能力等，并为预期收益的预测提供参考。

3. 存货。存货本身的评估并不复杂，但通过对存货进行评估，可以了解企业的经营状况，至少可以了解企业产品在市场中的竞争地位。畅销产品、正常销售产品、滞销产品和积压产品的比重，将直接反映企业在市场上的竞争地位，并为企业预期收益预测提供基础。

4. 机器设备与建筑物。机器设备和建筑物是企业进行生产经营和保持盈利能力的基本物质基础。设备的新旧程度、技术含量、维修保养状况、利用率等，不仅仅决定机器设备本身的价值，同时还对企业未来的盈利能力产生重大影响。按照机器设备及建筑物对企业盈利能力的贡献评估其现时价值，是持续经营假设前提下运用加和法评估企业单项资产的主要特点。

5. 长期投资。资产评估人员运用成本法进行企业价值评估，应当对长期股权投资项目进行分析，根据相关项目的具体资产、盈利状况及其对评估对象价值的影响程度等因素，合理确

定是否将其单独评估。

6. 无形资产。企业拥有无形资产的多寡以及研制开发无形资产的能力，是决定企业市场竞争能力及盈利能力的决定性因素。在评估过程中，评估人员要弄清每一种无形资产的盈利潜力，以便为企业收益预测打下坚实的基础。

资产评估人员在对企业各个单项资产实施评估并将评估值加和后，就可以以此作为运用成本法的前提，评估出企业的价值，如对同一企业采用多种评估方法评估其价值时，应当对运用各种评估方法形成的各种初步价值结论进行分析，在综合考虑运用不同评估方法及其初步价值结论的合理性及所使用数据的质量和数量的基础上，形成合理的评估结论。

阅读材料

路透社：从六个方面解读阿里巴巴 12 位数的估值

2014 年 9 月 20 日，阿里巴巴成功登陆纽交所，上市首日暴涨 38%，市值超 2 300 亿美元，位列美股第 9 大公司。

上市前，路透社 Breakingviews 专栏作家彼得·塔尔·拉尔森（Peter Thal Larsen）发表了他对即将赴美上市的阿里巴巴公司一些观点和看法，原文如下：

中国电商的发展有多迅速？

去年的网购中每 5 元人民币就有 4 元是来自阿里巴巴的网站。该公司的发展依靠的是整体市场的扩大。去年中国的网民人数占了不到总人口的一半，而美国网民则超过其总人口的 80%。阿里巴巴在截止到今年 6 月份的三个月时间里签署了 2 400 万位新的活跃买家，交易总额比 2013 年同期增长了 45%，预计未来两年达到 30%的增长并不难。

阿里巴巴创造的收入有多少？

阿里巴巴的商业模式就是在商家的交易过程中获取一小部分包括广告和佣金在内的收入。今年 3 月份，其“货币化率”为 2.55%。但在最近一个季度里，几乎三分之一的买卖活动是通过手持设备进行，其货币化率是桌面设备上交易时货币化率的一半。随着时间推移，两者的差距将会拉近并接近目前货币化率为 3%的桌面交易的水平。

阿里巴巴能否保持高收益？

网络效应对盈利至关重要。如果阿里巴巴能吸引越多的消费者，就会有越多的商家愿意在阿里巴巴展示他们的商品，并吸引更多的买家。同时，该公司的轻资产模式使得商家的开支很低。今年 3 月份，阿里巴巴的营运利润率达到了令人惊叹的 47%。

但高利润也带来了竞争。阿里巴巴可能被迫在市场和技术上投入更多，或要直接介入企业仓储和物流的事务。截止到今年 6 月份的三个月里，在其 IPO 之前的最后一组财经数据显示，产品开发成本上升了近 70%，而销售和市场的支出几乎翻了一番，但阿里巴巴的运营利润率跌至 43%，是两年来的最低水平。虽然实际的预测为 40%，但这仍然属于一个很高的水平。

阿里巴巴的股票价值多少？

大多数的科技股都有很高的市盈率，因为投资者相信其未来潜在的价值远远高于目前的盈利。阿里巴巴的挑战在于保持利润率的同时继续实现增长。股票市场是主观的，达到 30 倍的市盈率估值是一个比较合理的起点，这与竞争对手腾讯的情况一样。

其他方面

阿里巴巴的野心远不止做电商。支付宝是它的子公司，目前在小型企业贷款和货币市场基金两方面挑战传统银行。虽然阿里巴巴没有支付宝的所有权股份，但它拿走了支付宝税前盈利的37.5%，并获得上市后的支付宝市值同等比率的回报额。

海外扩张也具有价值。国际销售占了阿里巴巴最近一个财政年度收入的十分之一不到。但从最近阿里巴巴与新加坡邮政结成合作伙伴可以看出，它正在郑重考虑海外的业务扩展。此外，阿里巴巴及其子公司花了将近75亿美元用于收购和投资，如今涉足的领域有媒体和地图导航等业务。

负面因素

树大招风。阿里巴巴过于强劲的势头有可能被政府压制。如其他在美国上市的中国企业一样，他们利用会计规则漏洞和半合法的公司结构来控制其内地的业务，阿里巴巴或将无法避免受到同样的指责。

再有就是公司治理的问题。阿里巴巴创始人兼董事会主席马云希望公司由他和27名高管即"合伙人"共同掌控。外部股东并没有多少发言权，这与谷歌和Facebook类似，它们也是根据创始人的意志来运作的。但过去马云的动作并不可测，他曾在2011年把支付宝的所有权转到了自己控股的一家中国内资公司。

总结

评估未来的经营情况并不容易，特别是在公司治理不稳的状态下会大打折扣。最简单的选择是假设正面因素和负面因素两者互相抵消。

若假设阿里巴巴未来两年里的年交易额有30%的增长，而它总的货币化率达到3%。再假定它的营运利润率稳定在40%，税率跟过去一样为15%，那么到2016年3月份它的净利润将达到52.5亿美元。以30倍计算，估计阿里巴巴的市值为1 580亿美元。

要得到一个更高的数字并不难：当年增长率上升至40%和营运利润率达到45%时，阿里巴巴的市值将上升至2 000亿美元以上。分析师们都有各自的假设，而对投资者来说，这六个方面和12位数字的估值不会有太大的变化。

同期，Bernstein分析师Carlos Kirjner看到阿里巴巴集团好于预期的业绩后，给该公司做出的估值为2 450亿美元！国外著名投资网站Seekingalpha分析师，纽约大学金融系教授、传奇估价专家阿斯沃斯·达摩达兰(Aswath Damodaran)也给出了他的分析估值《阿里巴巴：中国式财富故事》，认为阿里巴巴在中国线上零售市场的主导地位，在市场中的规模和高成长性，无出其右的经营利润，为天价估值提供了基础，并给出了每股66美元的估价，总市值将接近1 500亿美元。

练习题

一、单项选择题

1. 企业整体价值评估基于企业的(　　)。

A. 整体获利能力　B. 生产能力　C. 市场价值　D. 重置价值

2. 运用收益法对企业价值评估的必要前提是判断企业是否拥有(　　)。

A. 持续盈利能力　B. 持续生产能力

C. 持续经营能力　D. 持续抗风险能力

3. 不属于企业价值评估中折现率的测算方法的是(　　)。

A. 累加法　B. 资本资产定价模型

C. 加权平均资本成本模型　D. 直接估算法

4. 企业的资产总额为8亿元，其中长期负债与所有者权益的比例为4∶6，长期负债利息率为8%，评估时社会无风险报酬率为4%，社会平均投资报酬率为8%，该企业的风险与社会平均风险的比值为1.2，该企业的所得税率为33%，采用加权平均成本模型计算的折现率应为（　　）。

A. 8.45%　　B. 7.23%　　C. 6.25%　　D. 7.42%

5. 关于企业价值评估中的折现率，下列说法中错误的是（　　）。

A. 折现率不高于投资的机会成本

B. 行业基准收益率不宜直接作为折现率

C. 贴现率不宜直接作为折现率

D. 折现率和资本化率在本质上是相同的，都属于投资报酬率

6. 某企业未来5年收益现值之和为2 000万元，折现率与本金化率均为10%，第6年起企业的预期收益固定为500万元，用分段法估算该企业持续经营的价值约为（　　）。

A. 3 500万元　　B. 4 500万元　　C. 5 105万元　　D. 3 905万元

7. 评估某企业，经评估人员分析预测，该企业评估基准日后未来3年的预期净利润分别为200万元、220万元、230万元，从未来第四年至第十年企业净利润将保持在230万元水平上，企业在未来第十年末的资产预计变现价值为300万元，假定企业适用的折现率与资本化率均为10%，该企业的股东全部权益评估值最接近（　　）万元。

A. 1 377　　B. 1 493　　C. 1 777　　D. 1 900

8. 被评估企业未来5年收益现值之和为2 500万元，折现率和资本化率均为10%，则采用年金资本化法计算企业的整体价值最有可能的是（　　）万元。

A. 8 000　　B. 6 595　　C. 3 550　　D. 3 862

9. 在企业价值评估中选择恰当口径的收益额的目的之一，是为了（　　）。

A. 恰当地选择评估方法　　B. 恰当地选择价值类型

C. 恰当地反映企业的获利能力　　D. 恰当地预测企业收益持续的时间

10. 运用市盈率法对企业价值进行评估应当属于企业价值评估的（　　）。

A. 市场法　　B. 成本法

C. 收益法　　D. 三者之外的新方法

11. 关于成本法在企业价值评估中的应用，下列说法中错误的是（　　）。

A. 成本法也可以称为资产加和法

B. 其思路是通过对企业账面价值的调整得到企业价值

C. 其理论基础是替代原则

D. 成本法在企业价值评估中运用得比较广泛

12. β系数法中的系数α反映的是（　　）。

A. 所在行业风险系数　　B. 企业在行业中的特定风险调整系数

C. 社会平均风险系数　　D. 行业平均风险系数

二、多项选择题

1. 企业的特点是（　　）。

A. 盈利性　　B. 持续经营性　　C. 权益可分性　　D. 整体性

E. 非盈利性

2. 下列关于折现率和资本化率的说法中，正确的有(　　)。

A. 折现率和资本化率本质上相同，都属于投资报酬率

B. 折现率和资本化率是恒等的

C. 行业基准收益率不宜直接作为折现率

D. 折现率的口径要与收益额的口径保持一致

E. 折现率的测算方法有多种

3. 运用资产加和法评估企业价值存在着明显的缺陷，即在评估过程中很难考虑企业的(　　)等因素对企业价值的贡献。

A. 商誉　　B. 长期待摊费用　　C. 特许经营权　　D. 长期股权投资

E. 治理结构和管理效率

4. 下列关于加权平均资本成本模型的说法中，正确的有(　　)。

A. 加权平均资本成本模型是测算折现率的方法之一

B. 这里所指的资本是企业的所有者权益和企业的负债构成的全部资本

C. 这种方法测算折现率需要考虑企业特定风险调整系数

D. 这里的负债成本是扣除所得税后的长期负债成本

E. 这里的权益资本是扣除所得税后的权益成本

5. 运用收益法评估企业价值的核心问题是(　　)。

A. 收益期限的确定

B. 要对企业的收益予以界定

C. 要对企业的收益进行合理的预测

D. 在对企业的收益做出合理的预测后，要选择合适的折现率

E. 企业的管理水平

6. 折现率的估算方法有(　　)。

A. 资本资产定价模型　　B. 累加法

C. 经验估计法　　D. 加权平均资本成本模型

三、计算题

1. 社会平均收益率为 10%，无风险报酬率为 8%，被评估企业的资产的账面价值为 80 万元，负债为 50 万元，所有者权益为 30 万元。该企业所在行业的 β 系数为 1.5。借款利率为 9%，企业所得税税率为 25%。求用于企业价值评估的折现率。

2. 待估企业预计未来 5 年的预期收益额分别为 100 万元、110 万元、105 万元、110 万元和 110 万元，假定折现率和资本化率均为 10%，该企业可确指的各单项资产评估后的价值之和为 1 100 万元。

要求：

(1)采用年金法确定该企业整体资产评估价值。

(2)该企业是否有商誉？为什么？(计算结果保留小数点后两位)

3. 评估人员对甲企业进行整体评估，通过对该企业历史经营状况的分析及国内外市场的调查与了解，收集到下列数据资料：

(1)预计该企业第一年的收益额为 500 万元，以后每年的收益额比上年增长 16%，自第 6 年企业将进入稳定发展时期，收益额将保持在 600 万元的水平上；

(2)社会平均收益率为13%,国库券利率为7%,被评估企业风险系数为1.5;

(3)该企业可确指的各单项资产经评估后的价值之和为2 700万元。

要求:

(1)确定该企业整体资产评估值。

(2)求该企业的商誉价值。

4. 某企业的有关资料如下:

(1)根据该企业以前5年的经营情况,预计其未来5年的收益额分别为30万元、28万元、30万元、32万元和32万元,假定从第6年起,每年收益额保持在32万元水平上。

(2)根据资料确定无风险报酬率为3%,企业所在行业的平均风险与社会平均风险的比率为1.2,社会平均收益率为8%,资本化率为8%。

要求:

运用分段法计算该企业整体评估价值(计算结果保留小数点后两位)。

第十章　资产评估报告

第一节　资产评估报告概述

一、资产评估报告的概念

资产评估报告是指注册资产评估师根据资产评估准则的要求，在履行了必要的评估程序后，对评估对象在评估基准日特定目的下的价值发表的、由其所在评估机构出具的书面专业意见。

注册资产评估师应当根据评估业务的具体情况，提供能够满足委托方和其他评估报告使用者合理需求的评估报告，并在评估报告中提供必要信息，使评估报告使用者能够合理地理解评估结论。

资产评估报告是按照一定格式和内容来反映评估目的、假设、程序、标准、依据、方法、结果及适用条件等基本情况的报告书。广义的资产评估报告还是一种工作制度。它规定评估机构在完成评估工作之后必须按照一定程序的要求，用书面形式向委托方及相关主管部门报告评估过程和结果。狭义的资产评估报告即资产评估结果报告，既是资产评估机构与注册资产评估师完成对资产作价，就被评估资产在特定条件下价值所发表的专家意见，也是评估机构履行评估合同情况的总结，还是评估机构与注册资产评估师为资产评估项目承担相应法律责任的证明文件。

二、资产评估报告的种类

根据不同的分类标准，可以将资产评估报告分为以下几个不同的种类：

1. 整体资产评估报告与单项资产评估报告

按资产评估的范围划分，资产评估报告可分为整体资产评估报告和单项资产评估报告。凡是对整体资产进行评估所出具的资产评估报告称为整体资产评估报告。凡是仅对某一部分、某一项资产进行评估所出具的资产评估报告称为单项资产评估报告，尽管资产评估报告的基本格式是一样的，但因整体资产评估与单项资产评估在具体业务上存在一些差别，两者在报告的内容上也必然会存在一些差别。一般情况下，整体资产评估报告的内容不仅包括资产，也包括负债和所有者权益方面。而单项资产评估报告除在建工程外，一般不考虑负债和以整体资产为依托的无形资产等。

2. 完整型评估报告、简明型评估报告与限制型评估报告

按照国际惯例，评估报告也可以分为完整型评估报告、简明型评估报告和限制型评估报告。注册资产评估师应当在评估报告中明确说明评估报告的类型。

完整型评估报告、简明型评估报告、限制型评估报告三种评估意见的根本区别在于所提供信息的详细程度不同。完整型评估报告和简明型评估报告之间的重要区别在于提供资料的详细程度。简明型评估报告应该对解决评估问题具有重要意义的信息做出概略说明。限制型评估报告是仅仅为委托方使用的。

3. 现实型评估报告、预测型评估报告与追溯型评估报告

根据评估基准日的不同选择，可以分为：评估基准日为现在时点的现实型评估报告，评估基准日为未来时点的预测型评估报告，评估基准日为过去时点的追溯型评估报告。关于评估报告的使用有效期，通常要求评估基准日与经济行为实现日相距不超过 1 年。

三、我国资产评估报告制度的历史沿革

1991 年，国务院以 91 号令颁布的《国有资产评估管理办法》规定，资产评估机构对委托单位（国有资产占有单位）被评估资产的价值进行评定和估算，要向委托单位提出资产评估结果报告书，委托单位收到资产评估机构的资产评估报告书后，应当报其主管部门审查，主管部门同意后，报同级国有资产管理行政主管部门确认资产评估结果。经国有资产管理行政主管部门授权或委托，国有资产占有单位的主管部门也可以确认资产评估结果。该文件还规定，国有资产管理行政主管部门应当自收到占有单位报送的资产评估结果报告书之日起 45 日内组织审核、验证协商、确认资产评估结果，并下达确认通知书。这就是我国最早的资产评估报告制度。

1993 年，原国家国有资产管理局制定和发布了《关于资产评估报告书的规范意见》（国资办发[1993]55 号），1995 年，原国家国有资产管理局又制定和颁布了《关于资产评估立项、确认工作的若干规范意见》，1996 年 5 月 7 日，国资办发[1996]23 号文件转发了中国资产评估协会制定的《资产评估操作规范意见（试行）》，规定了资产评估报告书及送审专用材料的具体要求，以及资产评估工作底稿的项目档案管理，进一步完善了资产评估报告制度。1999 年，财政部财评字[1999]91 号文件颁布的《关于印发〈资产评估报告基本内容与格式的暂行规定〉的通知》，对原有的资产评估报告有关制度做了进一步修改与完善，使资产评估报告制度不仅适应国有资产评估，也同样适用于非国有资产的评估。2000 年，财政部财企[2000]256 号文件提出了《关于调整涉及股份有限公司资产评估项目管理权的通知》。其中对涉及股份有限公司资产评估项目的受理审核事权在财政部和省级财政部门之间进行分工。2001 年 12 月 31 日，《国务院办公厅转发财政部〈关于改革国有资产评估行政管理方式加强资产评估监督管理工作意见〉的通知》（国办发[2001]102 号），对资产评估项目管理方式进行了重大改革，取消对国有资产评估项目的立项确认审批制度，实行核准制和备案制，并加强对资产评估活动的监管。2005 年 8 月 25 日，国务院国资委发布了《企业国有资产评估管理暂行办法》（国资委令第 12 号），2007 年 10 月 12 日，财政部发布了《金融企业国有资产评估监督管理暂行办法》（财政部令第

47 号),对规范国有资产评估工作提出了具体的要求。

第二节 资产评估报告的基本内容和编制

一、资产评估报告的基本内容

根据《资产评估准则——评估报告》(2007)的规定,资产评估报告由标题及文号、声明、摘要、正文和附件组成。

1. 标题及文号

标题应含有×××项目资产评估报告的字样,报告文号应符合公文要求。

2. 声明

评估报告的声明应当包括以下内容:注册资产评估师恪守独立、客观和公正的原则,遵循有关法律、法规和资产评估准则的规定,并承担相应的责任;提醒评估报告使用者关注评估报告特别事项说明和使用限制;其他需要声明的内容。

3. 摘要

评估报告摘要应当提供评估业务的主要信息及评估结论。每份资产评估报告的正文之前应有表达该报告关键内容的摘要,用来让各方面了解该评估报告的主要信息。摘要与资产评估报告的正文一样具有同等法律效力,由注册资产评估师、评估机构法定代表人及评估机构等签字盖章和注明提交日期。摘要还必须与评估报告揭示的结果一致,不得有误导性内容,并应当采用提醒文字提醒使用者阅读全文。

4. 正文

根据《资产评估准则——评估报告》的规定,资产评估报告的正文包括以下内容:

(1)委托方、产权持有者和委托方以外的其他评估报告使用者

评估报告应分别介绍委托方、产权持有者的情况,要写明委托方和产权持有者之间的隶属关系或经济关系。无隶属关系或经济关系的,应写明发生评估的原因,当产权持有者为多家企业时,还须逐一介绍。同时还要注明其他评估报告的使用者,以及由国家法律法规规定的评估报告使用者。

(2)评估目的

评估目的应写明本次资产评估是为了满足委托方的何种要求,以及其所对应的经济行为类型,并简要地准确说明该经济行为是否经过批准。若已获批准,应将批准文件的名称、批准单位、批准日期及文号写出。评估报告载明的评估目的应当是唯一的,表述应当明确、清晰。

(3)评估范围和对象

评估报告中应当载明评估对象和评估范围,并具体描述评估对象的基本情况,通常包括法律权属状况、经济状况和物理情况;应写明纳入评估范围的资产及其类型,并列出评估前的账面金额。评估资产为多家占有的,应说明各自的份额及对应的资产类型。

(4)价值类型及其定义

评估报告应当明确价值类型及其定义,并说明选择价值类型的理由。如果评估结果的价值类型是市场价值,可以直接对其进行定义;如果评估结果的价值类型是市场价值以外的价值,评估人员则需要明确本次评估结果的具体价值类型及其定义。

(5)评估基准日

评估报告应当载明评估基准日,并与业务约定书约定的评估基准日保持一致。评估报告应当说明选取评估基准日时重点考虑的因素。评估基准日可以是现在时点,也可以是过去或将来的时点。

(6)评估依据

评估报告应当说明评估遵循的法律依据、准则依据、权属依据及取价依据等。对评估中采用的特殊依据应做相应的披露。

(7)评估方法

评估报告应当说明评估过程所选择、使用的评估方法和选择评估方法的依据或原因。对某项资产评估采用一种以上评估方法的,还应说明原因并说明该资产价值的确定方法。对选用特殊评估方法的,还应介绍其原理及适用范围。

(8)评估程序实施过程和情况

评估报告应当反映评估机构自接受评估项目委托起至提交评估报告的全过程。包括:接受委托过程中确定评估目的、对象及范围、基准日和拟订评估方案的过程;资产清查中指导资产占有方清查、搜集准备资料,检查与验证过程;评估估算中现场检测与鉴定、评估方法选择;评估汇总中的结果汇总、评估结论分析、内部复核过程以及提交评估报告等。

(9)评估假设

评估报告应当披露评估假设及其对评估结论的影响。

(10)评估结论

注册资产评估师应当在评估报告中以文字和数字形式清晰地说明评估结论。通常评估结论应当是确定的数值。经与委托方沟通,评估结论可以使用区间值表达。这部分是报告正文的重要部分,应使用表述性文字完整地叙述评估机构对评估结果发表的结论,对资产、负债、净资产的账面价值、调整后账面价值、评估价值及其增减幅度进行表述,还应单独列示不纳入评估汇总表的评估结果。

(11)特别事项说明

注册资产评估师应当说明特别事项可能对评估结论产生的影响,并重点提示评估报告使用者予以关注。在这部分应说明在评估过程中已发现可能影响评估结论,但非评估人员凭其执业水平和能力所能评定估算的有关事项,也应提示评估报告使用者注意特别事项对评估结论的影响,还应揭示评估人员认为需要说明的其他事项。特别事项说明通常包括以下主要内容:产权瑕疵,未决事项、法律纠纷等不确定因素,重大期后事项,在不违背资产评估准则基本要求的情况下,采用的不同于资产评估准则规定的程序和方法。

(12)评估报告使用限制说明

评估报告的使用限制说明通常包括下列内容:评估报告只能用于评估报告载明的评估目的和用途;评估报告只能由评估报告载明的评估报告使用者使用;未征得出具评估报告的评估机构同意,评估报告的内容不得被摘抄、应用或公开,法律法规规定及相关当事方另有规定的除外;评估报告的使用有效期和使用限制。

(13)评估报告日

评估报告载明的评估报告日通常为注册资产评估师形成最终专业意见的日期。

(14)签字盖章

评估报告要由注册资产评估师签字盖章、评估机构盖章和法定代表人或者合伙人签字。

5. 附件

根据《资产评估准则——评估报告》的规定，资产评估报告附件通常包括：

(1)评估对象所涉及的主要权属证明资料；

(2)委托方和相关当事方的承诺函；

(3)评估机构及签字的注册资产评估师资质、资格证明文件；

(4)评估对象涉及的资产清单或资产汇总表。

二、资产评估报告的制作步骤

资产评估报告的制作是评估机构与注册资产评估师完成评估工作的最后一道工序，也是资产评估工作中的一个重要环节。制作资产评估报告主要有以下几个步骤：

(一)整理工作底稿和归集有关资料

资产评估现场工作结束后，注册资产评估师必须着手对现场工作底稿进行整理，按资产的性质进行分类。同时对有关询证函、被评估资产背景材料、技术鉴定情况和价格取证等有关资料进行归集和登记。对现场未予以确定的事项，还需进一步落实和查核。这些现场工作底稿和有关资料都是编制资产评估报告的基础。

(二)评估明细表的数字汇总

在完成现场工作底稿和有关资料的归集任务后，注册资产评估师应着手评估明细表的数字汇总。应根据明细表的不同级次先进行明细表汇总，然后分类汇总，再到资产负债表式的汇总。在数字汇总过程中应反复核对各有关表格的数字的关联性和各表格栏目之间数字的勾稽关系，防止出错。

(三)评估初步数据的分析和讨论

在完成评估明细表的数字汇总、得出初步的评估数据后，应召集参与评估工作过程的有关人员，对评估报告的初步数据的结论进行分析和讨论，比较各有关评估数据，复核记录估算结果的工作底稿，对存在作价不合理部分的评估数据进行调整。

(四)编写评估报告

编写评估报告又可分为两步：

第一步，在完成资产评估初步数据的分析和讨论、对有关部分的数据进行调整后，由具体参加评估的各评估小组负责人员草拟各自负责评估部分资产的评估说明，同时提交全面负责、熟悉本项目评估具体情况的人员，由其草拟资产评估报告。

第二步，将评估基本情况和评估报告初稿的初步结论与委托方交换意见，听取委托方的反馈意见后，在坚持独立、客观、公正的前提下，认真分析委托方提出的问题和建议，考虑是否应该修改评估报告，对评估报告中存在的疏忽、遗漏和错误之处进行修正，待修改完毕即可撰写资产评估正式报告。

(五)资产评估报告的签发与送交

注册资产评估师撰写出资产评估正式报告后，经审核无误，按以下程序进行签名盖章：先由负责该项目的注册评估师签章(两名或两名以上)，再送复核人审核签章，最后送评估机构负责人审定签章并加盖机构公章。

资产评估报告签发盖章后即可连同评估说明及评估明细表送交委托单位。

三、资产评估报告制作的技术要点

资产评估报告制作的技术要点是指在资产评估报告制作过程中的主要技能要求，具体包括了文字表达、格式与内容方面的技能要求，以及复核与反馈等方面的技能要求。注册资产评估师应当在执行必要的评估程序后，编制并由所在评估机构出具评估报告，并在评估报告中提供必要信息，使评估报告使用者能够合理地理解评估结论。注册资产评估师应当根据评估业务的具体情况，提供能够满足委托方和其他评估报告使用者合理需求的评估报告。

（一）文字表达方面的技能要求

资产评估报告既是一份对被评估资产价值发表专业意见的重要法律文件，又是一份用来明确资产评估机构和注册资产评估师工作责任的文字依据，所以它的文字表达技能要求既要清楚、准确，又要提供充分的依据，还要全面地叙述整个评估的具体过程。其文字的表达必须准确，不得使用模棱两可的措辞。其陈述既要简明扼要，又要把有关问题说清楚，不得带有任何诱导、恭维和推荐性的陈述。

（二）格式和内容方面的技能要求

对资产评估报告格式和内容方面的技能要求，按照现行政策规定，应该遵循《资产评估准则——评估报告》，涉及企业国有资产评估的，还应该遵循《企业国有资产评估报告指南》。

（三）评估报告的复核及反馈方面的技能要求

资产评估报告的复核与反馈也是资产评估报告制作的具体技能要求。通过对工作底稿、评估说明、评估明细表和报告正文的文字、格式及内容的复核和反馈，可以使有关错误、遗漏等问题在出具正式报告之前得到修正。对评估人员来说，资产评估工作是一项由多个评估人员同时作业的中介业务，每个评估人员都有可能因能力、水平、经验、阅历及理论方法的限制而产生工作盲点和工作疏忽，所以，对资产评估报告初稿进行复核就成为必要。就对评估资产的情况熟悉程度来说，大多数资产委托方和占有方对委托评估资产的分布、结构、成新率等具体情况总是会比评估机构和评估人员更熟悉，所以在出具正式报告之前征求委托方意见，收集反馈意见也很有必要。

对资产评估报告必须建立起多级复核和交叉复核的制度，明确复核人的职责，防止流于形式的复核。收集反馈意见主要是通过委托方或占有方熟悉资产具体情况的人员。对委托方、产权持有者或资产占有方意见的反馈信息，应谨慎对待，应本着独立、客观、公正的态度去接受其反馈意见。

（四）撰写报告应注意的事项

资产评估报告的制作技能除了上述三个方面的技术要点外，还应注意以下几个事项：

（1）实事求是，切忌出具虚假报告。报告必须建立在真实、客观的基础上，不能脱离实际情况，更不能无中生有。报告拟订人应是参与该项目并较全面地了解该项目情况的主要评估人员。

（2）坚持一致性原则，切忌表里不一。报告文字、内容前后要一致，摘要、正文、评估说明、评估明细表的内容与格式、数据要一致。

（3）提交报告要及时、齐全和保密。在完成资产评估工作后，应按业务约定书的约定时间及时将报告送交委托方。送交报告时，报告及有关文件要齐全。此外，要做好客户保密工作，尤其是对评估涉及的商业秘密和技术秘密，更要加强保密工作。

（4）评估机构应当在资产评估报告中明确评估报告使用者、报告使用方式，提示评估报告使用者合理使用评估报告。应注意防止报告的恶意使用，避免报告的误用，以合法规避执业风险。

（5）注册资产评估师执行资产评估业务，应当关注评估对象的法律权属，并在评估报告中对评估对象法律权属及其证明资料的来源予以必要说明。注册资产评估师不得对评估对象的法律权属提供保证。

(6)注册资产评估师执行资产评估业务受到限制无法实施完整的评估程序时,应当在评估报告中明确披露受到的限制、无法履行的评估程序和采取的替代措施。

第三节　资产评估报告的作用和使用

一、资产评估报告的作用

资产评估报告有以下几方面的作用:

1. 为被委托评估的资产提供作价意见

资产评估报告是经具有资产评估资格的机构根据委托评估资产的特点和要求,组织注册资产评估师及相应的专业人员组成评估队伍,遵循评估准则和标准,履行必要的评估程序,运用科学的方法对被评估资产的价值进行评定和估算后,提出的书面价值意见。该价值意见不代表任何当事人一方的利益,是一种独立的专业人士的评估意见,具有较强的公正性与客观性,因而成为被评估资产作价的重要参考。

2. 反映和体现资产评估工作情况及有关方面责任的根据

它用文字的形式,对受托资产评估业务的目的、背景、范围、依据、程序、方法等方面和评估的结果进行说明和总结,体现了评估机构的工作成果。同时,资产评估报告也反映和体现受托的资产评估机构与执业人员的权利与义务,并以此来明确委托方、受托方等有关方面的法律责任。在资产评估现场工作完成后,注册资产评估师就要根据现场工作取得的有关资料和估算数据,撰写评估结果报告,向委托方报告。负责评估项目的注册资产评估师也同时在报告上行使签字的权利,并提出报告使用的范围和评估结果实现的前提等具体条款。当然,资产评估报告也是评估机构履行评估协议和向委托方或有关方面收取评估费用的依据。

3. 管理部门对评估机构的业务开展情况进行监督和管理的重要依据

资产评估报告是反映评估机构和注册资产评估师职业道德、执业能力水平以及评估质量高低和机构内部管理机制完善程度的重要依据。有关管理部门通过审核资产评估报告,可以有效地对评估机构的业务开展情况进行监督和管理。

4. 建立评估档案资料的重要信息来源

注册资产评估师在完成资产评估业务之后,都必须按照档案管理的有关规定,将评估过程中收集的资料、工作记录以及资产评估过程的有关工作底稿进行归档,以便进行评估档案的管理和使用。由于资产评估报告是对整个评估过程的工作总结,其内容包括了评估过程的各个具体环节和各有关资料的收集及记录,因此,不仅评估报告的底稿是评估档案归集的主要内容,撰写资产评估报告过程中采用的各种数据、各个依据、工作底稿和资产评估报告制度中形成的有关文字记录等也都是资产评估档案的重要信息来源。

二、资产评估报告的使用

资产评估报告由评估机构出具后,资产评估委托方、资产评估管理方和有关部门对资产评估报告及有关资料要根据需要进行使用。

(一)委托方对资产评估报告的使用

委托方在收到受托评估机构送交的正式评估报告及有关资料后，可以依据评估报告所揭示的评估目的和评估结论，合理使用资产评估结果。根据有关规定，委托方依据评估报告所揭示的评估目的及评估结论，可以作为以下几种具体的用途进行使用：

1. 根据评估目的，作为资产的作价基础

(1)整体或部分改建为有限责任公司或股份有限公司；

(2)以非货币资产对外投资；

(3)合并、分立、清算；

(4)公司原股东股权比例变动；

(5)公司整体或部分产权(股权)转让；

(6)资产转让、置换、拍卖；

(7)整体资产或者部分资产租赁给非国有单位；

(8)确定涉讼资产价值；

(9)国有资产占有单位收购非国有资产；

(10)国有资产占有单位与非国有资产单位置换资产；

(11)国有资产占有单位接受非国有资产单位以实物资产偿还债务；

(12)法律、行政法规规定的其他需要进行评估的事项。

2. 作为企业进行会计记录或调整账项的依据

委托方在根据评估报告所揭示的资产评估目的使用资产评估报告资料的同时，还可依照有关规定，根据资产评估报告资料进行会计记录或调整有关财务账项。

3. 作为履行委托协议和支付评估费用的主要依据

当委托方收到评估机构的正式评估报告及有关资料后，在没有异议的情况下，应根据委托协议，履行支付评估费用的承诺及其他有关承诺。

此外，资产评估报告及有关资料也是有关当事人因资产评估纠纷向纠纷调处部门申请调处的申诉资料之一。

当然委托方在使用资产评估报告及有关资料时也必须注意以下几个方面：

(1)只能按报告所揭示的评估目的使用报告，一份评估报告只允许按一个用途使用。

(2)只能在报告的有效期内使用报告，超过报告的有效期，原资产评估结果无效。

(3)在报告有效期内，资产评估数量发生较大变化时，应由原评估机构或者资产占有单位按原评估方法做相应调整后才能使用。

(4)涉及国有资产产权变动的评估报告及有关资料必须经国有资产管理部门或授权部门核准或备案后方可使用。

(5)作为企业会计记录和调整企业账项使用的资产评估报告及有关资料，必须根据国家相关法规执行。

(二)资产评估管理机构对资产评估报告的使用

资产评估管理机构主要是指对资产评估进行行政管理的主管机关和对资产评估行业进行自律管理的行业协会。对资产评估报告的使用是资产评估管理机构实现对评估机构的行政管理和行业自律管理的重要过程。资产评估管理机构通过对评估机构出具的资产评估报告有关资料的使用，有助于了解评估机构从事评估工作的业务能力和组织管理水平。由于资产评估报告是反映资产评估工作过程的工作报告，因此，一方面，通过对资产评估报告资料的检查与分析，评估管理机构能大致判断该机构的业务能力和组织管理水平。

另一方面，也是对资产评估结果的质量进行评价的依据。资产评估管理机构通过资产评估报告能够对评估机构的评估结果质量的好坏做出客观的评价，从而能够有效实现对评估机构和评估人员的管理。

再一方面，它能为国有资产管理提供重要的数据资料。通过对资产评估报告的统计与分析，可以及时了解国有资产占有和使用状况以及增减值变动情况，为进一步加强和改善国有资产管理服务。

（三）其他有关部门对资产评估报告的使用

除了资产评估管理机构可运用资产评估报告资料外，还有些政府管理部门也需要使用资产评估报告，它们主要包括国有资产监督管理部门、财政部门、证券监督管理部门、保险监督管理部门以及工商行政管理、税务、金融和法院等有关部门。

国有资产监督管理部门及财政部门对资产评估报告的使用，主要表现在对国有产权进行管理的各个方面，通过对国有资产评估项目的核准或备案，可以加强国有产权的有效管理，规范国有产权的转让行为。

证券监督管理部门对资产评估报告的使用，主要表现在对申请上市的公司有关申报材料及招股说明书的审核，对上市公司定向发行股票、公司并购、公司合并、资产收购、资产置换、以资抵债等资产重组行为时的评估定价行为的审核。当然，证券监督管理部门还可运用资产评估报告和有关资料加强对取得证券业务评估资格的评估机构及有关人员的业务管理。

工商行政管理部门对资产评估报告的使用，主要表现在进行公司设立、公司重组、增资扩股等经济行为时，对资产定价进行依法审核。

商务管理部门、保险监督管理部门、税务部门、金融部门和人民法院等也能通过对资产评估报告的使用来达到实现其管理职能的目的。

第四节　资产评估报告实例

×××有限公司资产抵押项目的资产评估报告书

×××评报字[2010]第×××号

资产评估声明

1. 本公司评估人员在执行本次评估业务过程中，恪守独立、客观、公正、科学的原则，遵循有关法律、法规和资产评估准则的规定，按照公认的资产评估方法，对被评估资产在评估基准日特定目的下的价值做出了公允反映，并承担相应的责任。

2. 本评估报告只能用于评估报告中载明的评估目的，因使用不当造成的后果与本评估机构及签字的注册资产评估师无关。

3. 评估结论不应被认为是对被评估资产在评估目的下可实现价格的保证。

4. 我们只对评估结论本身符合职业规范要求负责，而不对报告使用者的资产业务定价决策负责。

5. 我们对评估对象的法律权属状况给予了必要的查验，但本评估报告不具有对被评估资产法律权属确认或发表意见的能力，也不具有对被评估资产法律权属提供保证的能力。

6. 评估报告使用者应关注评估报告特别事项说明和使用限制对评估结论的影响。

7. 本评估机构及项目参加人员在被评估资产中没有现实的和预期的利益，与报告使用人也没有利益相关的问题。

×××资产评估有限公司

二零一零年三月十四日

×××有限公司资产抵押项目

资产评估报告书

×××评报字(2010)第×××号

摘　要

重 要 提 示
以下内容摘自×××评报字(2010)第×××号资产评估报告书，欲了解本评估项目的全面情况，应认真阅读资产评估报告书全文。

××市×××资产评估有限公司接受×××有限公司的委托，对其申报资产抵押所涉及的固定资产进行了评估。本公司评估人员根据国家有关资产评估的规定，本着独立、客观、公正、科学的原则，按照公认的资产评估方法，实施了包括实地查勘、市场调查与询证、评定估算等必要的评估程序，对×××有限公司申报的拟抵押资产在评估基准日所表现的价值做出了公允反映。现将评估情况及评估结果简要报告如下：

一、评估委托方：×××有限公司。

二、产权持有者：×××有限公司。

三、评估目的：为委托方资产抵押提供价值参考依据。

四、评估范围与对象：×××有限公司所申报的固定资产。

五、评估基准日：2010 年 3 月 10 日。

六、评估方法：本次评估主要采用成本法。

七、评估结论：在评估基准日 2010 年 3 月 10 日，委托方委估资产的评估值为××××万元，人民币大写为××××万元(评估结果详见评估明细表)。

八、本评估结论的有效使用期限自评估基准日 2010 年 3 月 10 日起至 2011 年 3 月 9 日止。

评估报告的使用者应关注特别事项及使用限制对评估结论所产生的影响。

评估报告成立的前提、假设条件、特别事项说明及使用限制说明详见资产评估报告书正文。

本评估报告书仅供委托方及“资产评估业务约定书”中约定的评估报告其他使用者为本次评估目的参考使用和送交资产评估主管机关审查使用。我们只对评估结论本身符合职业规范要求负责，而不对报告使用者业务定价决策负责。

本评估报告书的使用权归委托方所有，除法律、法规规定以及相关当事方另有约定外，未经许可，报告书的全部或部分内容不得向他人提供或公开，也不得见诸任何公开媒体。

×××有限公司资产抵押项目资产评估报告书

×××评报字(2010)第×××号

×××资产评估有限公司接受×××有限公司的委托，对其资产抵押所涉及的固定资产进行了评估。本公司评估人员根据国家有关资产评估的规定，本着独立、客观、公正、科学的原则，按照公认的资产评估方法，实施了包括实地查勘、市场调查与询证、评定估算等必要的评估程序，对×××有限公司申报的拟抵押资产在评估基准日时所表现的价值做出了公允反映。现将评估情况及评估结果简要报告如下：

一、委托方、产权持有者和委托方以外的其他评估报告使用者

（一）委托方、产权持有者

1. 企业名称：×××有限公司

2. 注册地址：××市××路

3. 法定代表人：×××

4. 企业性质：有限责任公司

5. 注册资本：××××万元

6. 发证机关：××市工商管理局

7. 注册号：×××72922××××××

（二）委托方以外的其他评估报告使用者

在了解资产价值目的实施的过程中，除委托方外，不排除其他相关方会阅读到本评估报告，但我们对其他相关方基于自身立场对本报告的理解不负任何责任。

二、评估目的

××市×××资产评估有限公司接受×××有限公司的委托，对申报的固定资产进行评估。以确定申报固定资产的价值，为×××有限公司资产抵押提供公允的价值参考依据。

三、评估对象和评估范围

评估范围为×××有限公司申报的固定资产。截至评估基准日 2010 年 3 月 10 日，申报评估的固定资产主要为房屋建筑物和机器设备，详见资产评估明细表。

以上评估范围和对象与委托评估时确定的范围和对象一致。

四、价值类型及其定义

本报告所称评估价值，是指本评估机构对被评估资产在本报告所列明的评估原则、假设和前提条件下，依据本报告所述的评估依据、评估程序和评估方法，为本评估报告所列明的评估目的而做出的公允价值反映。

市场价值是指资产在评估基准日公开市场上最佳使用状态下，由自愿交易的买卖双方在知情、谨慎、非强迫的情况下，最有可能实现的交换价值的估计数额。

通过对委托方确定的评估目的的分析和对评估所依据的市场条件、评估对象自身的状态等的了解，选择市场价值作为本次评估的价值类型。

五、评估基准日

本项目资产评估基准日是 2010 年 3 月 10 日。

此基准日是根据评估规范和×××有限公司的实际情况，同时遵循评估基准日尽可能与本次评估目的的实现日接近的原则和考虑完成评估工作的实际可能，由×××有限公司确定，并且与《资产评估业务约定书》中约定的评估基准日一致。

本次评估的取价标准均为评估基准日有效的价格标准。

六、评估依据

我公司在评估过程中主要遵守以下依据（包括但不限于）：

（一）法律依据

1. 原国家国有资产管理局国资办发[1996]23 号文《资产评估操作规范意见(试行)》;

2. 财政部财评字(1999)91 号文《资产评估报告基本内容与格式的暂行规定》;

3.《国有资产评估管理若干问题的规定》[财政部(2001)令第 14 号];

4. 中国资产协会 2008《资产评估新准则》;

5. 中国注册会计师协会“协[2003]18 号”《注册资产评估师关注评估对象法律权属指导意见》。

(二)准则依据

1. 资产评估准则——基本准则;

2. 资产评估职业道德准则——基本准则;

3. 资产评估准则——评估报告;

4. 资产评估准则——评估程序;

5. 资产评估准则——固定资产;

6. 其他与资产评估有关的法律、法规等。

(三)权属依据

1. 资产评估业务约定书;

2. 委托方《企业法人营业执照》复印件;

3. 设备购置发票复印件。

(四)取价依据

1. 委托方委估资产的申报材料及其他材料;

2. 资产评估常用数据与参数手册;

3. 评估人员现场勘察、记录等;

4. 有关市场询价资料和参数资料。

七、评估方法

根据本次资产评估的目的,结合被评估资产的特点和采用的资产评估价值类型,考虑各种评估方法的作用、特点和所要求具备的条件,本次我们采用成本法作为主要的评估方法。

评估人员按照国家有关法律、法规及资产评估操作规范的要求,结合被评估资产的特点,对委估固定资产的评估方法简要介绍如下:

基本公式为:评估值=重置全价×成新率。

(一)重置全价主要参考市场相同设备的现行市价,同时考虑其运杂费、安装调试费、资金成本及其他费用;对于部分无市场价格的设备,按照替代原则参考同类设备的购置价;技术进步程度较小的,以物价指数法来确定重置价。对于少数新近购进的设备,在核实有关会计凭证的基础上,确定其重置价;对于非标设备以重置核算法确定重置全价。基本公式为:

重置全价=购置价+运杂费+安装费+工程建设其他相关费用+资金成本

(二)成新率的确定

1. 对一般性设备或小型设备,根据设备的实际技术状态、正常负荷率、维修保养情况、技改情况、工作环境和条件等结合其经济技术使用年限来确定其综合成新率,基本公式为:

年限法成新率=尚可使用年限/(已使用年限+尚可使用年限)×100%

2. 对于大型、重要、关键的固定资产,首先根据现场勘察情况结合设计使用寿命、现实使用状况、维护状况,以实地勘察鉴定的结果结合设备的主要部件,制定鉴定打分标准,通过对各主要部件进行鉴定打分,根据各部件的得分情况计算出该设备的综合成新率,基本公式为:现场勘察成新率=∑单项分数,该项权重 60%;同时根据设备的经济使用年限及尚可使用年限计算出其年限法成新率，该项权重40%，将二者加权平均计算确定综合成新率。即：

η综合$=\eta^1\times40\%+\eta^2\times60\%$

其中：η^1＝年限法成新率；

η^2＝现场勘察成新率。

成新率的确定是专业评估人员基于技术、经验及现场勘察情况所做出的专业性综合判断的结果。

(三)机器设备评估案例说明

机器设备名称：电梯

规格型号：×××型医用电梯(评估明细表——机器设备第2项)

该设备购置于2009年5月，经过安装调试和试运行，于2009年5月达到预计可使用状态。

1. 设备简介

设备所属单位：××××有限公司

制造厂家：上海法奥

名称及型号：×××型电梯

安置地点：办公楼

层数：6

站数：6

载重：1.6吨

数量：2

2. 重置全价的确定

(1)经查生产厂家网址，并结合市场询价，该型号设备的市场售价为165 000元。

(2)运杂费/安装调试费：费率取3%。

重置全价＝设备购置费＋运杂费＋安装调试费

＝165 000×2×1.03

＝339 900.00(元)

3. 成新率的确定

评估人员对设备现场勘察，该设备主要包括箱体、传动系统、电梯门、系统控制等几部分，可靠性高、可控性好、精度高、工艺性好，技术水平国内领先。评估人员查阅《常用数据与参数手册》(第二版)，经济使用年限10年，已使用0.76年。

年限法成新率＝(10－0.76)÷10×100%

＝92.4%

由于该设备购置时间不长，保养和维护良好，使用正常，评估人员认为现场勘察成新率与年限法成新率大致相同，不对年限法成新率进行调整，综合成新率为92%。

评估值＝重置完全价值×成新率

＝339 900.00×92%

＝312 708.00(元)

(四)建筑物评估案例说明

建筑物名称：办公楼(评估明细表——房屋建筑物第1项)

建筑面积：9 707.84m^2。

1. 建筑物单位造价

该工程为六层混合结构，地上五层，地下一层；外墙贴瓷片，大门铺花岗岩，其余为水磨石地面，铝合金钢窗，楼梯扶手为不锈钢，电气照明齐全。评估基准日同类建筑物的单位造价为 770 元/m^2(参考公司周围的同类工程)。与现行建筑物相比，该楼在室内结构、材料使用、附属设施等方面较好，总造价比同类建筑物高 5%。综上所述，待估建筑物单位造价为 770(元/m^2)×(1+5%)=808.5(元/m^2)。

2. 前期费用及其他费用

根据有关规定，建设单位所支付的前期费用为 5%。

前期费用=808.5×5%=40.425(元/m^2)

3. 资金成本

利息：建设物的建设周期为 1 年，利率为 5.31%，资金均匀投入。

资金成本=(直接费用+前期费用)×利息

=848.925×5.31%×0.50

=22.53(元/m^2)

4. 重置价值的计算见下表：

待估建筑物单位重置成本=工程直接费+前期费用+资金成本

=808.5+(808.5×5%)+(808.5+40.425)×5.31%×0.50

=808.5+40.425+22.53

=871.455(元/m^2)

待估建筑物的重置成本=871.455×9 707.84=8 459 945.71(元)

5. 成新率的计算

理论成新率=[(50−1)/50]×100%=98%

现场勘察成新率，经现场勘察的结果如下表所示：

现场勘察成新率计分表

序号	部位名称	完全分	勘察分
1	基础	30	29.5
2	承重结构	30	29.5
3	非承重结构	8	7.5
4	屋面	6	6
5	地面	4	4
6	内外装修	12	11.5
7	门窗	5	5
8	水、电配套设施	5	5
	合 计	100	98

综合成新率=98.00%×60%+98.00%×40%=98%(取整)

6. 评估值的计算

评估值=重置全价×综合成新率

=8 459 945.71×98%

=8 290 746.8(元)

八、评估程序实施过程和情况

(一)接受委托

1. 进行项目前期调查,明确评估目的、评估范围和评估对象、评估基准日等评估业务基本事项;

2. 进行项目风险评价,同意接受委托;

3. 与委托方签订资产评估业务约定书;

4. 制订评估工作计划;

5. 项目组人员进行业务培训。

(二)指导企业填报资产评估申报表

指导企业按照中国资产协会2008年《资产评估新准则》规定的资产清查评估明细表格式逐项将纳入资产评估范围的资产进行填报。

(三)现场调查、收集评估资料

评估人员进入现场后,首先指导企业对纳入评估范围的资产进行申报和全面的清查核实工作,并收集准备评估所需资料,检查核实资产与验证资料等工作。在企业对纳入评估范围的资产进行全面清查盘点的基础上,评估人员根据企业提供的委估固定资产清查评估明细表进行现场清查核实和勘察鉴定,对被评估资产的法律权属予以必要的查验与关注,对企业提供的资料进行验证。现简要说明如下:

根据企业提供的固定资产清查评估明细表,通过对有关的合同、发票等权属证明材料及相关会计凭证的审查与核实,对其权属予以必要的关注;组织专业技术人员进行现场勘察和核实,查阅主要设备的运行、维护记录和生产统计资料,并向设备管理和使用人员了解设备的使用、维护、修理和技术改造等情况,对主要的大型关键设备进行详细的现场勘察和鉴定,通过查阅有关的设备购置发票和财务决算情况对其账面价值进行核实。

(四)整理评估资料

对收集的评估资料进行分析,判断每一份资料的可靠性、合理性和可用性,其过程是去粗取精、去伪存真的过程。经过分析和筛选,汇集所有合理、可靠的资料。根据评估工作需要进行分类,将评估资料进行归纳整理。

(五)评定估算、形成评估结论

评估人员对从现场收集的资料进行分析和汇总,进行市场调研和询价等程序,按照前述的资产评估方法对各类资产进行评定估算:

1. 分项对委估资产进行分析、计算和评定估算,编制各项资产评估说明,然后将各项结果进行汇总,得出评估结果。

2. 分析评估结论,确认评估工作中没有发生重评、漏评的情况,考虑期后事项、特殊事项等可能对评估结论产生重大影响的事项。

3. 汇集资产评估工作底稿,审查与复核各类工作底稿。

(六)编制和提交评估报告

1. 撰写资产评估报告、评估说明、资产评估明细表初稿,并进行评估机构内部三级审核。

2. 在不影响对最终评估结论进行独立判断的前提下,与委托方或者委托方许可的相关当事方就评估报告有关内容进行必要的沟通。

3. 向委托方提交资产评估报告。

九、评估假设

(一)评估过程中遵循的假设

评估过程中遵循以下评估假设,当其中的假设条件不成立时,评估结论不成立,评估报告将无效。

1. 持续使用假设。即假设评估基准日后,被评估资产按照目前的用途和使用的方式、规模、频度、环境等继续使用。

2. 公开市场假设。即假定被评估资产将在一种较为完善的公开市场上进行交易,评估选取的作价依据和结论都可在公开市场上存在和成立。

3. 交易假设。即假定被评估资产已经处于交易过程中,评估师根据被评估资产的交易条件等模拟市场进行估价。

4. 国家宏观经济政策和被评估资产所在地区社会经济环境无重大变化,行业政策、法律法规、管理制度、税收政策、信贷利率等无重大变化,产权持有者主要管理人员、职工队伍、管理水平、主营业务无重大变化。

5. 产权持有者对申报评估的资产拥有完整的所有权、管理权、处置权、收益权。

6. 委托方及产权持有者提供的资料真实、合法、完整、有效。

7. 评估报告仅用于评估报告书指明的评估目的。

(二)评估假设对评估结论的影响

1. 评估假设直接关系到评估报告书和评估结论的有效与无效;

2. 评估假设关系到企业经营的外部环境,其变化将有可能使企业调整经营方向和方式,或者改变产品结构或提高产品质量标准,或者对企业的经济效益产生重大影响,这都会严重影响评估结论的合理性和公允性;

3. 评估假设的实现与否,关系到评定估算中各种数据、参数选取得正确与否,影响评估结论的合理性和公允性,严重时评估结论不能成立。

十、评估结论

本公司评估人员根据国家有关资产评估的规定,本着独立、客观、公正、科学的原则,按照公认的资产评估方法对×××有限公司申报评估的固定资产进行了评估。根据以上评估工作,依据评估结论成立的前提和条件,在评估基准日 2010 年 3 月 10 日,委估资产的评估值为××××万元,人民币大写为××××万元(评估结果详见评估明细表)。

十一、特别事项说明

(一)本次评估机器设备的重置成本中包含了增值税税款,税率为 17%。

(二)本评估结论没有考虑被评估资产如果出售所应承担的税费等事项,以及特殊的交易方可能追加(或减少)付出的价格等对评估结论的影响,也未考虑国家宏观经济政策发生变化以及遇有自然力和其他不可抗力对评估结论的影响。当前述条件及评估中遵循的持续经营等原则发生变化时,评估结果将会失效。

(三)对可能存在影响评估结论的瑕疵事项,在委托方及产权持有者未做出特别说明、而评估人员根据专业经验不能获悉或无法收集资料的情况下,评估机构及签字的注册资产评估师不承担责任。

(四)委托方及产权持有者管理层和其他相关人员提供的与评估有关的所有资料,是编制本报告的基础,应对其提供资料的真实性、合法性和有效性负责,如资料与事实不符,将可能造成评估结果失实。

（五）我们执行本次资产评估业务的目的是对被评估资产进行评估并发表专业意见，对被评估资产的法律权属确认或发表意见不在我们的执业范围之内；提供被评估资产法律权属证明资料并保证其真实性、合法性、完整性是委托方的责任，我们仅限于对被评估资产的法律权属予以必要的查验。

（六）本评估结论是对2010年3月10日这一评估基准日时点被评估资产价值的客观公允反映，本评估机构对评估基准日以后被评估资产价值发生的重大变化不承担责任。

（七）评估基准日后至评估报告有效期内，若被评估资产数量及作价标准发生重大变化，并对评估结论产生影响时，不能直接使用本评估结论，须对评估结论进行调整或重新评估。

（八）本次评估中，对固定资产的技术鉴定主要采用目测观察手段以及查阅资产占有方提供的设备检测记录，未使用仪器对设备进行测试查验。

（九）本公司及本次评估工作人员与委托方不存在除业务收费以外的其他任何经济关系。

（十）委托方及产权持有者的建筑物均无房产证。

评估报告使用者应关注特别事项对评估结论所产生的影响。

以上事项造成评估报告合法使用人的任何损失均与本公司无关，本公司及资产评估师和其他评估人员亦不承担任何责任。

十二、评估报告使用限制说明

（一）评估报告只能用于评估报告载明的评估目的和用途。

（二）评估报告只能由评估报告载明的评估报告使用者使用。

（三）评估结论不应被认为是对被评估资产在评估目的下可实现价格的保证。

（四）除法律、法规规定以及相关当事方另有约定外，未经本评估机构及签字的注册资产评估师同意，评估报告的内容不得被摘抄、引用或披露于任何公开媒体。

（五）评估报告使用者应将本评估报告作为一个整体使用，不得摘录报告的部分内容使用。

（六）评估报告的有效使用期限为2010年3月10日至2011年3月9日。

十三、评估报告提交日期

本项目评估报告提交日为2010年3月14日。

法定代表人：

×××资产评估有限公司

注册资产评估师：　　　　　　　　　　注册资产评估师：

二零一零年三月十四日

附件

1. 资产评估结果明细表(略);
2. 产权持有单位营业执照复印件(略);
3. 部分资产产权证复印件(略);
4. ×××有限公司承诺函(略);
5. 资产评估机构资格证书复印件(略);
6. 评估机构营业执照复印件(略);
7. 注册资产评估师资格证书复印件(略)。

练习题

一、单项选择题

1. 广义的资产评估报告是(　　)。

A. 一种工作制度　　B. 资产评估报告书

C. 公正性报告　　D. 法律责任文书

2. 某项资产账面原价为300万元,账面净值为200万元,评估结果为250万元,该评估增值率为(　　)。

A. 20%　　B. 25%　　C. −10%　　D. 18%

3. 资产评估结果的有效期通常为一年,这一年是从(　　)算起的。

A. 提供报告日　　B. 评估基准日　　C. 验证确认日　　D. 经济行为发生日

4. 对于资产评估基准日后发生的重大事项,应当(　　)。

A. 在正文中列出,并做相应的说明

B. 在备查文件中附上相关内容

C. 根据事项的有关影响对正文的数据进行修改

D. 向有关当事人做口头汇报即可

5. 资产评估报告书摘要与资产评估报告书具有的法律效力(　　)。

A. 前者大于后者　　B. 后者大于前者

C. 同等　　D. 不可比较

6. 评估报告书尾部至少由(　　)名负责评估的资产评估师签名盖章。

A. 一　　B. 两　　C. 三　　D. 四

7. 下列不属于资产评估管理机构对评估报告的运用的是(　　)。

A. 大体了解评估机构从事评估工作的业务能力和组织管理水平

B. 对资产评估结果的质量进行评估

C. 为国有资产管理提供重要的数据资料

D. 征收管理费用的主要依据

8. 开达资产评估事务所于2013年8月6日至2013年8月25日,对洪利制衣厂的企业整体资产在2013年6月30日的市场价值进行了评估,评估报告于2013年8月30日提交给了委托人。该评估结果的有效时间截止到(　　)。

A. 2014年8月5日　　B. 2014年8月24日

C. 2014年8月29日　　D. 2014年6月29日

二、多项选择题

1. 属于资产评估报告书正文内容的有(　　)。

A. 评估基准日　B. 评估结论
C. 被评估单位提供的原始设备清单　D. 评估原则
E. 评估目的

2. 资产评估报告书的主要内容是(　　)。

A. 评估立项申请　B. 评估结果成立的前提条件
C. 取得评估结果的主要过程　D. 取得评估结果的方法和依据
E. 评估委托合同或协议及其主要内容

3. 撰写资产评估报告书应当注意(　　)。

A. 评估结论应尽可能满足委托方的要求
B. 评估口径前后保持一致
C. 对评估参数与评估结果复核
D. 评估参数的选取以委托方提供的资料为准
E. 严格遵循《资产评估报告基本内容与格式的暂行规定》

4. 资产评估报告书的附件应当包括(　　)。

A. 资产负债的评估结果清单　B. 重要资产的产权证明文件
C. 评估人员及评估机构资格证书复印件　D. 评估计划
E. 关于《资产评估报告书附件》使用范围的说明

5. 按照资产评估的具体对象划分,资产评估报告书可分为(　　)。

A. 整体资产评估报告书　B. 房地产估价报告书
C. 单项资产评估报告书　D. 土地估价报告书
E. 限制型评估报告

6. 资产评估报告书的应用者一般包括(　　)。

A. 资产评估委托方　B. 资产评估管理机构
C. 资产评估受托方　D. 税务部门
E. 工商行政管理部门

附表

附表一　复利终值系数表($F/P,i,n$)

期数	1%	2%	3%	4%	5%	6%	7%	8%	9%	10%
1	1.0100	1.0200	1.0300	1.0400	1.0500	1.0600	1.0700	1.0800	1.0900	1.1000
2	1.0201	1.0404	1.0609	1.0816	1.1025	1.1236	1.1449	1.1664	1.1881	1.2100
3	1.0303	1.0612	1.0927	1.1249	1.1576	1.1910	1.2250	1.2597	1.2950	1.3310
4	1.0406	1.0824	1.1255	1.1699	1.2155	1.2625	1.3108	1.3605	1.4116	1.4641
5	1.0510	1.1041	1.1593	1.2167	1.2763	1.3382	1.4026	1.4693	1.5386	1.6105
6	1.0615	1.1262	1.1941	1.2653	1.3401	1.4185	1.5007	1.5869	1.6771	1.7716
7	1.0721	1.1487	1.2299	1.3159	1.4071	1.5036	1.6058	1.7138	1.8280	1.9487
8	1.0829	1.1717	1.2668	1.3686	1.4775	1.5938	1.7182	1.8509	1.9926	2.1436
9	1.0937	1.1951	1.3048	1.4233	1.5513	1.6895	1.8385	1.9990	2.1719	2.3579
10	1.1046	1.2190	1.3439	1.4802	1.6289	1.7908	1.9672	2.1589	2.3674	2.5937
11	1.1157	1.2434	1.3842	1.5395	1.7103	1.8983	2.1049	2.3316	2.5804	2.8531
12	1.1268	1.2682	1.4258	1.6010	1.7959	2.0122	2.2522	2.5182	2.8127	3.1384
13	1.1381	1.2936	1.4685	1.6651	1.8856	2.1329	2.4098	2.7196	3.0658	3.4523
14	1.1495	1.3195	1.5126	1.7317	1.9799	2.2609	2.5785	2.9372	3.3417	3.7975
15	1.1610	1.3459	1.5580	1.8009	2.0789	2.3966	2.7590	3.1722	3.6425	4.1772
16	1.1726	1.3728	1.6047	1.8730	2.1829	2.5404	2.9522	3.4259	3.9703	4.5950
17	1.1843	1.4002	1.6528	1.9479	2.2920	2.6928	3.1588	3.7000	4.3276	5.0545
18	1.1961	1.4282	1.7024	2.0258	2.4066	2.8543	3.3799	3.9960	4.7171	5.5599
19	1.2081	1.4568	1.7535	2.1068	2.5270	3.0256	3.6165	4.3157	5.1417	6.1159
20	1.2202	1.4859	1.8061	2.1911	2.6533	3.2071	3.8697	4.6610	5.6044	6.7275
21	1.2324	1.5157	1.8603	2.2788	2.7860	3.3996	4.1406	5.0338	6.1088	7.4002
22	1.2447	1.5460	1.9161	2.3699	2.9253	3.6035	4.4304	5.4365	6.6586	8.1403
23	1.2572	1.5769	1.9736	2.4647	3.0715	3.8197	4.7405	5.8715	7.2579	8.9543
24	1.2697	1.6084	2.0328	2.5633	3.2251	4.0489	5.0724	6.3412	7.9111	9.8497
25	1.2824	1.6406	2.0938	2.6658	3.3864	4.2919	5.4274	6.8485	8.6231	10.8347
26	1.2953	1.6734	2.1566	2.7725	3.5557	4.5494	5.8074	7.3964	9.3992	11.9182
27	1.3082	1.7069	2.2213	2.8834	3.7335	4.8223	6.2139	7.9881	10.2451	13.1100
28	1.3213	1.7410	2.2879	2.9987	3.9201	5.1117	6.6488	8.6271	11.1671	14.4210
29	1.3345	1.7758	2.3566	3.1187	4.1161	5.4184	7.1143	9.3173	12.1722	15.8631
30	1.3478	1.8114	2.4273	3.2434	4.3219	5.7435	7.6123	10.0627	13.2677	17.4494

续表

期数	11%	12%	13%	14%	15%	16%	17%	18%	19%	20%
1	1.1100	1.1200	1.1300	1.1400	1.1500	1.1600	1.1700	1.1800	1.1900	1.2000
2	1.2321	1.2544	1.2769	1.2996	1.3225	1.3456	1.3689	1.3924	1.4161	1.4400
3	1.3676	1.4049	1.4429	1.4815	1.5209	1.5609	1.6016	1.6430	1.6852	1.7280
4	1.5181	1.5735	1.6305	1.6890	1.7490	1.8106	1.8739	1.9388	2.0053	2.0736
5	1.6851	1.7623	1.8424	1.9254	2.0114	2.1003	2.1924	2.2878	2.3864	2.4883
6	1.8704	1.9738	2.0820	2.1950	2.3131	2.4364	2.5652	2.6996	2.8398	2.9860
7	2.0762	2.2107	2.3526	2.5023	2.6600	2.8262	3.0012	3.1855	3.3793	3.5832
8	2.3045	2.4760	2.6584	2.8526	3.0590	3.2784	3.5115	3.7589	4.0214	4.2998
9	2.5580	2.7731	3.0040	3.2519	3.5179	3.8030	4.1084	4.4355	4.7854	5.1598
10	2.8394	3.1058	3.3946	3.7072	4.0456	4.4114	4.8068	5.2338	5.6947	6.1917
11	3.1518	3.4786	3.8359	4.2262	4.6524	5.1173	5.6240	6.1759	6.7767	7.4301
12	3.4985	3.8960	4.3345	4.8179	5.3503	5.9360	6.5801	7.2876	8.0642	8.9161
13	3.8833	4.3635	4.8980	5.4924	6.1528	6.8858	7.6987	8.5994	9.5964	10.6993
14	4.3104	4.8871	5.5348	6.2613	7.0757	7.9875	9.0075	10.1472	11.4198	12.8392
15	4.7846	5.4736	6.2543	7.1379	8.1371	9.2655	10.5387	11.9737	13.5895	15.4070
16	5.3109	6.1304	7.0673	8.1372	9.3576	10.7480	12.3303	14.1290	16.1715	18.4884
17	5.8951	6.8660	7.9861	9.2765	10.7613	12.4677	14.4265	16.6722	19.2441	22.1861
18	6.5436	7.6900	9.0243	10.5752	12.3755	14.4625	16.8790	19.6733	22.9005	26.6233
19	7.2633	8.6128	10.1974	12.0557	14.2318	16.7765	19.7484	23.2144	27.2516	31.9480
20	8.0623	9.6463	11.5231	13.7435	16.3665	19.4608	23.1056	27.3930	32.4294	38.3376
21	8.9492	10.8038	13.0211	15.6676	18.8215	22.5745	27.0336	32.3238	38.5910	46.0051
22	9.9336	12.1003	14.7138	17.8610	21.6447	26.1864	31.6293	38.1421	45.9233	55.2061
23	11.0263	13.5523	16.6266	20.3616	24.8915	30.3762	37.0062	45.0076	54.6487	66.2474
24	12.2392	15.1786	18.7881	23.2122	28.6252	35.2364	43.2973	53.1090	65.0320	79.4968
25	13.5855	17.0001	21.2305	26.4619	32.9190	40.8742	50.6578	62.6686	77.3881	95.3962
26	15.0799	19.0401	23.9905	30.1666	37.8568	47.4141	59.2697	73.9490	92.0918	114.4755
27	16.7387	21.3249	27.1093	34.3899	43.5353	55.0004	69.3455	87.2598	109.5893	137.3706
28	18.5799	23.8839	30.6335	39.2045	50.0656	63.8004	81.1342	102.9666	130.4112	164.8447
29	20.6237	26.7499	34.6158	44.6931	57.5755	74.0085	94.9271	121.5005	155.1893	197.8136
30	22.8923	29.9599	39.1159	50.9502	66.2118	85.8499	111.0647	143.3706	184.6753	237.3763

续表

期数	21%	22%	23%	24%	25%	26%	27%	28%	29%	30%
1	1.2100	1.2200	1.2300	1.2400	1.2500	1.2600	1.2700	1.2800	1.2900	1.3000
2	1.4641	1.4884	1.5129	1.5376	1.5625	1.5876	1.6129	1.6384	1.6641	1.6900
3	1.7716	1.8158	1.8609	1.9066	1.9531	2.0004	2.0484	2.0972	2.1467	2.1970
4	2.1436	2.2153	2.2889	2.3642	2.4414	2.5205	2.6014	2.6844	2.7692	2.8561
5	2.5937	2.7027	2.8153	2.9316	3.0518	3.1758	3.3038	3.4360	3.5723	3.7129
6	3.1384	3.2973	3.4628	3.6352	3.8147	4.0015	4.1959	4.3980	4.6083	4.8268
7	3.7975	4.0227	4.2593	4.5077	4.7684	5.0419	5.3288	5.6295	5.9447	6.2749
8	4.5950	4.9077	5.2389	5.5895	5.9605	6.3528	6.7675	7.2058	7.6686	8.1573
9	5.5599	5.9874	6.4439	6.9310	7.4506	8.0045	8.5948	9.2234	9.8925	10.6045
10	6.7275	7.3046	7.9259	8.5944	9.3132	10.0857	10.9153	11.8059	12.7614	13.7858
11	8.1403	8.9117	9.7489	10.6571	11.6415	12.7080	13.8625	15.1116	16.4622	17.9216
12	9.8497	10.8722	11.9912	13.2148	14.5519	16.0120	17.6053	19.3428	21.2362	23.2981
13	11.9182	13.2641	14.7491	16.3863	18.1899	20.1752	22.3588	24.7588	27.3947	30.2875
14	14.4210	16.1822	18.1414	20.3191	22.7374	25.4207	28.3957	31.6913	35.3391	39.3738
15	17.4494	19.7423	22.3140	25.1956	28.4217	32.0301	36.0625	40.5648	45.5875	51.1859
16	21.1138	24.0856	27.4462	31.2426	35.5271	40.3579	45.7994	51.9230	58.8079	66.5417
17	25.5477	29.3844	33.7588	38.7408	44.4089	50.8510	58.1652	66.4614	75.8621	86.5042
18	30.9127	35.8490	41.5233	48.0386	55.5112	64.0722	73.8698	85.0706	97.8622	112.4554
19	37.4043	43.7358	51.0737	59.5679	69.3889	80.7310	93.8147	108.8904	126.2422	146.1920
20	45.2593	53.3576	62.8206	73.8641	86.7362	101.7211	119.1446	139.3797	162.8524	190.0496
21	54.7637	65.0963	77.2694	91.5915	108.4202	128.1685	151.3137	178.4060	210.0796	247.0645
22	66.2641	79.4175	95.0413	113.5735	135.5253	161.4924	192.1683	228.3596	271.0027	321.1839
23	80.1795	96.8894	116.9008	140.8312	169.4066	203.4804	244.0538	292.3003	349.5935	417.5391
24	97.0172	118.2050	143.7880	174.6306	211.7582	256.3853	309.9483	374.1444	450.9756	542.8008
25	117.3909	144.2101	176.8593	216.5420	264.6978	323.0454	393.6344	478.9049	581.7585	705.6410
26	142.0429	175.9364	217.5369	268.5121	330.8722	407.0373	499.9157	612.9982	750.4685	917.3333
27	171.8719	214.6424	267.5704	332.9550	413.5903	512.8670	634.8929	784.6377	968.1044	1192.5333
28	207.9651	261.8637	329.1115	412.8642	516.9879	646.2124	806.3140	1004.3363	1248.8546	1550.2933
29	251.6377	319.4737	404.8072	511.9516	646.2349	814.2276	1024.0187	1285.5504	1611.0225	2015.3813
30	304.4816	389.7579	497.9129	634.8199	807.7936	1025.9267	1300.5038	1645.5046	2078.2190	2619.9956

附表二 复利现值系数表(*P*/*F*,*i*,*n*)

期数	1%	2%	3%	4%	5%	6%	7%	8%	9%	10%
1	0.9901	0.9804	0.9709	0.9615	0.9524	0.9434	0.9346	0.9259	0.9174	0.9091
2	0.9803	0.9612	0.9426	0.9246	0.9070	0.8900	0.8734	0.8573	0.8417	0.8264
3	0.9706	0.9423	0.9151	0.8890	0.8638	0.8396	0.8163	0.7938	0.7722	0.7513
4	0.9610	0.9238	0.8885	0.8548	0.8227	0.7921	0.7629	0.7350	0.7084	0.6830
5	0.9515	0.9057	0.8626	0.8219	0.7835	0.7473	0.7130	0.6806	0.6499	0.6209
6	0.9420	0.8880	0.8375	0.7903	0.7462	0.7050	0.6663	0.6302	0.5963	0.5645
7	0.9327	0.8706	0.8131	0.7599	0.7107	0.6651	0.6227	0.5835	0.5470	0.5132
8	0.9235	0.8535	0.7894	0.7307	0.6768	0.6274	0.5820	0.5403	0.5019	0.4665
9	0.9143	0.8368	0.7664	0.7026	0.6446	0.5919	0.5439	0.5002	0.4604	0.4241
10	0.9053	0.8203	0.7441	0.6756	0.6139	0.5584	0.5083	0.4632	0.4224	0.3855
11	0.8963	0.8043	0.7224	0.6496	0.5847	0.5268	0.4751	0.4289	0.3875	0.3505
12	0.8874	0.7885	0.7014	0.6246	0.5568	0.4970	0.4440	0.3971	0.3555	0.3186
13	0.8787	0.7730	0.6810	0.6006	0.5303	0.4688	0.4150	0.3677	0.3262	0.2897
14	0.8700	0.7579	0.6611	0.5775	0.5051	0.4423	0.3878	0.3405	0.2992	0.2633
15	0.8613	0.7430	0.6419	0.5553	0.4810	0.4173	0.3624	0.3152	0.2745	0.2394
16	0.8528	0.7284	0.6232	0.5339	0.4581	0.3936	0.3387	0.2919	0.2519	0.2176
17	0.8444	0.7142	0.6050	0.5134	0.4363	0.3714	0.3166	0.2703	0.2311	0.1978
18	0.8360	0.7002	0.5874	0.4936	0.4155	0.3503	0.2959	0.2502	0.2120	0.1799
19	0.8277	0.6864	0.5703	0.4746	0.3957	0.3305	0.2765	0.2317	0.1945	0.1635
20	0.8195	0.6730	0.5537	0.4564	0.3769	0.3118	0.2584	0.2145	0.1784	0.1486
21	0.8114	0.6598	0.5375	0.4388	0.3589	0.2942	0.2415	0.1987	0.1637	0.1351
22	0.8034	0.6468	0.5219	0.4220	0.3418	0.2775	0.2257	0.1839	0.1502	0.1228
23	0.7954	0.6342	0.5067	0.4057	0.3256	0.2618	0.2109	0.1703	0.1378	0.1117
24	0.7876	0.6217	0.4919	0.3901	0.3101	0.2470	0.1971	0.1577	0.1264	0.1015
25	0.7798	0.6095	0.4776	0.3751	0.2953	0.2330	0.1842	0.1460	0.1160	0.0923
26	0.7720	0.5976	0.4637	0.3607	0.2812	0.2198	0.1722	0.1352	0.1064	0.0839
27	0.7644	0.5859	0.4502	0.3468	0.2678	0.2074	0.1609	0.1252	0.0976	0.0763
28	0.7568	0.5744	0.4371	0.3335	0.2551	0.1956	0.1504	0.1159	0.0895	0.0693
29	0.7493	0.5631	0.4243	0.3207	0.2429	0.1846	0.1406	0.1073	0.0822	0.0630
30	0.7419	0.5521	0.4120	0.3083	0.2314	0.1741	0.1314	0.0994	0.0754	0.0573

续表

期数	11%	12%	13%	14%	15%	16%	17%	18%	19%	20%
1	0.9009	0.8929	0.8850	0.8772	0.8696	0.8621	0.8547	0.8475	0.8403	0.8333
2	0.8116	0.7972	0.7831	0.7695	0.7561	0.7432	0.7305	0.7182	0.7062	0.6944
3	0.7312	0.7118	0.6931	0.6750	0.6575	0.6407	0.6244	0.6086	0.5934	0.5787
4	0.6587	0.6355	0.6133	0.5921	0.5718	0.5523	0.5337	0.5158	0.4987	0.4823
5	0.5935	0.5674	0.5428	0.5194	0.4972	0.4761	0.4561	0.4371	0.4190	0.4019
6	0.5346	0.5066	0.4803	0.4556	0.4323	0.4104	0.3898	0.3704	0.3521	0.3349
7	0.4817	0.4523	0.4251	0.3996	0.3759	0.3538	0.3332	0.3139	0.2959	0.2791
8	0.4339	0.4039	0.3762	0.3506	0.3269	0.3050	0.2848	0.2660	0.2487	0.2326
9	0.3909	0.3606	0.3329	0.3075	0.2843	0.2630	0.2434	0.2255	0.2090	0.1938
10	0.3522	0.3220	0.2946	0.2697	0.2472	0.2267	0.2080	0.1911	0.1756	0.1615
11	0.3173	0.2875	0.2607	0.2366	0.2149	0.1954	0.1778	0.1619	0.1476	0.1346
12	0.2858	0.2567	0.2307	0.2076	0.1869	0.1685	0.1520	0.1372	0.1240	0.1122
13	0.2575	0.2292	0.2042	0.1821	0.1625	0.1452	0.1299	0.1163	0.1042	0.0935
14	0.2320	0.2046	0.1807	0.1597	0.1413	0.1252	0.1110	0.0985	0.0876	0.0779
15	0.2090	0.1827	0.1599	0.1401	0.1229	0.1079	0.0949	0.0835	0.0736	0.0649
16	0.1883	0.1631	0.1415	0.1229	0.1069	0.0930	0.0811	0.0708	0.0618	0.0541
17	0.1696	0.1456	0.1252	0.1078	0.0929	0.0802	0.0693	0.0600	0.0520	0.0451
18	0.1528	0.1300	0.1108	0.0946	0.0808	0.0691	0.0592	0.0508	0.0437	0.0376
19	0.1377	0.1161	0.0981	0.0829	0.0703	0.0596	0.0506	0.0431	0.0367	0.0313
20	0.1240	0.1037	0.0868	0.0728	0.0611	0.0514	0.0433	0.0365	0.0308	0.0261
21	0.1117	0.0926	0.0768	0.0638	0.0531	0.0443	0.0370	0.0309	0.0259	0.0217
22	0.1007	0.0826	0.0680	0.0560	0.0462	0.0382	0.0316	0.0262	0.0218	0.0181
23	0.0907	0.0738	0.0601	0.0491	0.0402	0.0329	0.0270	0.0222	0.0183	0.0151
24	0.0817	0.0659	0.0532	0.0431	0.0349	0.0284	0.0231	0.0188	0.0154	0.0126
25	0.0736	0.0588	0.0471	0.0378	0.0304	0.0245	0.0197	0.0160	0.0129	0.0105
26	0.0663	0.0525	0.0417	0.0331	0.0264	0.0211	0.0169	0.0135	0.0109	0.0087
27	0.0597	0.0469	0.0369	0.0291	0.0230	0.0182	0.0144	0.0115	0.0091	0.0073
28	0.0538	0.0419	0.0326	0.0255	0.0200	0.0157	0.0123	0.0097	0.0077	0.0061
29	0.0485	0.0374	0.0289	0.0224	0.0174	0.0135	0.0105	0.0082	0.0064	0.0051
30	0.0437	0.0334	0.0256	0.0196	0.0151	0.0116	0.0090	0.0070	0.0054	0.0042

续表

期数	21%	22%	23%	24%	25%	26%	27%	28%	29%	30%
1	0.8264	0.8197	0.8130	0.8065	0.8000	0.7937	0.7874	0.7813	0.7752	0.7692
2	0.6830	0.6719	0.6610	0.6504	0.6400	0.6299	0.6200	0.6104	0.6009	0.5917
3	0.5645	0.5507	0.5374	0.5245	0.5120	0.4999	0.4882	0.4768	0.4658	0.4552
4	0.4665	0.4514	0.4369	0.4230	0.4096	0.3968	0.3844	0.3725	0.3611	0.3501
5	0.3855	0.3700	0.3552	0.3411	0.3277	0.3149	0.3027	0.2910	0.2799	0.2693
6	0.3186	0.3033	0.2888	0.2751	0.2621	0.2499	0.2383	0.2274	0.2170	0.2072
7	0.2633	0.2486	0.2348	0.2218	0.2097	0.1983	0.1877	0.1776	0.1682	0.1594
8	0.2176	0.2038	0.1909	0.1789	0.1678	0.1574	0.1478	0.1388	0.1304	0.1226
9	0.1799	0.1670	0.1552	0.1443	0.1342	0.1249	0.1164	0.1084	0.1011	0.0943
10	0.1486	0.1369	0.1262	0.1164	0.1074	0.0992	0.0916	0.0847	0.0784	0.0725
11	0.1228	0.1122	0.1026	0.0938	0.0859	0.0787	0.0721	0.0662	0.0607	0.0558
12	0.1015	0.0920	0.0834	0.0757	0.0687	0.0625	0.0568	0.0517	0.0471	0.0429
13	0.0839	0.0754	0.0678	0.0610	0.0550	0.0496	0.0447	0.0404	0.0365	0.0330
14	0.0693	0.0618	0.0551	0.0492	0.0440	0.0393	0.0352	0.0316	0.0283	0.0254
15	0.0573	0.0507	0.0448	0.0397	0.0352	0.0312	0.0277	0.0247	0.0219	0.0195
16	0.0474	0.0415	0.0364	0.0320	0.0281	0.0248	0.0218	0.0193	0.0170	0.0150
17	0.0391	0.0340	0.0296	0.0258	0.0225	0.0197	0.0172	0.0150	0.0132	0.0116
18	0.0323	0.0279	0.0241	0.0208	0.0180	0.0156	0.0135	0.0118	0.0102	0.0089
19	0.0267	0.0229	0.0196	0.0168	0.0144	0.0124	0.0107	0.0092	0.0079	0.0068
20	0.0221	0.0187	0.0159	0.0135	0.0115	0.0098	0.0084	0.0072	0.0061	0.0053
21	0.0183	0.0154	0.0129	0.0109	0.0092	0.0078	0.0066	0.0056	0.0048	0.0040
22	0.0151	0.0126	0.0105	0.0088	0.0074	0.0062	0.0052	0.0044	0.0037	0.0031
23	0.0125	0.0103	0.0086	0.0071	0.0059	0.0049	0.0041	0.0034	0.0029	0.0024
24	0.0103	0.0085	0.0070	0.0057	0.0047	0.0039	0.0032	0.0027	0.0022	0.0018
25	0.0085	0.0069	0.0057	0.0046	0.0038	0.0031	0.0025	0.0021	0.0017	0.0014
26	0.0070	0.0057	0.0046	0.0037	0.0030	0.0025	0.0020	0.0016	0.0013	0.0011
27	0.0058	0.0047	0.0037	0.0030	0.0024	0.0019	0.0016	0.0013	0.0010	0.0008
28	0.0048	0.0038	0.0030	0.0024	0.0019	0.0015	0.0012	0.0010	0.0008	0.0006
29	0.0040	0.0031	0.0025	0.0020	0.0015	0.0012	0.0010	0.0008	0.0006	0.0005
30	0.0033	0.0026	0.0020	0.0016	0.0012	0.0010	0.0008	0.0006	0.0005	0.0004

附表三 年金终值系数表($F/A,i,n$)

期数	1%	2%	3%	4%	5%	6%	7%	8%	9%	10%
1	1.0000	1.0000	1.0000	1.0000	1.0000	1.0000	1.0000	1.0000	1.0000	1.0000
2	2.0100	2.0200	2.0300	2.0400	2.0500	2.0600	2.0700	2.0800	2.0900	2.1000
3	3.0301	3.0604	3.0909	3.1216	3.1525	3.1836	3.2149	3.2464	3.2781	3.3100
4	4.0604	4.1216	4.1836	4.2465	4.3101	4.3746	4.4399	4.5061	4.5731	4.6410
5	5.1010	5.2040	5.3091	5.4163	5.5256	5.6371	5.7507	5.8666	5.9847	6.1051
6	6.1520	6.3081	6.4684	6.6330	6.8019	6.9753	7.1533	7.3359	7.5233	7.7156
7	7.2135	7.4343	7.6625	7.8983	8.1420	8.3938	8.6540	8.9228	9.2004	9.4872
8	8.2857	8.5830	8.8923	9.2142	9.5491	9.8975	10.2598	10.6366	11.0285	11.4359
9	9.3685	9.7546	10.1591	10.5828	11.0266	11.4913	11.9780	12.4876	13.0210	13.5795
10	10.4622	10.9497	11.4639	12.0061	12.5779	13.1808	13.8164	14.4866	15.1929	15.9374
11	11.5668	12.1687	12.8078	13.4864	14.2068	14.9716	15.7836	16.6455	17.5603	18.5312
12	12.6825	13.4121	14.1920	15.0258	15.9171	16.8699	17.8885	18.9771	20.1407	21.3843
13	13.8093	14.6803	15.6178	16.6268	17.7130	18.8821	20.1406	21.4953	22.9534	24.5227
14	14.9474	15.9739	17.0863	18.2919	19.5986	21.0151	22.5505	24.2149	26.0192	27.9750
15	16.0969	17.2934	18.5989	20.0236	21.5786	23.2760	25.1290	27.1521	29.3609	31.7725
16	17.2579	18.6393	20.1569	21.8245	23.6575	25.6725	27.8881	30.3243	33.0034	35.9497
17	18.4304	20.0121	21.7616	23.6975	25.8404	28.2129	30.8402	33.7502	36.9737	40.5447
18	19.6147	21.4123	23.4144	25.6454	28.1324	30.9057	33.9990	37.4502	41.3013	45.5992
19	20.8109	22.8406	25.1169	27.6712	30.5390	33.7600	37.3790	41.4463	46.0185	51.1591
20	22.0190	24.2974	26.8704	29.7781	33.0660	36.7856	40.9955	45.7620	51.1601	57.2750
21	23.2392	25.7833	28.6765	31.9692	35.7193	39.9927	44.8652	50.4229	56.7645	64.0025
22	24.4716	27.2990	30.5368	34.2480	38.5052	43.3923	49.0057	55.4568	62.8733	71.4027
23	25.7163	28.8450	32.4529	36.6179	41.4305	46.9958	53.4361	60.8933	69.5319	79.5430
24	26.9735	30.4219	34.4265	39.0826	44.5020	50.8156	58.1767	66.7648	76.7898	88.4973
25	28.2432	32.0303	36.4593	41.6459	47.7271	54.8645	63.2490	73.1059	84.7009	98.3471
26	29.5256	33.6709	38.5530	44.3117	51.1135	59.1564	68.6765	79.9544	93.3240	109.1818
27	30.8209	35.3443	40.7096	47.0842	54.6691	63.7058	74.4838	87.3508	102.7231	121.0999
28	32.1291	37.0512	42.9309	49.9676	58.4026	68.5281	80.6977	95.3388	112.9682	134.2099
29	33.4504	38.7922	45.2189	52.9663	62.3227	73.6398	87.3465	103.9659	124.1354	148.6309
30	34.7849	40.5681	47.5754	56.0849	66.4388	79.0582	94.4608	113.2832	136.3075	164.4940

续表

期数	11%	12%	13%	14%	15%	16%	17%	18%	19%	20%
1	1.0000	1.0000	1.0000	1.0000	1.0000	1.0000	1.0000	1.0000	1.0000	1.0000
2	2.1100	2.1200	2.1300	2.1400	2.1500	2.1600	2.1700	2.1800	2.1900	2.2000
3	3.3421	3.3744	3.4069	3.4396	3.4725	3.5056	3.5389	3.5724	3.6061	3.6400
4	4.7097	4.7793	4.8498	4.9211	4.9934	5.0665	5.1405	5.2154	5.2913	5.3680
5	6.2278	6.3528	6.4803	6.6101	6.7424	6.8771	7.0144	7.1542	7.2966	7.4416
6	7.9129	8.1152	8.3227	8.5355	8.7537	8.9775	9.2068	9.4420	9.6830	9.9299
7	9.7833	10.0890	10.4047	10.7305	11.0668	11.4139	11.7720	12.1415	12.5227	12.9159
8	11.8594	12.2997	12.7573	13.2328	13.7268	14.2401	14.7733	15.3270	15.9020	16.4991
9	14.1640	14.7757	15.4157	16.0853	16.7858	17.5185	18.2847	19.0859	19.9234	20.7989
10	16.7220	17.5487	18.4197	19.3373	20.3037	21.3215	22.3931	23.5213	24.7089	25.9587
11	19.5614	20.6546	21.8143	23.0445	24.3493	25.7329	27.1999	28.7551	30.4035	32.1504
12	22.7132	24.1331	25.6502	27.2707	29.0017	30.8502	32.8239	34.9311	37.1802	39.5805
13	26.2116	28.0291	29.9847	32.0887	34.3519	36.7862	39.4040	42.2187	45.2445	48.4966
14	30.0949	32.3926	34.8827	37.5811	40.5047	43.6720	47.1027	50.8180	54.8409	59.1959
15	34.4054	37.2797	40.4175	43.8424	47.5804	51.6595	56.1101	60.9653	66.2607	72.0351
16	39.1899	42.7533	46.6717	50.9804	55.7175	60.9250	66.6488	72.9390	79.8502	87.4421
17	44.5008	48.8837	53.7391	59.1176	65.0751	71.6730	78.9792	87.0680	96.0218	105.9306
18	50.3959	55.7497	61.7251	68.3941	75.8364	84.1407	93.4056	103.7403	115.2659	128.1167
19	56.9395	63.4397	70.7494	78.9692	88.2118	98.6032	110.2846	123.4135	138.1664	154.7400
20	64.2028	72.0524	80.9468	91.0249	102.4436	115.3797	130.0329	146.6280	165.4180	186.6880
21	72.2651	81.6987	92.4699	104.7684	118.8101	134.8405	153.1385	174.0210	197.8474	225.0256
22	81.2143	92.5026	105.4910	120.4360	137.6316	157.4150	180.1721	206.3448	236.4385	271.0307
23	91.1479	104.6029	120.2048	138.2970	159.2764	183.6014	211.8013	244.4868	282.3618	326.2369
24	102.1742	118.1552	136.8315	158.6586	184.1678	213.9776	248.8076	289.4945	337.0105	392.4842
25	114.4133	133.3339	155.6196	181.8708	212.7930	249.2140	292.1049	342.6035	402.0425	471.9811
26	127.9988	150.3339	176.8501	208.3327	245.7120	290.0883	342.7627	405.2721	479.4306	567.3773
27	143.0786	169.3740	200.8406	238.4993	283.5688	337.5024	402.0323	479.2211	571.5224	681.8528
28	159.8173	190.6989	227.9499	272.8892	327.1041	392.5028	471.3778	566.4809	681.1116	819.2233
29	178.3972	214.5828	258.5834	312.0937	377.1697	456.3032	552.5121	669.4475	811.5228	984.0680
30	199.0209	241.3327	293.1992	356.7868	434.7451	530.3117	647.4391	790.9480	966.7122	1181.8816

续表

期数	21%	22%	23%	24%	25%	26%	27%	28%	29%	30%
1	1.0000	1.0000	1.0000	1.0000	1.0000	1.0000	1.0000	1.0000	1.0000	1.0000
2	2.2100	2.2200	2.2300	2.2400	2.2500	2.2600	2.2700	2.2800	2.2900	2.3000
3	3.6741	3.7084	3.7429	3.7776	3.8125	3.8476	3.8829	3.9184	3.9541	3.9900
4	5.4457	5.5242	5.6038	5.6842	5.7656	5.8480	5.9313	6.0156	6.1008	6.1870
5	7.5892	7.7396	7.8926	8.0484	8.2070	8.3684	8.5327	8.6999	8.8700	9.0431
6	10.1830	10.4423	10.7079	10.9801	11.2588	11.5442	11.8366	12.1359	12.4423	12.7560
7	13.3214	13.7396	14.1708	14.6153	15.0735	15.5458	16.0324	16.5339	17.0506	17.5828
8	17.1189	17.7623	18.4300	19.1229	19.8419	20.5876	21.3612	22.1634	22.9953	23.8577
9	21.7139	22.6700	23.6690	24.7125	25.8023	26.9404	28.1287	29.3692	30.6639	32.0150
10	27.2738	28.6574	30.1128	31.6434	33.2529	34.9449	36.7235	38.5926	40.5564	42.6195
11	34.0013	35.9620	38.0388	40.2379	42.5661	45.0306	47.6388	50.3985	53.3178	56.4053
12	42.1416	44.8737	47.7877	50.8950	54.2077	57.7386	61.5013	65.5100	69.7800	74.3270
13	51.9913	55.7459	59.7788	64.1097	68.7596	73.7506	79.1066	84.8529	91.0161	97.6250
14	63.9095	69.0100	74.5280	80.4961	86.9495	93.9258	101.4654	109.6117	118.4108	127.9125
15	78.3305	85.1922	92.6694	100.8151	109.6868	119.3465	129.8611	141.3029	153.7500	167.2863
16	95.7799	104.9345	114.9834	126.0108	138.1085	151.3766	165.9236	181.8677	199.3374	218.4722
17	116.8937	129.0201	142.4295	157.2534	173.6357	191.7345	211.7230	233.7907	258.1453	285.0139
18	142.4413	158.4045	176.1883	195.9942	218.0446	242.5855	269.8882	300.2521	334.0074	371.5180
19	173.3540	194.2535	217.7116	244.0328	273.5558	306.6577	343.7580	385.3227	431.8696	483.9734
20	210.7584	237.9893	268.7853	303.6006	342.9447	387.3887	437.5726	494.2131	558.1118	630.1655
21	256.0176	291.3469	331.6059	377.4648	429.6809	489.1098	556.7173	633.5927	720.9642	820.2151
22	310.7813	356.4432	408.8753	469.0563	538.1011	617.2783	708.0309	811.9987	931.0438	1067.2796
23	377.0454	435.8607	503.9166	582.6298	673.6264	778.7707	900.1993	1040.3583	1202.0465	1388.4635
24	457.2249	532.7501	620.8174	723.4610	843.0329	982.2511	1144.2531	1332.6586	1551.6400	1806.0026
25	554.2422	650.9551	764.6054	898.0916	1054.7912	1238.6363	1454.2014	1706.8031	2002.6156	2348.8033
26	671.6330	795.1653	941.4647	1114.6336	1319.4890	1561.6818	1847.8358	2185.7079	2584.3741	3054.4443
27	813.6759	971.1016	1159.0016	1383.1457	1650.3612	1968.7191	2347.7515	2798.7061	3334.8426	3971.7776
28	985.5479	1185.7440	1426.5719	1716.1007	2063.9515	2481.5860	2982.6444	3583.3438	4302.9470	5164.3109
29	1193.5129	1447.6077	1755.6835	2128.9648	2580.9394	3127.7984	3788.9583	4587.6801	5551.8016	6714.6042
30	1445.1507	1767.0813	2160.4907	2640.9164	3227.1743	3942.0260	4812.9771	5873.2306	7162.8241	8729.9855

附表四　年金现值系数表($P/A,i,n$)

期数	1%	2%	3%	4%	5%	6%	7%	8%	9%	10%
1	0.9901	0.9804	0.9709	0.9615	0.9524	0.9434	0.9346	0.9259	0.9174	0.9091
2	1.9704	1.9416	1.9135	1.8861	1.8594	1.8334	1.8080	1.7833	1.7591	1.7355
3	2.9410	2.8839	2.8286	2.7751	2.7232	2.6730	2.6243	2.5771	2.5313	2.4869
4	3.9020	3.8077	3.7171	3.6299	3.5460	3.4651	3.3872	3.3121	3.2397	3.1699
5	4.8534	4.7135	4.5797	4.4518	4.3295	4.2124	4.1002	3.9927	3.8897	3.7908
6	5.7955	5.6014	5.4172	5.2421	5.0757	4.9173	4.7665	4.6229	4.4859	4.3553
7	6.7282	6.4720	6.2303	6.0021	5.7864	5.5824	5.3893	5.2064	5.0330	4.8684
8	7.6517	7.3255	7.0197	6.7327	6.4632	6.2098	5.9713	5.7466	5.5348	5.3349
9	8.5660	8.1622	7.7861	7.4353	7.1078	6.8017	6.5152	6.2469	5.9952	5.7590
10	9.4713	8.9826	8.5302	8.1109	7.7217	7.3601	7.0236	6.7101	6.4177	6.1446
11	10.3676	9.7868	9.2526	8.7605	8.3064	7.8869	7.4987	7.1390	6.8052	6.4951
12	11.2551	10.5753	9.9540	9.3851	8.8633	8.3838	7.9427	7.5361	7.1607	6.8137
13	12.1337	11.3484	10.6350	9.9856	9.3936	8.8527	8.3577	7.9038	7.4869	7.1034
14	13.0037	12.1062	11.2961	10.5631	9.8986	9.2950	8.7455	8.2442	7.7862	7.3667
15	13.8651	12.8493	11.9379	11.1184	10.3797	9.7122	9.1079	8.5595	8.0607	7.6061
16	14.7179	13.5777	12.5611	11.6523	10.8378	10.1059	9.4466	8.8514	8.3126	7.8237
17	15.5623	14.2919	13.1661	12.1657	11.2741	10.4773	9.7632	9.1216	8.5436	8.0216
18	16.3983	14.9920	13.7535	12.6593	11.6896	10.8276	10.0591	9.3719	8.7556	8.2014
19	17.2260	15.6785	14.3238	13.1339	12.0853	11.1581	10.3356	9.6036	8.9501	8.3649
20	18.0456	16.3514	14.8775	13.5903	12.4622	11.4699	10.5940	9.8181	9.1285	8.5136
21	18.8570	17.0112	15.4150	14.0292	12.8212	11.7641	10.8355	10.0168	9.2922	8.6487
22	19.6604	17.6580	15.9369	14.4511	13.1630	12.0416	11.0612	10.2007	9.4424	8.7715
23	20.4558	18.2922	16.4436	14.8568	13.4886	12.3034	11.2722	10.3711	9.5802	8.8832
24	21.2434	18.9139	16.9355	15.2470	13.7986	12.5504	11.4693	10.5288	9.7066	8.9847
25	22.0232	19.5235	17.4131	15.6221	14.0939	12.7834	11.6536	10.6748	9.8226	9.0770
26	22.7952	20.1210	17.8768	15.9828	14.3752	13.0032	11.8258	10.8100	9.9290	9.1609
27	23.5596	20.7069	18.3270	16.3296	14.6430	13.2105	11.9867	10.9352	10.0266	9.2372
28	24.3164	21.2813	18.7641	16.6631	14.8981	13.4062	12.1371	11.0511	10.1161	9.3066
29	25.0658	21.8444	19.1885	16.9837	15.1411	13.5907	12.2777	11.1584	10.1983	9.3696
30	25.8077	22.3965	19.6004	17.2920	15.3725	13.7648	12.4090	11.2578	10.2737	9.4269

续表

期数	11%	12%	13%	14%	15%	16%	17%	18%	19%	20%
1	0.9009	0.8929	0.8850	0.8772	0.8696	0.8621	0.8547	0.8475	0.8403	0.8333
2	1.7125	1.6901	1.6681	1.6467	1.6257	1.6052	1.5852	1.5656	1.5465	1.5278
3	2.4437	2.4018	2.3612	2.3216	2.2832	2.2459	2.2096	2.1743	2.1399	2.1065
4	3.1024	3.0373	2.9745	2.9137	2.8550	2.7982	2.7432	2.6901	2.6386	2.5887
5	3.6959	3.6048	3.5172	3.4331	3.3522	3.2743	3.1993	3.1272	3.0576	2.9906
6	4.2305	4.1114	3.9975	3.8887	3.7845	3.6847	3.5892	3.4976	3.4098	3.3255
7	4.7122	4.5638	4.4226	4.2883	4.1604	4.0386	3.9224	3.8115	3.7057	3.6046
8	5.1461	4.9676	4.7988	4.6389	4.4873	4.3436	4.2072	4.0776	3.9544	3.8372
9	5.5370	5.3282	5.1317	4.9464	4.7716	4.6065	4.4506	4.3030	4.1633	4.0310
10	5.8892	5.6502	5.4262	5.2161	5.0188	4.8332	4.6586	4.4941	4.3389	4.1925
11	6.2065	5.9377	5.6869	5.4527	5.2337	5.0286	4.8364	4.6560	4.4865	4.3271
12	6.4924	6.1944	5.9176	5.6603	5.4206	5.1971	4.9884	4.7932	4.6105	4.4392
13	6.7499	6.4235	6.1218	5.8424	5.5831	5.3423	5.1183	4.9095	4.7147	4.5327
14	6.9819	6.6282	6.3025	6.0021	5.7245	5.4675	5.2293	5.0081	4.8023	4.6106
15	7.1909	6.8109	6.4624	6.1422	5.8474	5.5755	5.3242	5.0916	4.8759	4.6755
16	7.3792	6.9740	6.6039	6.2651	5.9542	5.6685	5.4053	5.1624	4.9377	4.7296
17	7.5488	7.1196	6.7291	6.3729	6.0472	5.7487	5.4746	5.2223	4.9897	4.7746
18	7.7016	7.2497	6.8399	6.4674	6.1280	5.8178	5.5339	5.2732	5.0333	4.8122
19	7.8393	7.3658	6.9380	6.5504	6.1982	5.8775	5.5845	5.3162	5.0700	4.8435
20	7.9633	7.4694	7.0248	6.6231	6.2593	5.9288	5.6278	5.3527	5.1009	4.8696
21	8.0751	7.5620	7.1016	6.6870	6.3125	5.9731	5.6648	5.3837	5.1268	4.8913
22	8.1757	7.6446	7.1695	6.7429	6.3587	6.0113	5.6964	5.4099	5.1486	4.9094
23	8.2664	7.7184	7.2297	6.7921	6.3988	6.0442	5.7234	5.4321	5.1668	4.9245
24	8.3481	7.7843	7.2829	6.8351	6.4338	6.0726	5.7465	5.4509	5.1822	4.9371
25	8.4217	7.8431	7.3300	6.8729	6.4641	6.0971	5.7662	5.4669	5.1951	4.9476
26	8.4881	7.8957	7.3717	6.9061	6.4906	6.1182	5.7831	5.4804	5.2060	4.9563
27	8.5478	7.9426	7.4086	6.9352	6.5135	6.1364	5.7975	5.4919	5.2151	4.9636
28	8.6016	7.9844	7.4412	6.9607	6.5335	6.1520	5.8099	5.5016	5.2228	4.9697
29	8.6501	8.0218	7.4701	6.9830	6.5509	6.1656	5.8204	5.5098	5.2292	4.9747
30	8.6938	8.0552	7.4957	7.0027	6.5660	6.1772	5.8294	5.5168	5.2347	4.9789

续表

期数	21%	22%	23%	24%	25%	26%	27%	28%	29%	30%
1	0.8264	0.8197	0.8130	0.8065	0.8000	0.7937	0.7874	0.7813	0.7752	0.7692
2	1.5095	1.4915	1.4740	1.4568	1.4400	1.4235	1.4074	1.3916	1.3761	1.3609
3	2.0739	2.0422	2.0114	1.9813	1.9520	1.9234	1.8956	1.8684	1.8420	1.8161
4	2.5404	2.4936	2.4483	2.4043	2.3616	2.3202	2.2800	2.2410	2.2031	2.1662
5	2.9260	2.8636	2.8035	2.7454	2.6893	2.6351	2.5827	2.5320	2.4830	2.4356
6	3.2446	3.1669	3.0923	3.0205	2.9514	2.8850	2.8210	2.7594	2.7000	2.6427
7	3.5079	3.4155	3.3270	3.2423	3.1611	3.0833	3.0087	2.9370	2.8682	2.8021
8	3.7256	3.6193	3.5179	3.4212	3.3289	3.2407	3.1564	3.0758	2.9986	2.9247
9	3.9054	3.7863	3.6731	3.5655	3.4631	3.3657	3.2728	3.1842	3.0997	3.0190
10	4.0541	3.9232	3.7993	3.6819	3.5705	3.4648	3.3644	3.2689	3.1781	3.0915
11	4.1769	4.0354	3.9018	3.7757	3.6564	3.5435	3.4365	3.3351	3.2388	3.1473
12	4.2784	4.1274	3.9852	3.8514	3.7251	3.6059	3.4933	3.3868	3.2859	3.1903
13	4.3624	4.2028	4.0530	3.9124	3.7801	3.6555	3.5381	3.4272	3.3224	3.2233
14	4.4317	4.2646	4.1082	3.9616	3.8241	3.6949	3.5733	3.4587	3.3507	3.2487
15	4.4890	4.3152	4.1530	4.0013	3.8593	3.7261	3.6010	3.4834	3.3726	3.2682
16	4.5364	4.3567	4.1894	4.0333	3.8874	3.7509	3.6228	3.5026	3.3896	3.2832
17	4.5755	4.3908	4.2190	4.0591	3.9099	3.7705	3.6400	3.5177	3.4028	3.2948
18	4.6079	4.4187	4.2431	4.0799	3.9279	3.7861	3.6536	3.5294	3.4130	3.3037
19	4.6346	4.4415	4.2627	4.0967	3.9424	3.7985	3.6642	3.5386	3.4210	3.3105
20	4.6567	4.4603	4.2786	4.1103	3.9539	3.8083	3.6726	3.5458	3.4271	3.3158
21	4.6750	4.4756	4.2916	4.1212	3.9631	3.8161	3.6792	3.5514	3.4319	3.3198
22	4.6900	4.4882	4.3021	4.1300	3.9705	3.8223	3.6844	3.5558	3.4356	3.3230
23	4.7025	4.4985	4.3106	4.1371	3.9764	3.8273	3.6885	3.5592	3.4384	3.3254
24	4.7128	4.5070	4.3176	4.1428	3.9811	3.8312	3.6918	3.5619	3.4406	3.3272
25	4.7213	4.5139	4.3232	4.1474	3.9849	3.8342	3.6943	3.5640	3.4423	3.3286
26	4.7284	4.5196	4.3278	4.1511	3.9879	3.8367	3.6963	3.5656	3.4437	3.3297
27	4.7342	4.5243	4.3316	4.1542	3.9903	3.8387	3.6979	3.5669	3.4447	3.3305
28	4.7390	4.5281	4.3346	4.1566	3.9923	3.8402	3.6991	3.5679	3.4455	3.3312
29	4.7430	4.5312	4.3371	4.1585	3.9938	3.8414	3.7001	3.5687	3.4461	3.3317
30	4.7463	4.5338	4.3391	4.1601	3.9950	3.8424	3.7009	3.5693	3.4466	3.3321

参考文献

1. 刘玉平主编:《资产评估教程》,中国财政经济出版社2010年版。
2. 乔志敏等主编:《资产评估学教程》(第四版),中国人民大学出版社2013年版。
3. 路君平主编:《资产评估理论与案例分析》(第二版),中国人民大学出版社2013年版。
4. 唐建新等主编:《资产评估教程》(第二版),清华大学出版社2012年版。
5. 俞明轩主编:《资产评估》(第二版),中国人民大学出版社2014年版。
6. 王玲:《资产评估学理论与实务》,北京交通大学出版社2010年版。
7. 宋传联等主编:《资产评估理论与实务》,机械工业出版社2011年版。
8. 中国资产评估协会:《资产评估》,中国财政经济出版社2014年版。
9. 赵仑等主编:《资产评估学教程》(第三版),首都经济贸易大学出版社2012年版。
10. 朱萍:《资产评估学教程》(第四版),上海财经大学出版社2012年版。
11. 杨树元等编:《资产评估》,西南财经大学出版社2013年版。
12. 王磊:《资产评估》,清华大学出版社2014年版。
13. 梁德明:《资产评估学新编》,中国财政经济出版社2013年版。
14. 蔡璐等编:《资产评估》,清华大学出版社2014年版。
15. 李红娟等编:《资产评估》,西南财经大学出版社2014年版。
16. 姜楠等主编:《资产评估》(第三版),东北财经大学出版社2013年版。